知識ゼロからの戦国武将入門

SENGOKU BUSYOU

静岡大学教授
小和田哲男

戦国武将入門◎小和田哲男
幻冬舎

はじめに

本書は、「戦国時代や戦国武将についての手ごろな入門書が欲しい」という声に応えようと編集された。

学校で習った歴史の授業では、せいぜい、織田信長・豊臣秀吉・徳川家康の三人が登場する程度。多くの人は、「群雄割拠の戦国時代」といわれても、その群雄についての知識はゼロに等しい。

かねてから私は、戦国時代に対してもっと多くの人に興味・関心をもってもらいたいと考えていた。学校で習っただけの知識しかない、歴史にそれほど詳しくない人にも戦国時代と、そこに生きた武将たちの生き様を知って欲しいと思っていた。

今回、本書では武将たちの人間性がわかるように章立てを工夫した。序章で、戦国時代とはどのような時代だったのかを概観し、以下、第一章で武将とその家臣団をセットで扱った。また、第三章ではそのなかでも特に有名な家臣を一人ずつ紹介。戦国を勝ち抜いた武将が有能な家臣団に支えられていたという事実を知ることができる。具体的な合戦は第二章でとりあげ、第四章で、合戦を動かした軍師を詳しく追いかけた。

戦国武将というと、普通、トップクラスの武将だけに光があてられることになるが、本書はトップを支えた家臣たちにも力点を置いた。戦国時代とそこに生きた武将たちを立体的に俯瞰できたのではないかと考えている。

小和田哲男

はじめに……1

序章
戦国の世は生死をかけた実力主義の時代……8
戦国の幕開け　応仁・文明の乱が終わり下克上の時代が到来……10
兵力の成り立ち　信長登場以前、兵士のほとんどは農民だった……12
戦国武将と家臣　家臣は共同経営者。戦国大名は絶対的な権力を持たなかった……14
武将の人脈づくり　足場固めがまず第一。政略結婚と人質政策……16
政治と宗教　宗教勢力との関わり方も重要な課題だった……18
戦国の光と影　足利将軍家は下剋上されつづけた……20
もっと知りたい戦国時代1　茶の湯は戦国人の必須教養……22

第一章
乱世を彩り駆け抜けた戦国武将とその家臣団……24
織田家　信長の手足となり天下に迫った実力主義集団……26
織田信長　時代を超えた発想力。歴史を塗り替えた戦国の革命児……28
内政　楽市楽座を推進し、関所を廃止。商業からの収入を増やす……30
軍事・外交　大名や家臣、朝廷との結びつきを重視……31
豊臣家　秀吉の統率力のもとに結集。知勇バランスのとれた精鋭家臣団……32

豊臣秀吉　気配りと判断力で勝利をつかんだ日本一の出世男……34
内政　全国の富を豊臣に集中させるため太閤検地を実施した……36
軍事・外交　天下統一後の武士たちの不満をそらすため朝鮮出兵政策がとられた……37
徳川家　苦渋《くじゅう》の時代を乗り越え、天下を平定する……38
徳川家康　自省心と忍耐、洞察力。江戸二六〇年の基礎を築く……40
内政　下剋上に対抗する政策が江戸幕府を守った……42
軍事・外交　アメとムチを使い分けた配置換えで幕藩体制を強固にした……43
北条家　戦国初期に成り上がり一〇〇年にわたり関東をおさめた……44
北条早雲　戦国武将のはしり。善政を施し北条五代の礎となる……46
武田家　「甲斐の虎」信玄を中心にした戦国最強軍団……48
武田信玄　人は石垣、人は城。抜群の管理力で家臣の信頼を得た……50
上杉家　孤高の大名家。領土拡大より義を重んじた……52
上杉謙信　敵に塩を送る義侠心。ライバル・信玄も信を置いた……54
伊達家　「独眼竜」政宗を中心に奥州の覇王となる……56
伊達政宗　隻眼《せきがん》の勇将。「遅れてやってきた天下人」と呼ばれる……58
朝倉家　越前・若狭を支配し北陸の雄として名を馳せる……60
浅井家　北近江の雄。朝倉家と運命をともにした……62
斎藤家　油売りから一国の主へ。マムシを中心とした下剋上集団……64
今川家　東海一の大大名。桶狭間の敗北で衰退する……66
毛利家　一族の団結で中国を制した「三矢の訓」の名家……68
尼子家　山陰の雄。毛利家と覇を競う……70

龍造寺家　「肥前の熊」に率いられ九州三強の一角となる……72
大友家　北九州四カ国の大大名。キリスト教王国を夢見る……74
真田家　北信濃の小大名。徳川軍を手玉にとる……76
島津家　四兄弟の団結力で九州の覇王となった名家……78
その他、全国の有名大名家（南部家、最上家、三好家、長宗我部家 等）……80
もっと知りたい戦国時代2　城は戦国思想の集大成……82

第二章

功をあげ、名を残す合戦こそ 戦国武将の晴れ舞台

……86
戦国合戦人物相関図……88
宿命のライバル・信玄と謙信、決着のつかない超長期戦　川中島の戦い……90
信長が天下に名乗りをあげる　桶狭間の戦い……94
反信長包囲網破れる……浅井・朝倉滅亡のきっかけとなった　姉川の戦い……96
信玄最後の一戦、家康最大の負け戦　三方ヶ原の戦い……98
織田・徳川連合軍が〝戦国最強〟の武田軍を破る　長篠・設楽原の戦い……100
一向宗徒が十一年にわたって信長に対抗　石山合戦……102
光秀一世一代の大謀反。信長の死で歴史の流れが変わる　本能寺の変……104
信長の弔い合戦。秀吉が見せた神業の前に光秀倒れる　山崎の戦い……106
信長の後継者をめぐる争い。秀吉が天下に王手をかける　賤ヶ岳の戦い……108

秀吉の勢力拡大に家康が抵抗。勝負のつかない持久戦となった　小牧・長久手の戦い……110
三ヵ月の持久戦の果て、秀吉が天下統一を果たす　小田原合戦……112
天下真っ二つ。日本史上最大の戦いが繰り広げられた　関ヶ原の戦い……114
戦国最後の大決戦。豊臣の城が炎に包まれた　大坂冬の陣・夏の陣……118
もっと知りたい戦国時代3　戦場を彩った軍用品の数々……120

第三章

よき部下は経国の条件。天下人の足元を支えたヒーローたち

……126
柴田勝家　水瓶を割って出陣。男気溢れる振る舞いで織田軍を鼓舞……128
明智光秀　織田軍一の教養人。信長を殺して歴史の流れを変えた……130
前田利家　堅実かつ篤実な人柄。豊臣政権の要となった……132
加藤清正　いつ何時も臨戦態勢をとり豊臣政権の安定に尽くした……134
福島正則　時代が変わっても豊臣への忠義を貫いた……136
石田三成　豊臣政権の頭脳派リーダー。政治面で手腕を発揮する……138
本多忠勝　敵将までもが惚れる伝説の豪将。五七回戦って傷ひとつなかった……140
森蘭丸　才気煥発の小姓。信長と運命をともにした……142
蒲生氏郷　文武両道の大器。奥州で無念の死を遂げた……142
大谷吉継　「あの世で会おう」三成との友情に殉じた……144
宇喜多秀家　豊臣への恩義を貫き流罪を甘受した……144

藤堂高虎　寄らば大樹の蔭……時勢を見極め生き残る……145
服部半蔵　忍者集団を率いて家康を命がけで守った……146
滝川一益　秀吉に過小評価された織田四天王の一人……146
山内一豊　三人の天下人に仕え地道に出世した愛妻家……148
細川藤孝　室町幕府出身の文化人。時流を読む力に長けていた……148
本多重次　不器用なほど剛直な家康の教育係兼参謀……149
もっと知りたい戦国時代4　腹が減っては戦はできぬ……武将の食生活……150

第四章

勝敗を左右した、軍師たちの知恵と策略

勝敗を左右した、軍師たちの知恵と策略……154
山本勘助　信玄を助けた伝説の策士。劣等感をバネに戦術を研究……156
竹中半兵衛　秀吉の天才軍師。冷静で無欲恬淡《てんたん》、知略に優れる……158
黒田官兵衛　稀代の謀将。秀吉に仕えながらも天下を夢見続けた……160
島左近　「三成に過ぎたる」勇将。戦下手の主君を助け続ける……162
真田幸村　「日本一の兵《つわもの》」。心静かに闘志を燃やし壮絶な最期を遂げる……164
本多正信　常に家康の側近くに控え政治面から江戸二六〇年の基礎を固めた……166
直江兼続　仁義を貫いた名宰相。謙信亡きあとの上杉家を支えた……168
太原雪斎　万能軍師。今川義元に教育を施す……170
小早川隆景　毛利一族の舵取り役。外交折衝に長ける……171

片倉小十郎　頭脳明晰な偉丈夫。政宗の右目をえぐりとる……172
朝倉宗滴　朝倉家の事実上の当主。軍事面を取り仕切る……173
宇佐美定満　伝説上の名軍師。越後流軍学の祖といわれる……173
真田幸隆　名門・真田家の祖。謀略に長けた「攻め弾正」……174
山中鹿介　尼子家再興に尽力。あえて苦難の道を選ぶ……174
立花道雪　大友家の名軍師。輿に乗って采配を振う……175
蜂須賀小六　得意の外交戦術で秀吉の武勇伝をつくる……175
豊臣秀長　秀吉の弟。兄の風よけをつとめる……176
鳥居元忠　家康の守役。武士の本分を全うして討ち死に……176
雑賀孫一　鉄砲隊で信長と対抗。本願寺を助ける……177
鍋島直茂　龍造寺家を乗っ取り、自然に下剋上を遂げる……177
もっと知りたい戦国時代5　占いから天気予報まで……知られざる軍師の仕事……178
戦国時代年表……180
戦国群雄割拠地図……184
豊臣時代・徳川時代　有名大名居住地……186
戦国武将生没年一覧表……188
参考文献……190

序章

戦国の世は生死をかけた実力主義の時代

その日を生き抜くことが奇跡のような戦国時代……武将たちを戦場に向かわせたものは何だったのか。背景に迫る。

応仁・文明の乱が終わり下剋上の時代が到来

●応仁・文明の乱を境に幕府と地方の立場が逆転

幕府
支配
地方
応仁・文明の乱
1467年
幕府
地方
形骸化
幕府は
頼りにならん
自分たちで
国をつくって
いくぞ！
下剋上
戦国大名の発生

室町幕府は将軍跡継ぎ問題を発端に11年も内部での争いを続け、財も権力も失う。反比例して地方の力が拡大。戦国大名が登場した。

下位の者が上の者を実力で倒す、つまり主に取って代わることを下剋上《げこくじょう》と呼ぶ。これが日常的に発生したルール無用の時代が戦国時代である。

室町幕府が無益な家督争いを続けた応仁《おうにん》・文明《ぶんめい》の乱後、文明九年（一四七七）から明応《めいおう》二年（一四九三）にかけて、騒乱が全国へと飛び火。幕府に対する民衆の信頼は薄まり、一四〇年続いた室町幕府の支配体制は崩壊した。

各地にいた有力な守護《しゅご》代《だい》や国人《こくじん》らは、権力を失った幕府や守護などを武力で倒し、自分たちの力で国づくりを始めるようになった。こうして一〇〇年以上続く戦国乱世が始まった。

戦国大名は守護大名、守護代、国人領主からの成り上がり者

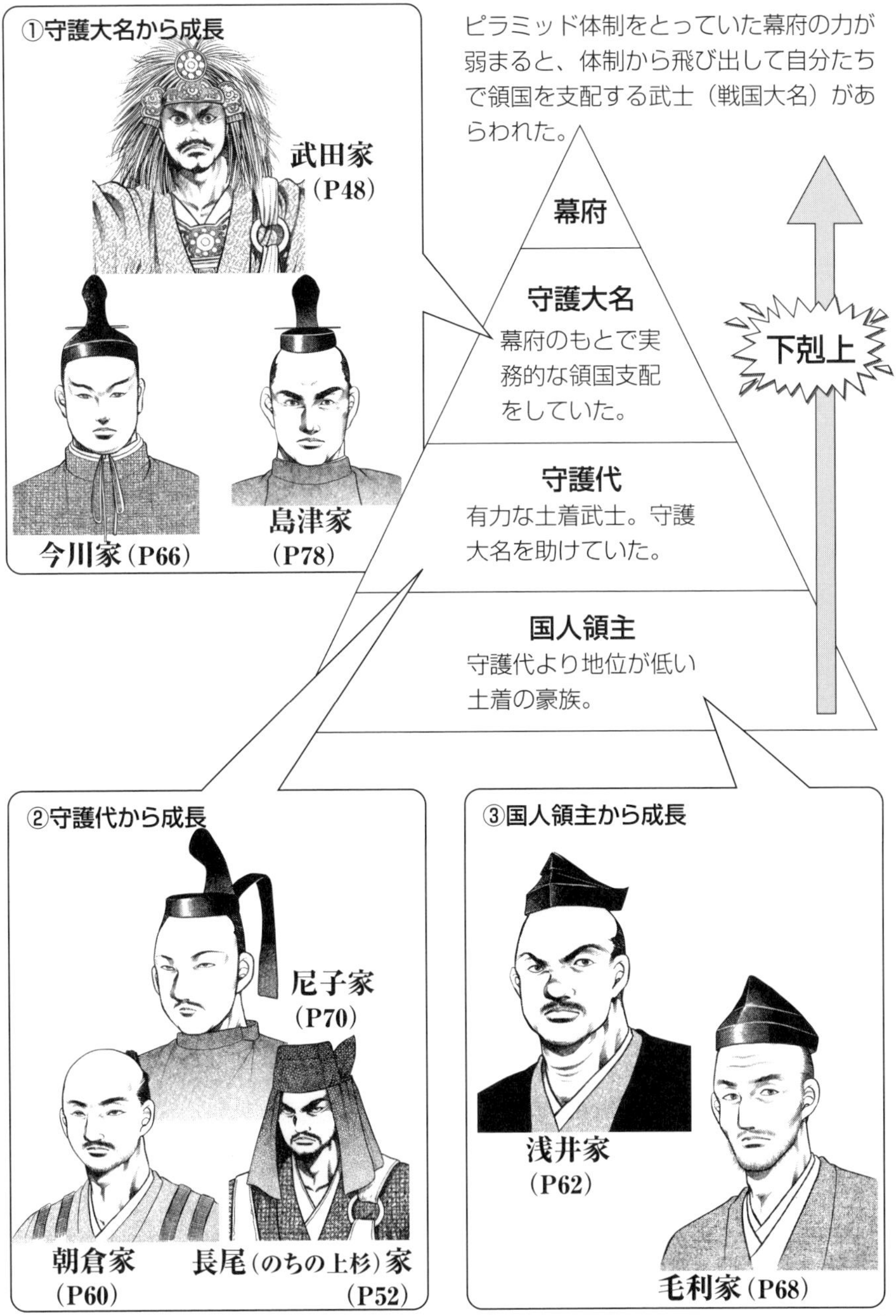
①守護大名から成長
武田家（P48）
今川家（P66）
島津家（P78）
ピラミッド体制をとっていた幕府の力が弱まると、体制から飛び出して自分たちで領国を支配する武士（戦国大名）があらわれた。
幕府
守護大名
幕府のもとで実務的な領国支配をしていた。
守護代
有力な土着武士。守護大名を助けていた。
国人領主
守護代より地位が低い土着の豪族。
下剋上
②守護代から成長
尼子家（P70）
朝倉家（P60）
長尾（のちの上杉）家（P52）
③国人領主から成長
浅井家（P62）
毛利家（P68）

信長登場以前、兵士のほとんどは農民だった

戦国大名の家臣は普段農村にいた

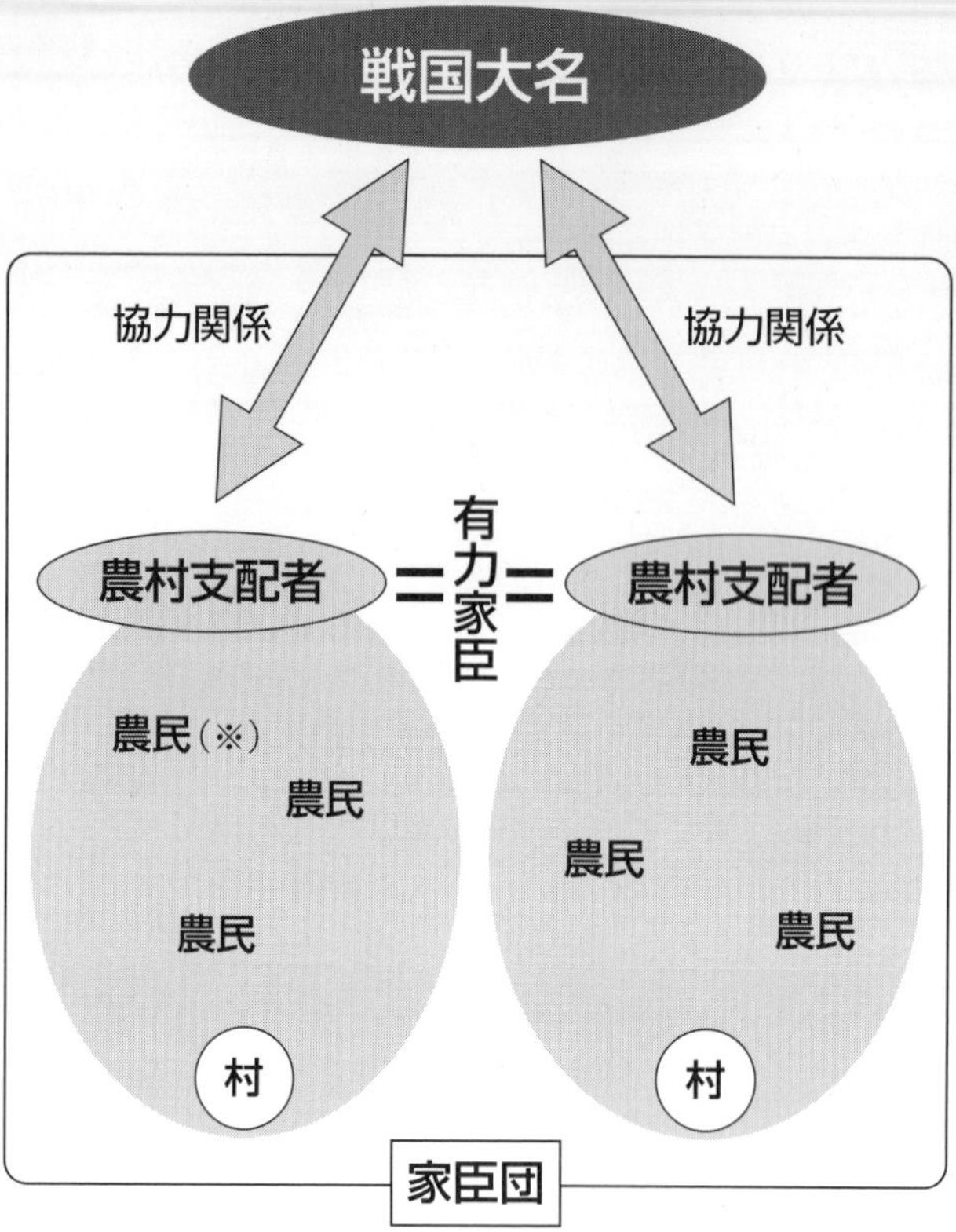
戦国大名
協力関係
協力関係
農村支配者
＝有力家臣＝
農村支配者
農民（※）
農民
農民
農民
農民
農民
村
村
家臣団

※半農半士。戦時は兵士として戦った。

数百年前の日本人の大部分は農業で生計を立てていた。武士も同じである。当時はまだ武士と農民が明確に区別されてはおらず、農民らは戦争の際に兵士として駆り出された。兵士とは武装した農民のことだった。

また、その村を束ねるリーダーや村の支配者は豪族や地侍《じざむらい》と呼ばれた。彼らは大名に仕える身分ではあったが、城の周りではなく、それぞれの土地に屋敷を構えて住んでいた。

武士が農業を兼業し、遠方に住んでいたため、大名は農繁期に兵を召集できず、戦《いくさ》を起こせなかった。しかし、織田信長以降、状況は一変する。

●兵農分離で国力、軍事力が大幅にアップした

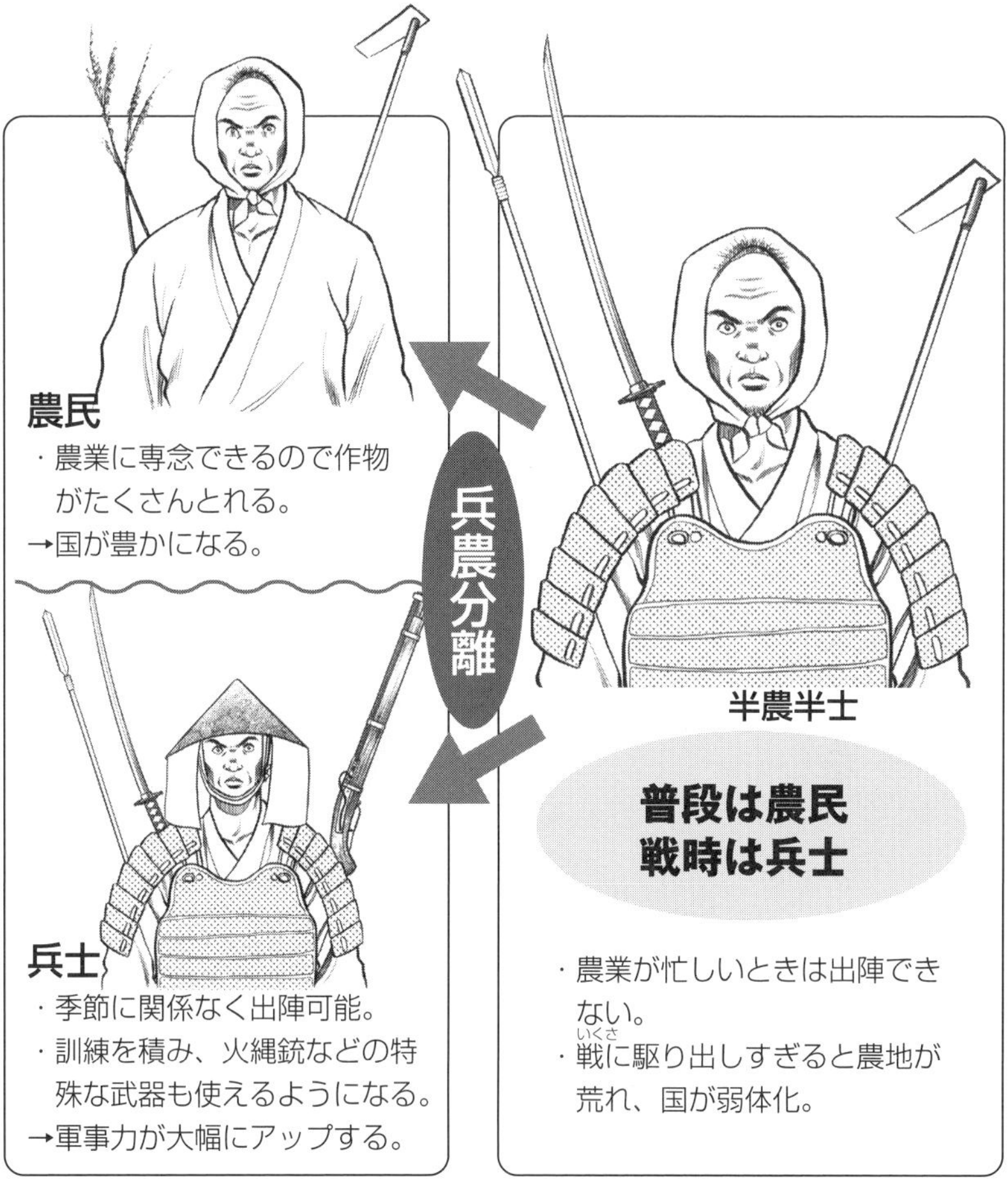
農民
・農業に専念できるので作物がたくさんとれる。
→国が豊かになる。
兵農分離
兵士
・季節に関係なく出陣可能。
・訓練を積み、火縄銃などの特殊な武器も使えるようになる。
→軍事力が大幅にアップする。
半農半士
普段は農民
戦時は兵士
・農業が忙しいときは出陣できない。
・戦《いくさ》に駆り出しすぎると農地が荒れ、国が弱体化。

軍事革新ともいえる「兵農分離《へいのうぶんり》」。信長はこの事業に着手し、支配下の武士に農業をやめさせ、城下に住まわせて専業の常備軍とした。

兵士を戦闘のプロとして訓練し、収入を保証することで、軍隊としての質を高める。収入の保証がさらに多数の兵を集め、軍隊は一大組織として機能するようになる。

このシステムは豊臣秀吉も引き継ぎ、天下統一後は大規模な検地や刀狩《かたながり》を行い、領地支配を安定させた（P36）。年貢高などを計算するために土地の支配関係を明確にし、農民や漁民から武具を取り上げ、武装解除させる。これで農民反乱や一揆《いっき》を防いだのだ。

これにより兵農は完全に切り離され、戦国大名はより自在に領国経営を進めることができるようになった。

家臣は共同経営者。戦国大名は絶対的な権力を持たなかった

●武将たちが戦い続けたのは家臣を養うためだった

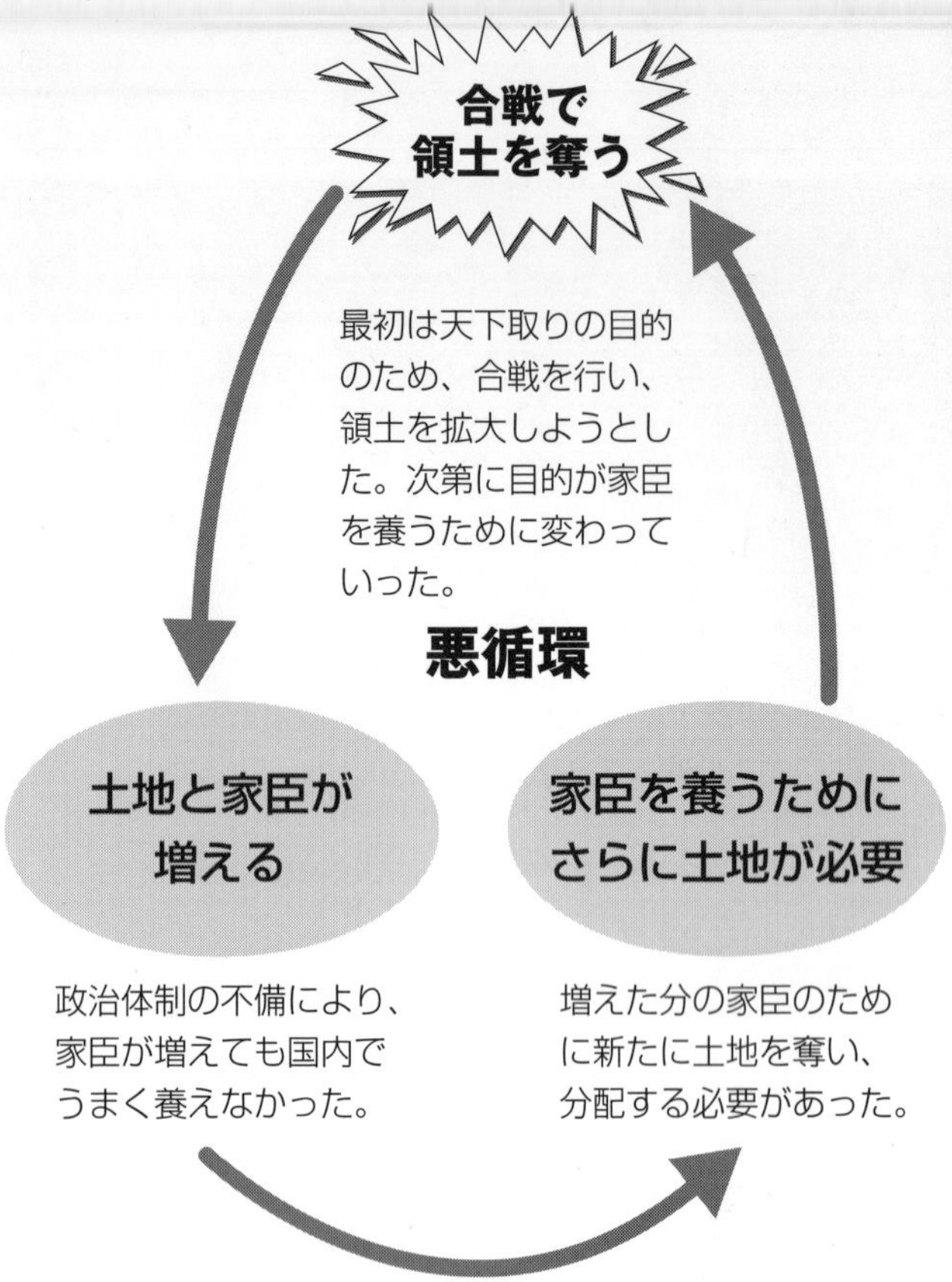
合戦で
領土を奪う
最初は天下取りの目的のため、合戦を行い、領土を拡大しようとした。次第に目的が家臣を養うために変わっていった。
悪循環
土地と家臣が
増える
政治体制の不備により、家臣が増えても国内でうまく養えなかった。
家臣を養うために
さらに土地が必要
増えた分の家臣のために新たに土地を奪い、分配する必要があった。

戦国時代、ひとつの国は複数の豪族の寄り合い所帯だった。彼らは、一応は大名に従っていたが、いわば協力者であり、絶対的な忠誠を誓っていたわけではない。

家臣らも自らの一族や家臣を抱え、それを養う必要があった。そのため有利な大名に寝返ったり、味方する勢力を変えたりすることもしばしば。ルール無用の戦国ではごく当たり前のことだった。

大名は家臣の離反を防ぐために戦《いくさ》を続け、新たな領地を得る必要があった。戦国時代が一〇〇年以上も続いたのには、このような背景もある。

家臣の離反を恩賞で防いだ

いつもご苦労
今日はお前たちに褒美をしんぜよう
Aには土地 Bには武器
Cには茶器 Dには名前（※）
これで当分安泰だな……
ドキドキ
ドキドキ
なかなか気がきくな
しばらくはここにいてやるか

※大名の名前の一字をもらうことは主従の絆の証となり、大変な名誉だった。

足場固めがまず第一。政略結婚と人質政策

●結婚は軍事同盟の、人質は相互信頼の証だった

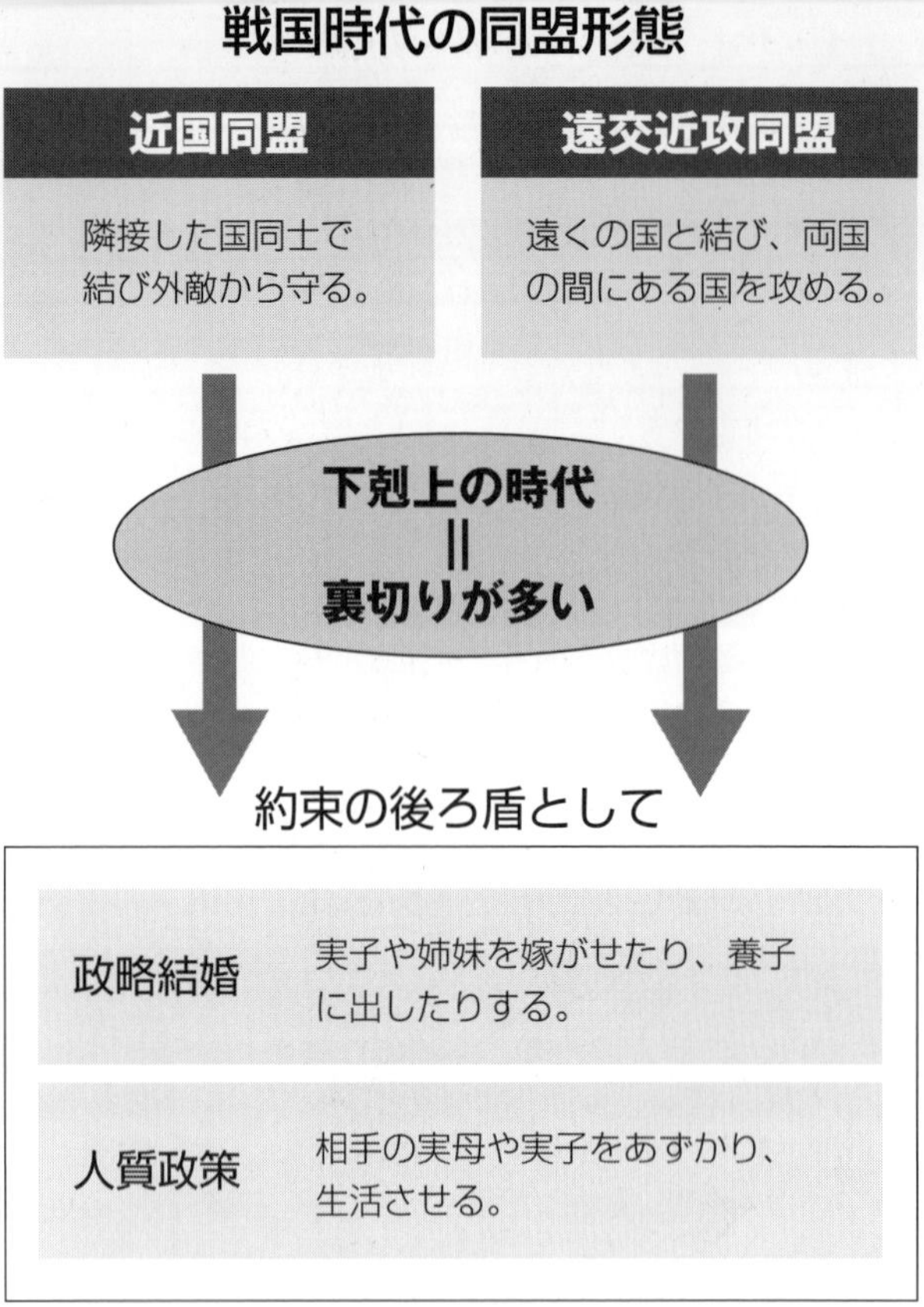
戦国時代の同盟形態
近国同盟
隣接した国同士で
結び外敵から守る。
遠交近攻同盟
遠くの国と結び、両国
の間にある国を攻める。
下剋上の時代
||
裏切りが多い
約束の後ろ盾として
政略結婚
実子や姉妹を嫁がせたり、養子
に出したりする。
人質政策
相手の実母や実子をあずかり、
生活させる。

戦国時代は「昨日の友は今日の敵」という時代。不信感に苛《さいな》まれた武将たちは、血のつながりに頼った。政略結婚や養子縁組という名目上での人質交換を、同盟締結《ていけつ》の条件としたのだ。

たとえば、織田信長は妹のお市《いち》を近《おう》江《み》（滋賀県）の浅井《あざい》長政《ながまさ》（Ｐ62）に嫁《とつ》がせて同盟を結び、上洛の足がかりとした。のちに織田と浅井は敵対し（Ｐ96）、この同盟は破棄。長政の死後、お市は信長のもとに戻った。

しかし、無事に戻れたケースは稀《まれ》で、片方の裏切りがあると、人質は見せしめに処刑されることが多かった。まさに身命を賭《と》した政策だったのである。

政略結婚で送り込まれた女性はスパイ役も担っていた

兄・信長の危機を暗号で救ったお市の機転

兄上お逃げください！
袋の鼠……!?

元亀元年（1570）、織田信長は、越前の朝倉攻めの陣中にいた。そこへ、浅井長政に嫁いでいる妹・お市からの陣中見舞いとして、両端を固く結んだ小豆袋《あずき》が届く。

それを見た信長は、「袋の鼠《ねずみ》」を連想。長政の裏切りと、自軍が挟み撃ちにされつつある状況を知り、即座に退却を開始。

実家の危機に際しては、夫を裏切ることも珍しくなかったのである。

column

信長・秀吉・家康は親戚同士だった

信長・秀吉・家康は、血縁関係はないが、閨閥《けいばつ》外交の結果、親戚同士となった。

信長は長女・徳姫《とくひめ》を、家康の嫡男、信康《のぶやす》に嫁がせた。

秀吉は跡継ぎ不在を理由に、信長の四男・於次丸《おつぎまる》（秀勝《ひでかつ》）を養子にもらう。さらに秀吉は、信長の五女（三の丸殿）、信長の姪《めい》にあたる茶々《ちゃちゃ》（淀殿《よどどの》）を側室に迎えた。

また、小牧《こまき》・長久手《ながくて》の戦い（Ｐ１１０）ののち、和睦《わぼく》の条件として、秀吉は家康の次男・秀康《ひでやす》を養子に、家康は秀吉の妹・朝日姫《あさひひめ》を妻に迎えた。

彼らにかぎらず大名は皆、姻戚関係を巧みに利用し、乱世を生き抜こうとした。

宗教勢力との関わり方も重要な課題だった

●仏教勢力は並の大名を凌ぐほどの力を持っていた

仏教勢力のなかでも、特に一向宗（浄土真宗）の本願寺派は巨大な力を持ち、一揆を起こして各地の大名を苦しめた。

確固とした経済基盤

全国の門徒からの志納金、大坂（大阪府）地方の商業活動の保護、対明《みん》貿易への投資などで莫大な利益を得ていた。

＋

強大な武力

大量の鉄砲を購入して僧兵に持たせ、寺を擁護させた。全国の門徒が起こす一揆も相当な破壊力を持っていた。

↓

戦国大名と互角の勢力に

戦国大名にとって、他の大名以上に厄介な勢力、それが「一向《いっこう》宗」をはじめとする仏教勢力だった。

その門徒となったのは、権力者に搾取され続けていた農民たち。仏のもとでの平等をうたい、実力主義の世界に生きる戦国大名に反発したのだ。

彼らは普通の兵士と違い、「死ねば極楽浄土に行ける」と信じ、死を恐れず戦ったため、武将たちも手を焼いた。特に加賀（石川県南部）の一向一揆は、土地の守護（P11）を自害させるほどに苛烈《かれつ》だった。織田信長も仏教勢力の抵抗を抑えるまでに十一年を要した（P102）。

キリスト教は政治的・経済的なメリットを期待されて広まっていった

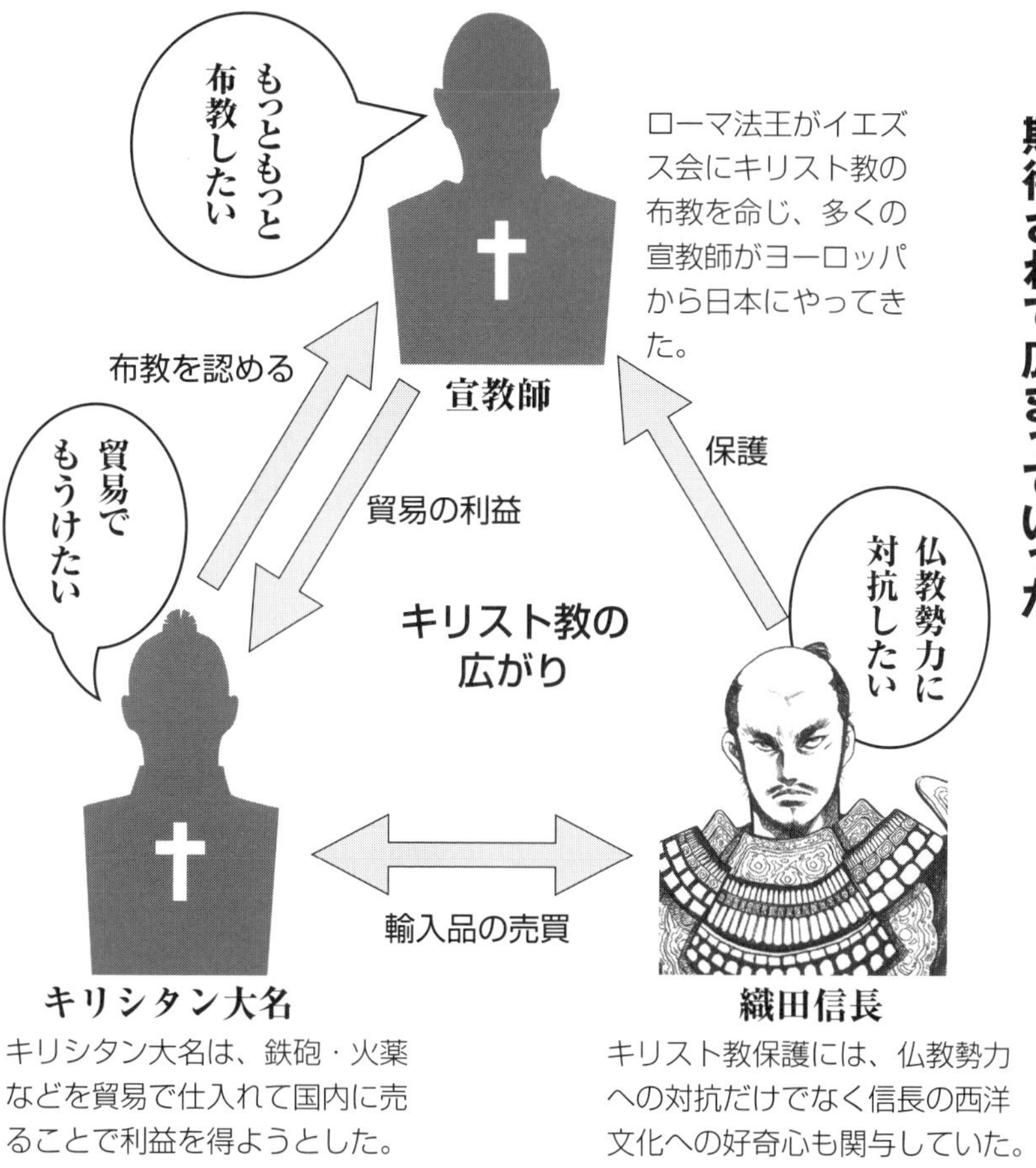

ローマ法王がイエズス会にキリスト教の布教を命じ、多くの宣教師がヨーロッパから日本にやってきた。
もっともっと布教したい
宣教師
布教を認める
貿易の利益
保護
仏教勢力に対抗したい
貿易でもうけたい
キリスト教の広がり
輸入品の売買
キリシタン大名
織田信長
キリシタン大名は、鉄砲・火薬などを貿易で仕入れて国内に売ることで利益を得ようとした。
キリスト教保護には、仏教勢力への対抗だけでなく信長の西洋文化への好奇心も関与していた。

天文《てんぶん》十八年（一五四九）、ポルトガル人の宣教師、フランシスコ・ザビエルが鹿児島に上陸し、土地の大名・島津氏（P78）の許しを得てキリスト教の布教を行った。

その後も多くの宣教師が来日。大友《おおとも》宗麟《そうりん》（P74）などのキリシタン大名は宣教師を保護し、自らも入信。単にキリスト教に感銘を受けただけでなく、南蛮貿易の利益や、鉄砲に使う火薬の原料を必要としていたこともある。

また、信長も、仏教勢力を抑えようという意図でキリスト教を保護。このように、様々な思惑のもとでキリスト教は広まっていった。

しかし、秀吉や家康は信者の団結や外国の日本侵攻を恐れ、キリスト教を禁じ、信者を弾圧。戦国大名にとって宗教勢力は無視できない存在であった。

足利将軍家は下剋上されつづけた

●室町幕府は戦国大名に利用されて滅亡

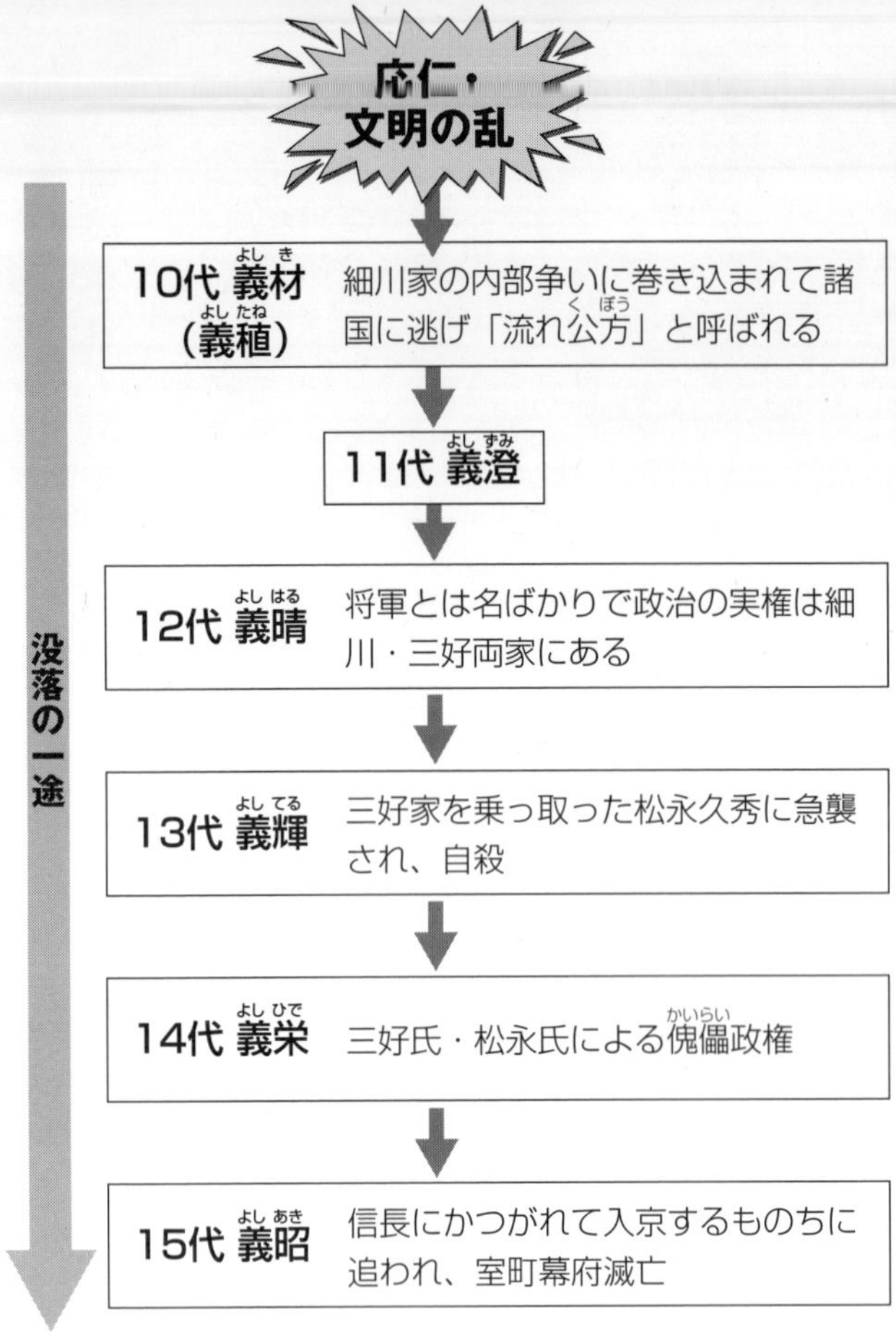
応仁・文明の乱
没落の一途
10代 義材《よしき》（義稙《よしたね》）
細川家の内部争いに巻き込まれて諸国に逃げ「流れ公方《くぼう》」と呼ばれる
11代 義澄《よしずみ》
12代 義晴《よしはる》
将軍とは名ばかりで政治の実権は細川・三好両家にある
13代 義輝《よしてる》
三好家を乗っ取った松永久秀に急襲され、自殺
14代 義栄《よしひで》
三好氏・松永氏による傀儡《かいらい》政権
15代 義昭《よしあき》
信長にかつがれて入京するものちに追われ、室町幕府滅亡

建武三年（一三三六）、足利尊氏《あしかがたかうじ》によって開かれた室町幕府は、応仁・文明の乱（P10）後、力を失う。将軍も山城《やましろ》（京都府南部）の一大名に過ぎなくなった。

やがて、下剋上《げこくじょう》の風潮に乗り、管領《かんれい》（将軍の補佐役）の細川氏が幕府の実権を奪う。次いで細川氏の家臣だった三好《みよし》氏（P81）や松永久秀《まつながひさひで》（P22）が台頭し、十三代将軍・義輝《よしてる》を暗殺。

その後、織田信長が上洛して足利義《よし》昭《あき》を十五代将軍に就任させた。しかし、天正《てんしょう》元年（一五七三）に信長は義昭を京都から追放。室町幕府は事実上消滅する。

信長の天下統一の道具にされた15代将軍・義昭

第15代将軍に就任した義昭だったが、自分をないがしろにする信長と対立。武田信玄《たけだしんげん》（P50）や朝倉義景《あさくらよしかげ》（P60）らに信長打倒を呼びかけ、包囲網を結成して信長を追い詰めた。

が、信玄の病死で計画は頓挫《とんざ》。京都から追放される。義昭はその後も毛利輝元《もうりてるもと》（P69）らの援助を受けて信長に対抗したが、晩年は豊臣秀吉に仕えて余生を送った。

もっと知りたい
戦国時代
1

茶の湯は戦国人の必須教養

戦国時代にブームとなったものの代表に「茶の湯《ちゃのゆ》」すなわち「茶会」がある。茶会は、心身とも消耗しがちだった武将たちの心を癒したり、会議や情報交換をする場として好まれた。

これを政治的に大いに利用したのが織田信長だ。信長は茶会を許可制とし、しばしば配下の武将に褒美として茶器を与えた。

重臣の滝川一益《たきがわかずます》（P146）などは、城ひとつよりも茶入れ一個を欲しがったというし、豊臣秀吉も信長に茶会の開催を許され、涙を流して喜んだという話も残っている。

いわば茶の湯を「プレミア化」したのである。

信長に二度も背いたことで名高い、松永久秀《まつながひさひで》という男がいた。信長は、彼の城を包囲したとき「平蜘蛛《ひらぐも》をおとなしく引き渡せば命は助ける」と諭《さと》す。平蜘蛛とは、久秀秘蔵の茶釜のことである。

しかし、久秀は使者を追い返すと茶釜を体にくくり付け、火薬で己の体ごと爆破して果てた。

武将たちが、いかに茶の湯や茶器に執心していたかが、この逸話からもうかがえよう。

戦国の二大茶人

茶聖として名を成したが、非業の死を遂げる
千利休《せんのりきゅう》
（一五二二〜一五九一）

堺の商家に生まれた利休《りきゅう》は、信長が畿内に進出した際に茶頭《さどう》として招かれ、のちに秀吉に仕えた。

若い頃から茶道を学び、作法を簡略化するなど、その改革に取り組んで茶の湯を世に知らしめた茶人の代表格である。また、草葺《くさぶき》の茶室や簡素な茶器を用いるなど「わび茶」の完成にもいそしんだ。

前田利家《としいえ》（P132）や細川忠興《ただおき》（P27）などの大名もこぞって彼に

●戦国人が茶の湯に求めた5つの役割

精神安定剤

乱世を生き抜くには、何も考えずにいられる空間が必要。戦国人は心静かな茶の世界に精神の安定を求めた。

情報交換の場

武将が大勢集まって開かれる茶会は戦国人の社交場であった。ここで得た新しい情報を内政や軍事に役立てた。

ステイタスシンボル

茶器を戦功の褒美とするなど「茶の湯政道」が敷かれた戦国時代。名器を持つことはこの上ない名誉だった。

結束強化の場

茶室に家臣団を集めて茶を楽しむ。味方だけの空間をつくり、家臣団の結束を深めるうえでも効果的だった。

密談の場

数人しか入れないつくりになっている茶室は、絶好の密談の場。ここで謀反の計画が立てられることもあった。

師事。多くの弟子を持って厚遇《こうぐう》されたが、突然秀吉の勘気《かんき》に触れ、蟄居《ちっきょ》の末、切腹を命じられた。

武家茶道を大成させた織部焼の祖

古《ふる》田《た》織《おり》部《べ》（一五四三～一六一五）

美濃に生まれた織部《おりべ》は、本名を重《しげ》然《なり》という。信長が美濃に進出した際に家臣となり、その前半生を武将として信長、秀吉に仕え、各地を転戦して過ごした。

信長の死の前後、千利休に弟子入りし、利休七哲《しちてつ》のひとりに数えられる。利休の茶道を継承しつつ、大胆で自由な気風を流行させ、織部流の創始者となった。

関ヶ原の戦い（Ｐ１１４）以後は徳川家康に従ったが、大坂の陣（Ｐ１１８）で豊臣方に内通したと疑われ、切腹させられた。

第一章

食うか食われるかの国盗り合戦に勝ち抜くには、自らの足元を磐石にしておくことが必須。有名大名家の成り立ちを紹介。

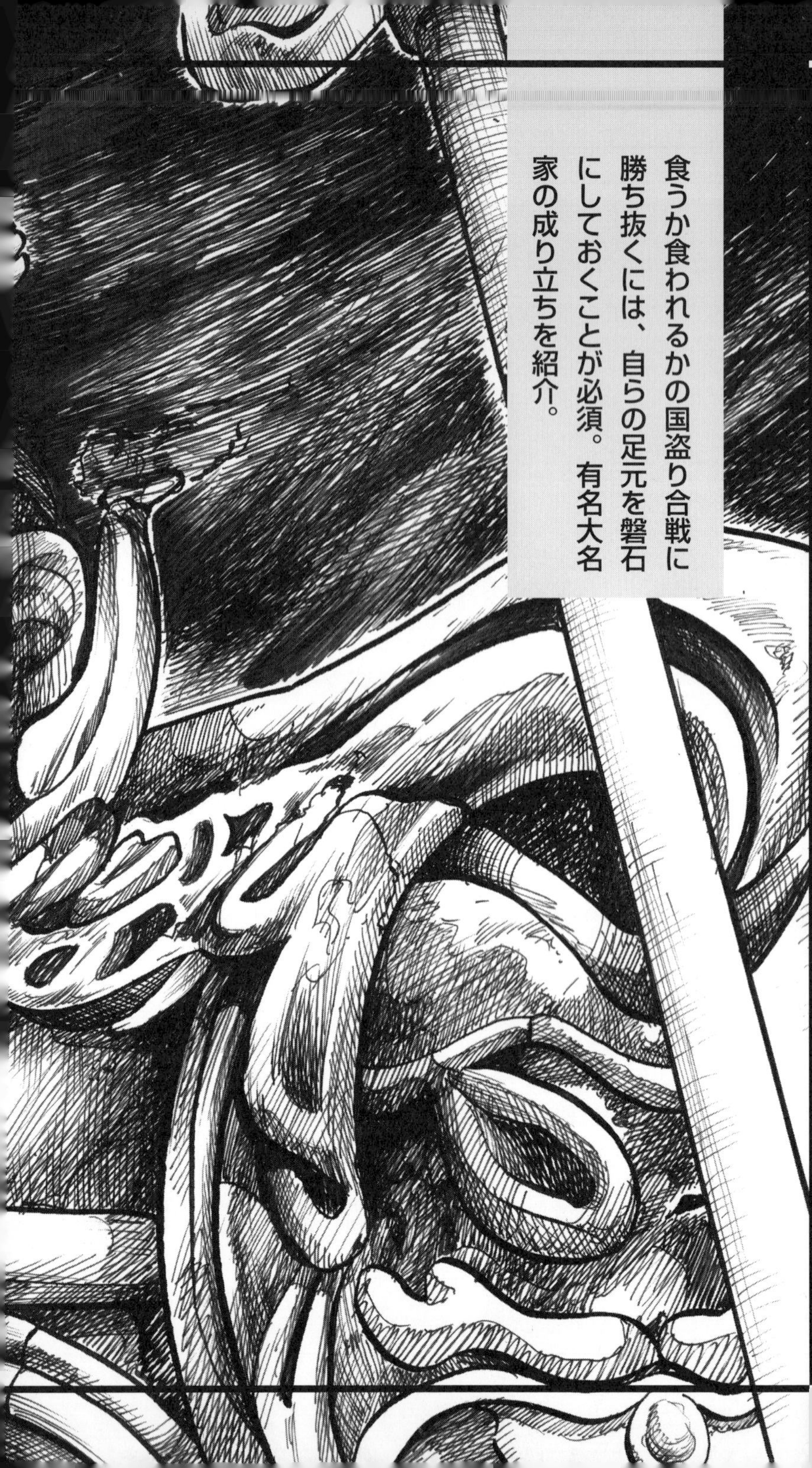

乱世を彩り駆け抜けた戦国武将とその家臣団

織田家

信長の手足となり天下に迫った実力主義集団

血縁
夫婦

織田信秀

信長の父。尾張守護代・清洲《きよす》織田家の奉行。今川家（P66）、斎藤家（P64）などと戦う。

斎藤家

織田信長《おだのぶなが》

P28

濃姫《のうひめ》

道三の娘で信長に嫁ぐ。

斎藤道三《さいとうどうさん》

P64

織田信忠《のぶただ》

信長の長男。後継者として期待されたが、本能寺の変（P104）で自刃。

織田信雄《のぶかつ》

信長の次男。家康と結んで小牧《こまき》・長《なが》久手《くて》（P110）で、秀吉に挑んだ。

織田信孝《のぶたか》

信長の三男。父の後継者として勝家らに推《お》されるもかなわず。賤《しずが》ヶ岳《たけ》の戦い（P108）ののち自刃。

織田秀信《ひでのぶ》（三法師）

信長の孫。秀吉らの推薦で信長の後継者に。関ヶ原（P114）で敗れ、出家。

織田家家紋

「織田木瓜《もっこう》」。朝倉家（P60）の「三《みつ》盛《もり》木瓜」にアレンジを加えたもの。

織田家最大版図

日本の約半分を支配下におさめる。中部、近畿、北陸、中国等、30ヵ国以上にのぼる。

池田恒興《いけだつねおき》

信長の乳兄弟。秀吉にも仕える。長篠《ながしの》・設楽《したらが》原《はら》（P100）、山崎《やまざき》（P106）、小牧・長久手で活躍。

細川藤孝《ほそかわふじたか》

P148

細川忠興《ただおき》

藤孝の子。秀吉、家康にも仕えた教養人。本能寺後、娘婿《むすめむこ》・光秀の招きを拒否。関ヶ原で東軍につく。

細川ガラシャ

キリシタン。本名たま。光秀の娘。忠興の妻。関ヶ原での西軍の人質要求を拒否して自刃。

佐久間信盛《さくまのぶもり》

桶狭間《おけはざま》（P94）、長篠・設楽原で活躍。殿《しんがり》の指揮を務め「退《の》き佐久間」の異名をとる。

佐々成政《さっさなりまさ》

小牧・長久手で信雄を擁《よう》して秀吉を討とうとするも失敗。家康に決起を促すため厳冬の立《たて》山《やま》連峰を越えた。

九鬼嘉隆《くきよしたか》

志摩《しま》（三重県東部）の海賊大将。水軍を率いて信長・秀吉に仕える。

織田四天王

柴田勝家《しばたかついえ》

P128

明智光秀《あけちみつひで》

P130

丹羽長秀《にわながひで》

軍事・政治に優れ、信長から「友であり、兄弟」と信頼を得る。秀吉にも仕える。

滝川一益《たきがわかずます》

P146

森可成《よしなり》

蘭丸の父。「攻めの三佐《さんざ》」の異名をとった。

森蘭丸《もりらんまる》

P142

浅井家

浅井長政《あざいながまさ》

P62

初婚

再婚

お市《いち》の方

信長の妹。長政ののち、勝家に嫁ぐ。最後は秀吉に攻められ自害。

茶々《ちゃちゃ》（淀殿《よどどの》）

羽柴秀吉《はしばひでよし》

P34

前田利家《まえだとしいえ》

P132

織田信長

時代を超えた発想力。歴史を塗り替えた戦国の革命児

　武家が天下の権を握るという「天下《てんか》布武《ふぶ》」のスローガンを掲げた織田信長《おだのぶなが》は、権勢を誇った寺家（一向宗《いっこうしゅう》）を攻撃し、公家と強く結びついていた室町幕府を滅ぼした。自らを絶対的権威と位置づける、新たな「武家政権」をつくろうとしたと考えられる。

　既得権益《きとくけんえき》を壊す一方で、楽市楽座《らくいちらくざ》（P30）や兵農分離《へいのうぶんり》（P13）を推進し、実力第一の人材活用など斬新な政治を行った。それが時を経て戦国の終焉《しゅうえん》につながり、新たな時代を呼んだ。

　破壊は時に創造をも生み出す。日本史上において、それを体現した第一人者が信長だった。

●革新性に貫かれた信長の強さ

革新性

新しいものを取り入れる柔軟性

西洋から伝わった地球球体説を一瞬で理解したり、南蛮風の服を着たり、新しく流入してきた文化を理解し、好んだ。日本で初めて実戦で組織的に鉄砲を使い（P101）、合戦の仕方を根本から変えたのも信長だった。

常識を覆す発想力

楽市楽座や兵農分離、鉄船作りなど、当時の常識では考えられない日本初の事業を次々実行。
自国の経済力と軍事力を上昇させた。

冷酷なまでに合理主義

身分にかかわらず有能と認めた人物は登用。その陰で、不必要と判断を下せば長年召し抱えた家臣でも切り捨てる。
情ではなく合理性を追求し、最強の家臣団をつくった。

織田信長の歩んだ道

出身　尾張国
（現在の愛知県の西部）
生没年　1534～1582
享年　49
愛唱歌
幸若（曲舞の一種）『敦盛』の一節。「人間五十年、下天の内を比ぶれば、夢まぼろしのごとくなり。ひとたび生を得て滅せぬもののあるべきか」

色白で髭《ひげ》は薄く、声は甲高い。端正な顔立ちの美男子。体は引き締まり、身長は5尺5寸～6寸（約166～169センチ）。当時の成年男子（平均160センチ程度）と比べ、かなり大きかった。

青年期
茶筅《ちゃせん》のような髪型に下着姿で片肌を脱ぎ、柿を食いながら友人によりかかって歩く……常識外れな行動が目立ち、皆に「うつけ者」と馬鹿にされていた。

壮年期
桶狭間《おけはざま》（P94）の勝利で全国に名乗りをあげ、破竹の勢いで領土を拡大。足利幕府を滅ぼし、「天下布武」を体現していく。

晩年期
天下統一に向けて突き進むが、50歳を目前に本能寺にて家臣・明智光《あけちみつ》秀《ひで》の刃に倒れ、その生涯を終える（P104）。

織田家

内政

楽市楽座を推進し、関所を廃止。商業からの収入を増やす

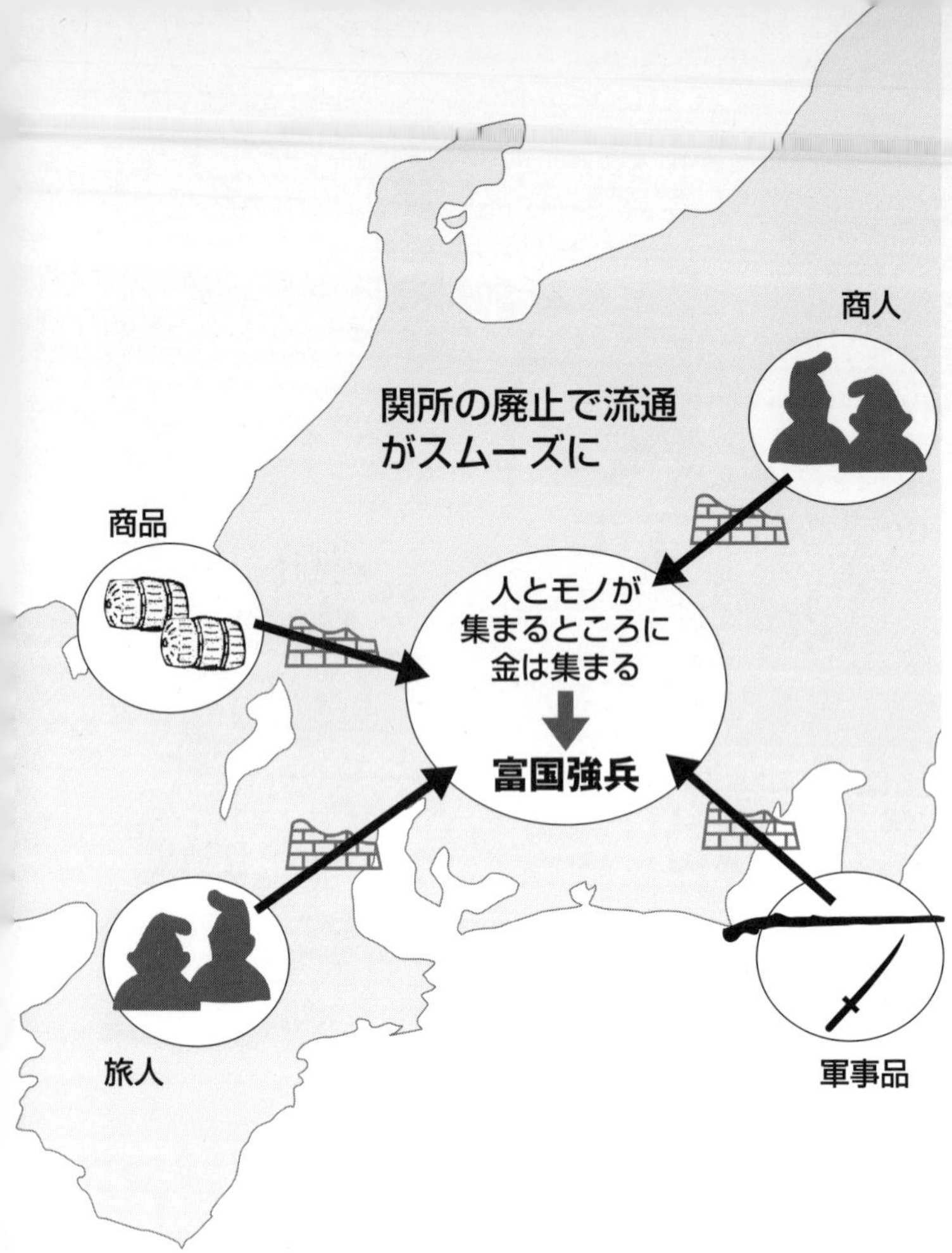
商人
関所の廃止で流通がスムーズに
商品
人とモノが集まるところに金は集まる
富国強兵
旅人
軍事品

織田信長は楽市楽座《らくいちらくざ》令を敷き、一定の場所代を支払えば、誰でも市で自由に商売ができるようにした。

もとは近江《おうみ》（滋賀県）の大名・六角《ろっかく》氏が発令した制度だが、信長はそれを踏襲《とうしゅう》し、多くの領土に広めていく。楽市に住む人には税金の免除や領内の交通の安全をも保証した。

さらに、信長は通行料を必要としていた関所《せきしょ》の多くを撤廃し、商人や旅人を自由に往来させた。

これらの政策で、信長の領内にはあらゆる人々が集まり、全国の名産品や情報が流通した。結果、富国強兵《ふこくきょうへい》につながったのである。

織田家
軍事 外交

大名や家臣、朝廷との結びつきを重視

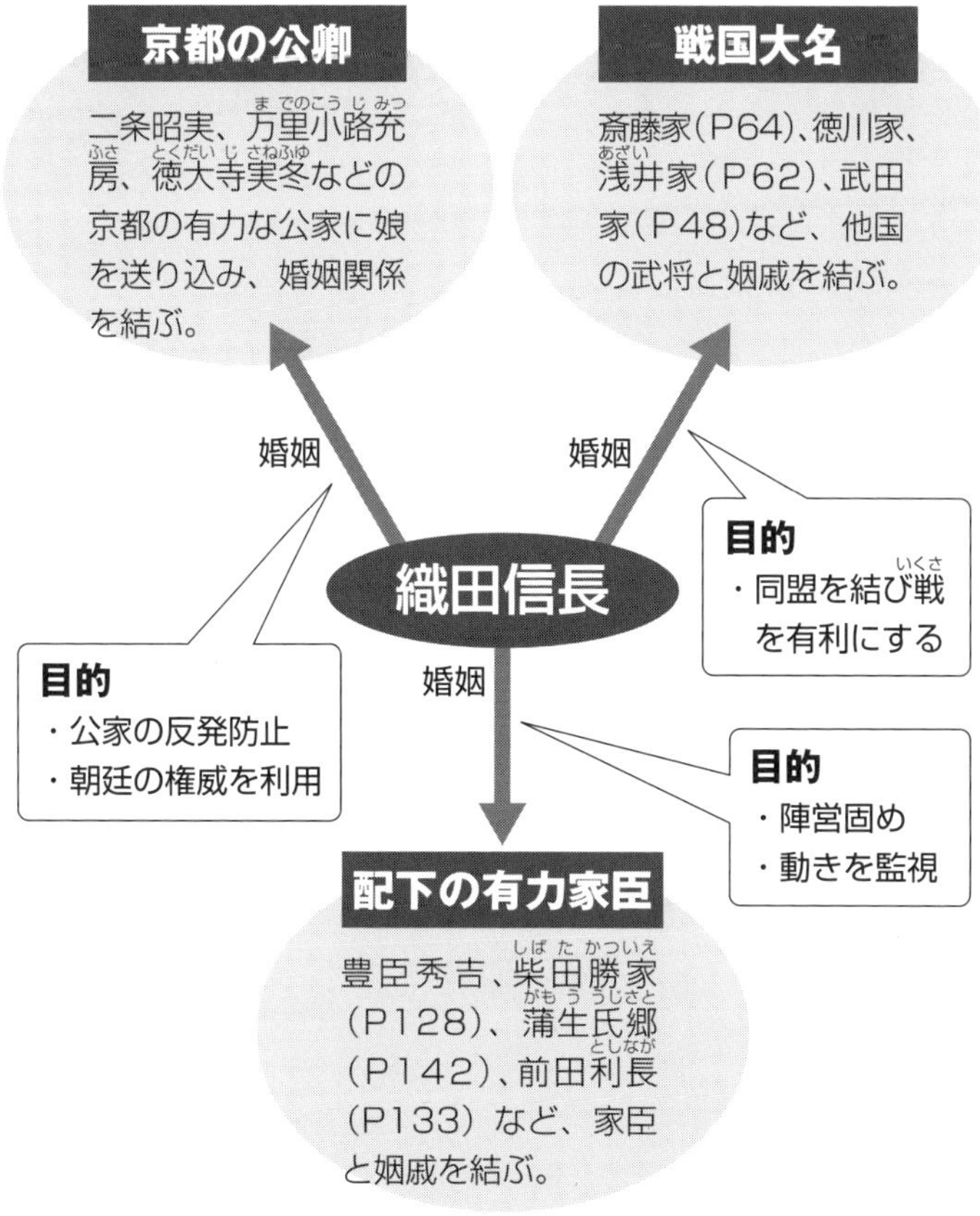
京都の公卿
二条昭実、万里小路充《までのこうじみつ》房《ふさ》、徳大寺実冬《とくだいじさねふゆ》などの京都の有力な公家に娘を送り込み、婚姻関係を結ぶ。
戦国大名
斎藤家（P64）、徳川家、浅井《あざい》家（P62）、武田家（P48）など、他国の武将と姻戚を結ぶ。
婚姻
婚姻
織田信長
目的
・同盟を結び戦《いくさ》を有利にする
目的
・公家の反発防止
・朝廷の権威を利用
婚姻
目的
・陣営固め
・動きを監視
配下の有力家臣
豊臣秀吉、柴田勝家《しばたかついえ》（P128）、蒲生氏郷《がもううじさと》（P142）、前田利長《としなが》（P133）など、家臣と姻戚を結ぶ。

領土や勢力の拡大のためには手段を選ばないのが戦国大名。とりわけ信長は、他の大名家や公家と積極的に婚姻関係を結び、そのつながりを活用した。

上洛後、信長は養女を公家の二条昭実《にじょうあきざね》に嫁がせるなど、朝廷との結びつきを強めていく。その権威を利用し、敵対勢力を服属させようとした。実際、石山本願寺《いしやまほんがんじ》を屈服させる（Ｐ１０２）際は公家の近衛《このえ》前久《さきひさ》に仲介役を頼んだ。

朝廷にとっても、信長との結びつきは所領や権威回復に有利となった。信長が本当に天皇を尊重していたのかは不明だが、内外の政策にその権威を利用したのは間違いない。

豊臣家

秀吉の統率力のもとに結集。知勇バランスのとれた精鋭家臣団

血縁 ——
夫婦 ＝＝

豊臣秀吉《とよとみひでよし》
P34

母子 —— **大政所《おおまんどころ》**

兄弟 —— **豊臣秀長《ひでなが》**
P176

正室

おね
秀吉の正室。跡継ぎ問題で淀殿と対立。

養子

小早川秀秋《こばやかわひであき》
のちに小早川隆景《たかかげ》（P171）養子。関《せき》ケ原《がはら》（P114）で寝返り、西軍敗退のきっかけになる。

福島正則《ふくしままさのり》
P136

山内一豊《やまうちかずとよ》
P148

加藤清正《かとうきよまさ》
P134

可児才蔵《かにさいぞう》
槍の名手で、秀吉の甥である秀次《ひでつぐ》に仕える。

豊臣家の直轄領

近畿、中部、東海、北陸、中国、九州の一部。米の生産高の多い地方から直轄領《ちょっかつりょう》に。

豊臣家家紋
「太閤桐《たいこうぎり》」。秀吉が天下人となってから使用。太閤桐は他にも14種ほどある。

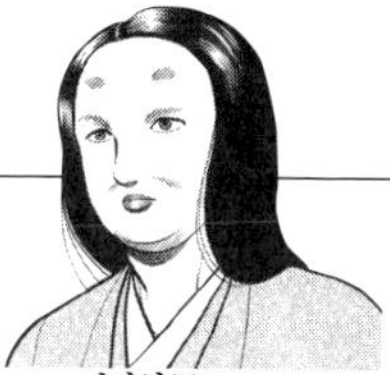

小西行長《こにしゆきなが》

堺の商人出身のキリシタン。豊臣政権の行政外交で活躍。加藤清正ら武功派と対立。

石田三成《いしだみつなり》

P138

淀殿《よどどの》 ＝ 側室

秀吉の側室。秀吉の死後、大坂城を守る。

宇喜多秀家《うきたひでいえ》

P144

大谷吉継《おおたによしつぐ》

P144

島左近《しまさこん》

P162

豊臣秀頼《ひでより》

秀吉に溺愛された嫡男《ちゃくなん》。淀殿とともに自刃。

父子

女 ＝

真田家

真田幸村《さなだゆきむら》

P164

秀吉の死後
関ヶ原の戦いで敵対

蒲生氏郷《がもううじさと》

P142

蜂須賀小六《はちすかころく》

P175

秀吉の二大軍師

黒田官兵衛《くろだかんべえ》

P160

竹中半兵衛《たけなかはんべえ》

P158

豊臣家五大老

徳川家康
前田利家《としいえ》
※上杉景勝《かげかつ》
毛利輝元《てるもと》
宇喜多秀家

豊臣政権の最高機関

豊臣家五奉行

石田三成
浅野長政《ながまさ》
前田玄以《げんい》
増田《ました》長盛《ながもり》
長《な》束《つか》正家《まさいえ》

豊臣政権の一般行政を担当

※小早川隆景の死後就任

豊臣秀吉

気配りと判断力で勝利をつかんだ日本一の出世男

農民のせがれから天下人へ……秀吉の出世街道

54歳　天下統一

決断力……

信長の訃報を聞きすぐさま主君の敵、明智光《あけちみつ》秀《ひで》のもとへ行き、仇《かたき》を討つ（P106）。信長の後継者としての地歩を固める。

37歳　一国一城の主に

気配り……

信長の草履《ぞうり》を懐《ふところ》で温めたというエピソードが残るほどの気配りを見せ、ぐんぐん出世。

18歳　信長の小人衆の一人に

運……

父の遺産で針を買い、それを売って生活をしていたが、友人のつてで信長の使い走り役として城中に上る。

8歳　生活していた寺を脱走

豊臣秀吉は「人たらし」と呼ばれるほど人心掌握《じんしんしょうあく》に長《た》けていた。それを駆使して、織田信長死後の混沌を正し、天下統一を実現した。

百姓から大名に一代でのし上がった出世物語は、いつの世も庶民に夢や希望を与えてくれる。

晩年は朝鮮出兵で国力を疲弊《ひへい》させ、また、よい後継者を育てられなかったことも災いし、豊臣政権は二代で潰《つい》えてしまう。

だが、秀吉の成功と失敗は、のちに天下を取った徳川家康が間近で学んでいた。それが江戸幕府の安定にもつながったといえるだろう。

小柄（154センチ）。額は狭く、しわが多く、猿に似た風体をしていた。中年以降は頬がこけ、髪も薄くなり、鼠《ねずみ》に似ていたという。生まれつき歯が生えていた、片方の指は6本あったなどの伝説もある。

出身　尾張国（現在の愛知県西部）
生没年　1537〜1598
享年　62
辞世の句　露と落ち　露と消へにし　我が身かな　なにはの事も　夢のまた夢

名言に見る秀吉の処世術

人は利で動くもの

金を惜しまずに与えることが、人を動かす一番の方法。

必要なときは積極的に頭を下げよ

目的を叶えるには相手より先に自分が頭を下げなければならない。

六、七分の勝ちを十分とせよ

大勝《たいしょう》すると自分の心に油断が生じる。ぎりぎり勝つくらいがよい。

全国の富を豊臣に集中させるため太閤検地を実施した

太閤検地

測量の単位
年貢を量る升 **を統一**

6尺3寸の竿《さお》を一間《いっけん》と定め、米を量る升を京《きょう》升《ます》に統一。全国の基準とした。

→ごまかしをなくす

一地一作人の原則を敷く

年貢納入の責任者をはっきりさせるため、ひとつの土地は一人の耕作者のものと定めた。

→中間搾取をなくす

↓

各地の石高を明確にし
生産高の高い土地を次々直轄地に……

↓

全国の12%の石高が豊臣のものに

豊臣秀吉は、織田信長から受け継いだ検地をより大規模に行い、全国統一の基盤とした。秀吉の通称、太閤《たいこう》から、これを太閤検地《けんち》と呼ぶ。

太閤検地では、測量に使う物差しや年貢を納める升《ます》を統一。それまでの複雑な土地制度を整理、管理下に置き、長く続いた荘園《しょうえん》制度(※)を崩壊させた。

こうしたやり方は反発も招いたが、秀吉は刀狩《かたながり》で農民から武器を取り上げ、抵抗する力を奪った。

検地と刀狩、また身分統制令《みぶんとうせいれい》により、武士・農民・商人の身分を固定。これらの改革で下剋上《げこくじょう》を未然に抑え、天下統一事業を急速に進めたのである。

※公家や寺社が土地を管理する制度

豊臣家
軍事 外交

天下統一後の武士たちの不満をそらすため朝鮮出兵政策がとられた

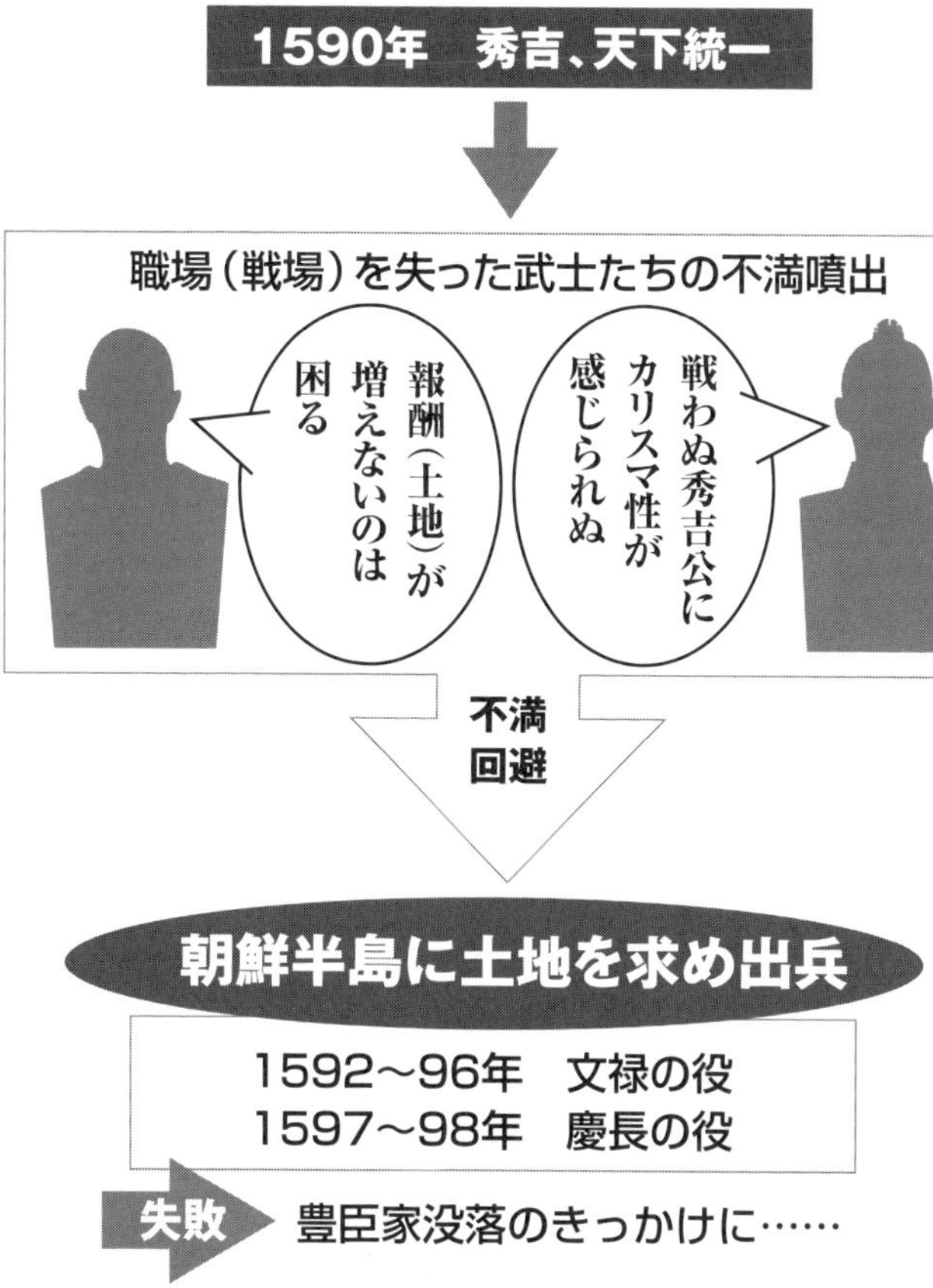
1590年　秀吉、天下統一
職場（戦場）を失った武士たちの不満噴出
戦わぬ秀吉公にカリスマ性が感じられぬ
報酬（土地）が増えないのは困る
不満回避
朝鮮半島に土地を求め出兵
1592～96年　文禄の役
1597～98年　慶長の役
失敗
豊臣家没落のきっかけに……

文禄元年（一五九二年）、秀吉は、明国《みんこく》・朝鮮半島制圧のため、九州に軍を集結。釜山《プサン》に上陸した二十万近い日本軍は、首都漢城《ソウル》を占領するなど連勝を重ねる。しかし、明からの援軍や朝鮮義勇軍《ぎゆうぐん》の決起によって戦線は膠着《こうちゃく》状態に陥る。一時和議を結んで停戦ののち、秀吉は翌年再び軍を差し向けた。だが、その翌年、秀吉の病死により日本軍は全軍撤退を余儀《よぎ》なくされた。

結果的に何ら得るところのなかったこの戦争で各国の大名は疲弊。豊臣政権の基盤は揺らぐ。九州への出陣止まりで、朝鮮へ渡らなかった徳川家康が、俄然《がぜん》力を持つようになった。

徳川家

苦渋《くじゅう》の時代を乗り越え、天下を平定する

血縁 ━━
夫婦 ══

松平広忠《まつだいらひろただ》
家康の父。今川義元《いまがわよしもと》（P66）に従属。

徳川家康《とくがわいえやす》
P40

築山殿《つきやまどの》
家康の正室。今川義元の妹の娘。信長（P28）の命で息子・信康とともに家臣により殺害される。

朝日姫《あさひひめ》
築山殿の死後、44歳のとき、正室として豊臣家（P32）から嫁ぐ。

徳川秀忠《ひでただ》
家康の三男。2代将軍。武家諸法度《ぶけしょはっと》（P42）を制定。

結城秀康《ゆうきひでやす》
家康の次男。小牧《こまき》・長久手《ながくて》（P110）後、人質として豊臣家へ。

徳川信康《のぶやす》
家康の長男。家康の後継者として育てられるが、母とともに殺害される。

徳川家光《いえみつ》
家康の孫。3代将軍。参勤交代《さんきんこうたい》制、鎖国《さこく》令などを出す。

歴代将軍へ

徳川家の直轄領
地図は天下統一後の版図。関東を中心に、全国に直轄領を持つ。

徳川家家紋
「三葉葵《みつばあおい》」。「徳川葵《とくがわあおい》」、「葵巴《あおいどもえ》」ともいう。他家の使用を禁止した独占紋。

本多正信《ほんだまさのぶ》
家康のブレーン（P166）。

本多正純《まさずみ》
正信の長男。大坂の陣（P118）で豊臣の居《きょ》城《じょう》の堀を埋め立て、徳川の勝利の一因をつくる。

大久保忠世《おおくぼただよ》
家康の祖父の代から仕えていた大久保家の出。三方ヶ原《みかたがはら》（P98）、長《なが》篠《しの》・設楽原《したらがはら》（P100）などの武功で有名。

大久保忠佐《ただすけ》
兄・忠世とともに武勇で知られる。長篠・設楽原、小牧・長久手などで活躍。信長からも賞賛を受ける。

徳川四天王

酒井忠次《さかいただつぐ》
家康を幼時から補佐する最古参《こさん》の重臣。

榊原康政《さかきばらやすまさ》
武功に優れ、姉川（P96）では勝利のきっかけをつくった。

井伊直政《いいなおまさ》
徳川最強部隊「井伊の赤備《あかぞな》え」の大将。

本多忠勝《ただかつ》
P140

真田家

真田信之《さなだのぶゆき》
真田幸村（P164）の兄。関ヶ原以降、徳川方につく。

＝稲姫《いなひめ》―父子―本多忠勝

藤堂高虎《とうどうたかとら》
P145

服部半蔵《はっとりはんぞう》
P146

本多重次《しげつぐ》
P149

鳥居元忠《とりいもとただ》
P176

石川数正《いしかわかずまさ》
家康幼少時から仕える。家康と信長の軍事同盟（清洲《きよす》同盟）締結《ていけつ》に貢献。

天海《てんかい》
家康、秀忠、家光の3代のブレーンとして、江戸幕府の体制づくりに尽力。天台宗《てんだいしゅう》の僧。

柳生宗厳《やぎゅうむねよし》
剣術の達人。家康にその腕を見込まれて家臣になる。

徳川家康

自省心と忍耐、洞察力。江戸二六〇年の基礎を築く

「狸《たぬき》おやじ」と称される徳川家康が、その異名通り謀略を駆使し始めたのは、豊臣秀吉が死んでからだ。

それまでの家康は愚直《ぐちょく》と我慢の人であった。今川義元《いまがわよしもと》（Ｐ66）の下で人質生活に耐え、武田信玄《たけだしんげん》（Ｐ50）に真《ま》っ向《こう》勝負を挑《いど》み、織田信長や秀吉には義理を果たす。この堅実さ、律儀さによって他者の信頼を得たことが、戦乱の世を勝ち抜けた理由のひとつともいえる。

家康が江戸（東京都）に開いた幕府は戦国時代を終わらせ、二六〇年以上続く太平の時代をもたらした。今日《こんにち》の日本に、彼の精神は深く息づいている。

●敗戦の屈辱感を絵にして生涯座右から離さなかった

三方ヶ原《みかたがはら》（P98）で武田信玄に勝ち目のない戦いを挑み、結果大敗を喫《きっ》した家康。その屈辱を忘れるまい、と敗戦を悔しがる自分の姿を絵師に写し取らせた。家康は以降ことあるごとに絵を眺めては自分を戒《いまし》めていたという。

（写真提供:徳川美術館）

徳川家康の歩んだ道

出身　三河国（現在の愛知県東部）
生没年　1542〜1616
享年　75
旗印　厭離穢土《おんりえど》　欣求浄土《ごんぐじょうど》
（穢《けが》れた土を厭《いと》い離れ、平和な浄土を願い求める）

身長5尺2寸（155〜158センチ）。丸顔で大きな目鼻を持つ。耳も大きかった。日頃から体を鍛え、恰幅《かっぷく》はかなりよかった。体力も相当なものだったという。

青年期

6歳から織田家、8歳から、今川家の人質となる。桶狭《おけはざ》間《ま》（P94）ののち、19歳でようやく解放される。

壮年期

三方ヶ原での敗戦経験を生かし、以降負け知らず。長《なが》篠《しの》・設楽原《したらがはら》（P100）、小牧《こまき》・長《なが》久手《くて》（P110）など歴戦を勝ち抜く。

晩年期

関ヶ原（P114）の勝利後、征夷大《せいいたい》将軍《しょうぐん》に任じられ、江戸幕府を開く。最晩年に大坂の陣（P118）で豊臣家を滅亡させる。

徳川家 内政

下剋上に対抗する政策が江戸幕府を守った

家康の改革
下剋上の風潮①
大名の欲望
下剋上の風潮②
朝廷の政治介入
対抗
一国にひとつの城しかつくらせない
「一国一城令」で一国のうち居城《きょじょう》以外の城を破壊。他大名の領国の防衛機能を低下させる。
対抗
朝廷の動きを監視
「禁中並びに公家諸法度」で、天皇は学問を第一とし、政治に関わらないものと定める。
徳川260年の基礎
知行・俸禄を世襲制に
戦国時代は戦功をあげれば給料は上がった。給料を世襲《せしゅう》制にし、実力主義の気運をなくす。
武士の生活を規制
「武家諸法度」で、食事・学問・武術まで武士の日常を厳しく規定し、反抗を防ぐ。
対抗
下剋上の風潮③
実力主義の気運
対抗
下剋上の風潮④
武士の暴動

関ヶ《せきが》原《はら》の戦い（Ｐ１１４）に勝利し、征夷《せいい》大将軍《たいしょうぐん》となった徳川家康は、江戸に幕府を開き、着々と足元を固めた。

そして、戦国時代から続いた下剋上《げこくじょう》の風潮を廃そうと、大名の軍事力・経済力を削《そ》ぐための政策を次々と打ち出す。

まず、「一国一城令《いっこくいちじょうれい》」で全国の城を、本城を残して取り壊すよう命じ、大名の領国防衛能力を低下させた。

また「禁中《きんちゅう》並びに公家《くげ》諸法度《しょはっと》」の制定で、天皇や朝廷の行動をも監視・制限し、政治から切り離してしまった。

こうした制度によって示された新時代の方針が、約二六〇年にわたる幕府の支配体制の基盤となってゆく。

アメとムチを使い分けた配置換えで幕藩体制を強固にした

●関ヶ原後の配置換え

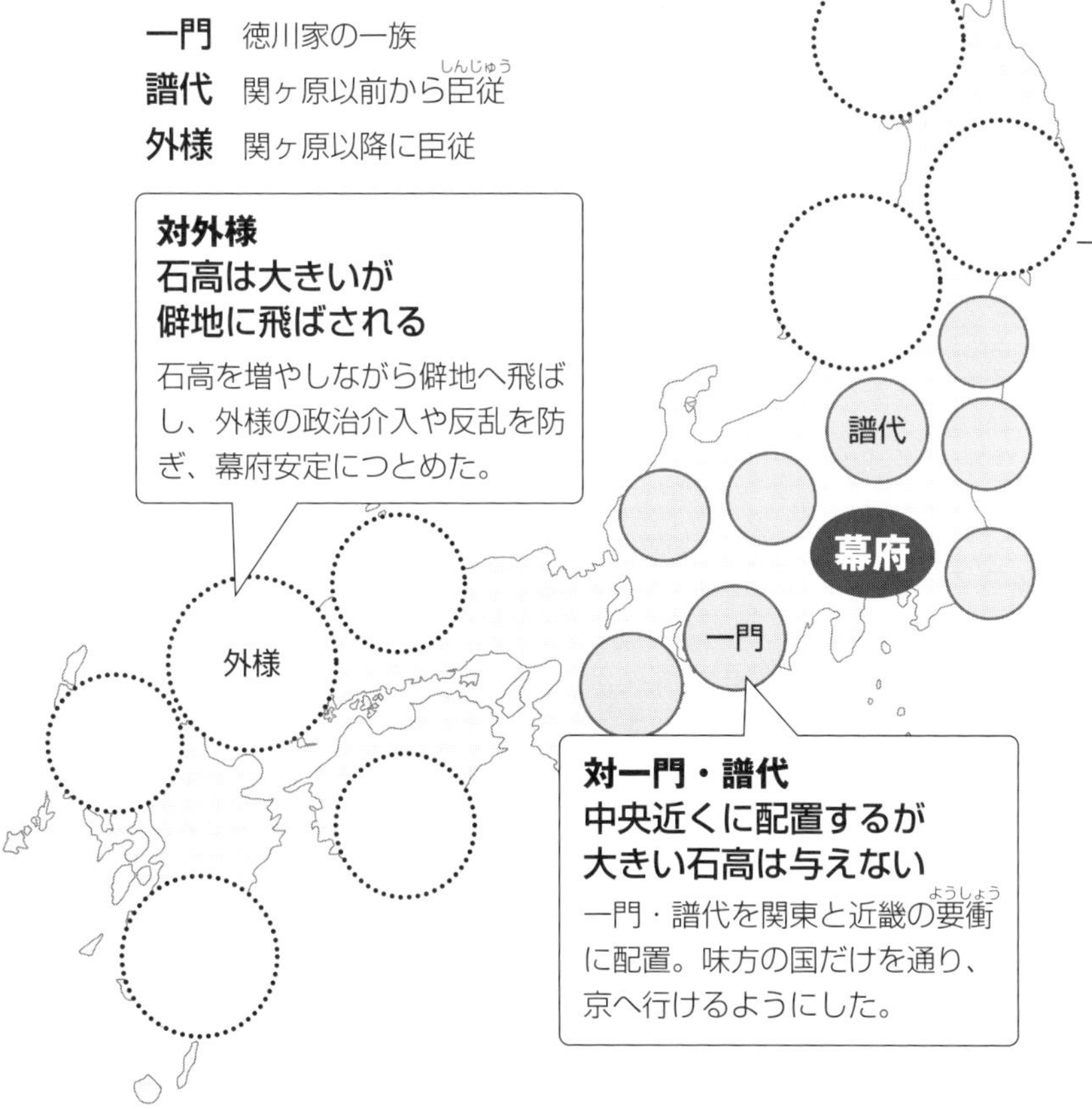
一門　徳川家の一族
譜代　関ヶ原以前から臣従《しんじゅう》
外様　関ヶ原以降に臣従
対外様
石高は大きいが
僻地に飛ばされる
石高を増やしながら僻地へ飛ばし、外様の政治介入や反乱を防ぎ、幕府安定につとめた。
譜代
幕府
一門
外様
対一門・譜代
中央近くに配置するが
大きい石高は与えない
一門・譜代を関東と近畿の要衝《ようしょう》に配置。味方の国だけを通り、京へ行けるようにした。

　天下の覇者《はしゃ》となった家康は、敵対した大名家に厳しい処断《しょだん》を下した。

　関ヶ原の戦いで西軍の総大将となった毛利《もうり》家（P68）、上杉《うえすぎ》家（P52）の所領をともに一二〇万石から三〇～四〇万石に削減したのをはじめ、西軍に与《くみ》した諸大名を僻地《へきち》に配属したり、石《こく》高《だか》を大幅に下げたりした。豊臣家も二〇〇万石から六五万石に落とされ、勢力を大幅に失った。

　その一方、家康は譜代《ふだい》の家臣や一門《いちもん》衆（上図）を大名として独立させ、要所に配置する。外様《とざま》大名に比べて石高は少なかったが、要所を任せることで他家と対等の立場としたのである。

北条家

戦国初期に成り上がり一〇〇年にわたり関東をおさめた

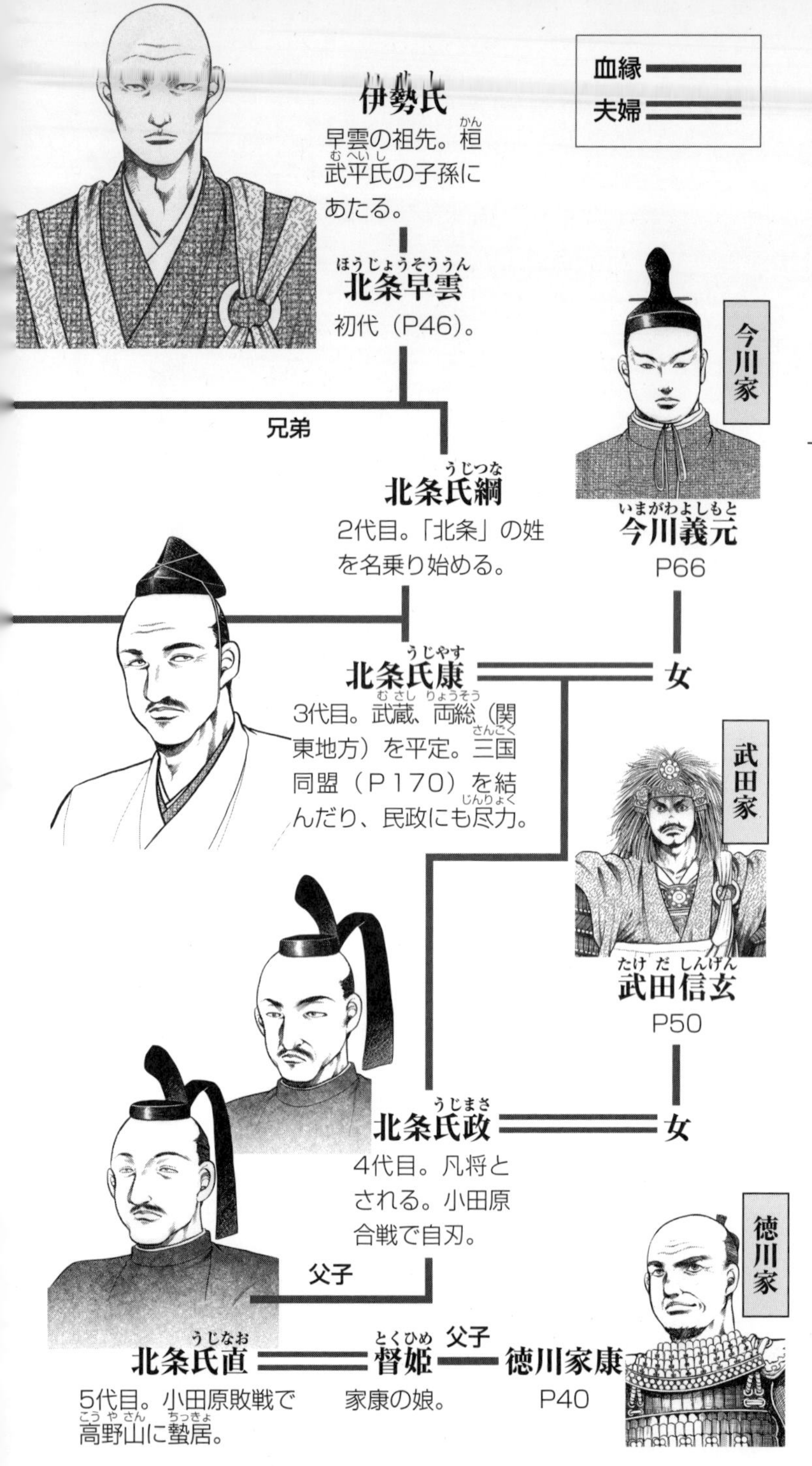

血縁
夫婦
伊勢氏
早雲の祖先。桓《かん》武平氏《むへいし》の子孫にあたる。
北条早雲《ほうじょうそううん》
初代（P46）。
兄弟
北条氏綱《うじつな》
2代目。「北条」の姓を名乗り始める。
北条氏康《うじやす》
3代目。武蔵《むさし》、両総《りょうそう》（関東地方）を平定。三国《さんごく》同盟（P170）を結んだり、民政にも尽力《じんりょく》。
北条氏政《うじまさ》
4代目。凡将とされる。小田原合戦で自刃。
父子
北条氏直《うじなお》
5代目。小田原敗戦で高野山《こうやさん》に蟄居《ちっきょ》。
督姫《とくひめ》
家康の娘。
父子
今川家
今川義元《いまがわよしもと》
P66
女
武田家
武田信玄《たけだしんげん》
P50
女
徳川家
徳川家康
P40

北条家最大版図

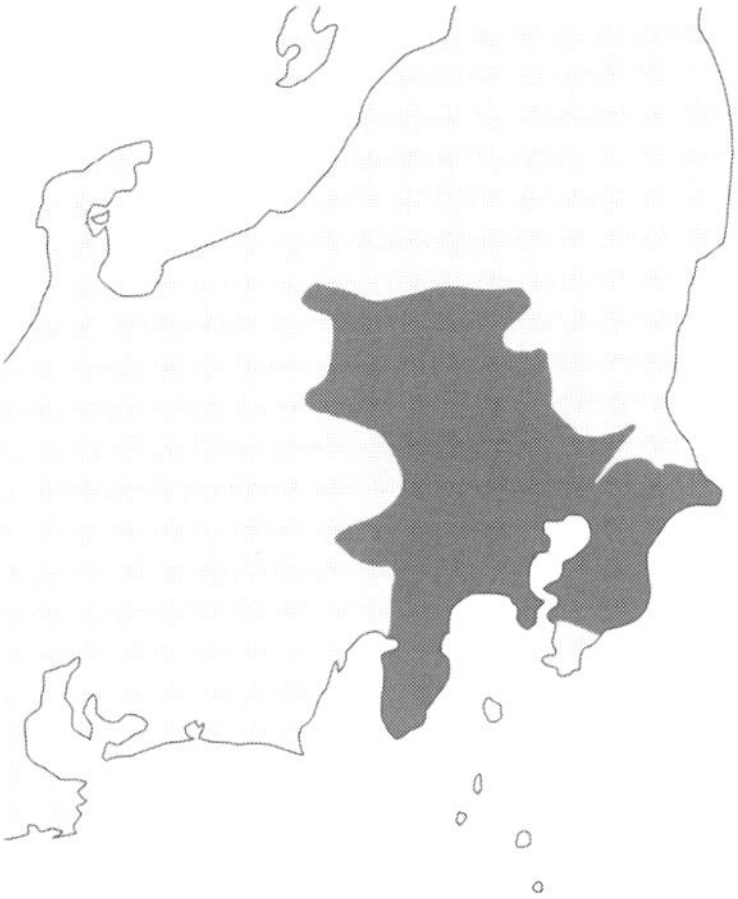

9ヵ国にまたがり、関東のほとんどを版図《はんと》とする。豊臣領に次ぐ大きさだった。

松田憲秀《まつだのりひで》

早雲以来の重臣。内政で活躍したが、小田原合戦で豊臣軍に内応《ないおう》を試みて発覚。監禁される。

大道寺盛昌《だいどうじもりまさ》

早雲の臣。内政で活躍。鶴岡八幡宮《つるがおかはちまんぐう》再建に尽力。

風魔小太郎《ふうまこたろう》

北条家に仕える忍者（P147）集団の首領の名称。諜報《ちょうほう》で活躍。

北条幻庵《げんあん》

早雲の三男。文化人で、長老的存在。家が滅亡するまで仕えた。

兄妹

女

北条綱成《つなしげ》

氏康の信頼あつく、軍事・外交の権利を一任。

北条家家紋

「北条鱗《ほうじょうううろこ》」。もとは鎌倉幕府の北条氏の家紋。権勢にあやかって同じ家紋にした。

北条家の歴史は、室町幕府に仕えた伊勢氏の一族である伊勢新九郎《しんくろう》（のちの北条早雲）が、甥《おい》にあたる駿河《するが》（静岡県中央部）の今川氏親《うじちか》を助けた功で、城を与えられたことに始まる。

明応《めいおう》二年（一四九三）に伊豆、二年後に小田原から領主を追い、その土地を奪って戦国大名の先駆けとなった。

跡を継いだ氏綱は、姓を北条に改め、天下の堅城・小田原城を拠点にすると、関東管領《かんれい》の上杉氏や関東公方《くぼう》・足利氏を追い出して勢力を拡大。その後は氏康、氏政、氏直と五代にわたり、関東の覇者として君臨した。

五代目・氏直の頃、西日本を統一した豊臣秀吉の降伏《こうふく》勧告を無視したことで、全国の討伐《とうばつ》軍二十万が小田原を包囲（P112）。しばらく籠城《ろうじょう》するが結局は降伏し、北条家は滅亡した。

北条早雲

戦国武将のはしり。善政を施し北条五代の礎となる

出身　備中国（現在の岡山県西部）
生没年　1432～1519
享年　88（66歳説も）
名言　上下万民に対し、一言半句にても虚言を申すべからず

坊主頭で眼光《がんこう》鋭く、頬骨が突き出ている。代々の北条家当主と比べても、格段に粗《そ》野《や》な顔立ち。

北条早雲《ほうじょうそううん》は、室町幕府の政所《まんどころ》執事を務めた備中《びっちゅう》（岡山県西部）の伊勢氏《いせし》の出自《しゅつじ》といわれる。本名を「伊勢新九郎《しんくろう》」といい、関東の名門・北条を名乗るのは、子の氏綱《うじつな》の代からである。

京で幕府に出仕《しゅっし》したのち、駿河《するが》（静岡県中央部）の今川《いまがわ》家（P66）の家臣として赴任。出世を重ねて領土を得ると、伊豆・相模《さがみ》の有力者を倒し、独立した。以後、善政を施して領民の心をつかむなど、五代にわたる北条氏の礎《いしずえ》を築き、天寿を全《まっと》うする。

孫で三代目の氏康《うじやす》は、武田《たけだ》信玄《しんげん》（P50）や上杉謙信《うえすぎけんしん》（P54）の侵攻を防ぎ、名家・北条の名を全国に轟《とどろ》かせた。

「人は徳で動くもの」領民第一の政策で国を豊かにした

今日は医者を連れて参った
病人はここへ来るとよい
今度の領主様は仏のようなお人じゃ
ありがたいことじゃ

早雲の対領民政策

北条早雲は伊豆一国をおさめ、戦《いくさ》が終わると、ただちに領国の民の様子を見に行った。農民たちが流行病に苦しめられていることを知ると、次の日には医者を連れてきて病人を治療させた。農民たちは早雲の治世《ちせい》が永遠であるように祈ったという。

他にも、農民が納めるべき年貢を大幅に少なくしたり、その他の雑税《ざつぜい》をすべて廃止したり、兵が農民に乱暴を働くのを禁ずる札を立てたりするなど、領民の生活を第一に考えた政策を次々打ち出した。

早雲は領民の心をつかむことで、奪った国を名実ともに自分の領地にしていった。

武田家

「甲斐の虎」信玄を中心にした戦国最強軍団

武田信虎《のぶとら》
信玄の父。信繁に家督を譲ろうとして追放。

追放

武田信繁《のぶしげ》
信玄の弟。武勇に優れ、人望あつく家臣を取りまとめる。川中《かわなか》島《じま》（P90）で戦死。

武田信玄《たけだしんげん》
P50

諏訪御料人《すわごりょうにん》
信玄の側室。

女

女
＝
穴山信君《あなやまのぶきみ》
内政手腕に優れ、駿河侵攻の際に活躍。家滅亡の際、織田家に寝返る。

武田勝頼《かつより》
信玄の四男(P100)。
＝
女 ― 養女

織田家

織田信長《おだのぶなが》
P28

武田四名臣

山県昌景《やまがたまさかげ》
軍装を赤くし「山県の赤備《あかぞな》え」と畏怖《いふ》された武将。

高坂昌信《こうさかまさのぶ》
小姓《こしょう》出身。撤退戦が得意、「逃げ弾正《だんじょう》」の異名。

馬場信房《ばばのぶふさ》
武田3代に仕えた勇将。長篠・設楽原で戦死。

内藤昌豊《ないとうまさとよ》
武田軍の「真の副将」と称えられた武将。

小山田信茂《おやまだのぶしげ》
信玄、勝頼2代に仕える。最後は織田家につく。

原昌胤《はらまさたね》
陣形の決定や戦況報告を行う陣《じん》馬《ば》奉行。

甘利虎泰《あまりとらやす》
信虎時代からの重臣。「剛の武者」と呼ばれた。

板垣信方《いたがきのぶかた》
信虎時代から仕官。村上家（P80）との戦いで奮戦するが戦死。

山本勘助《やまもとかんすけ》
P156

真田幸隆《さなだゆきたか》
P174

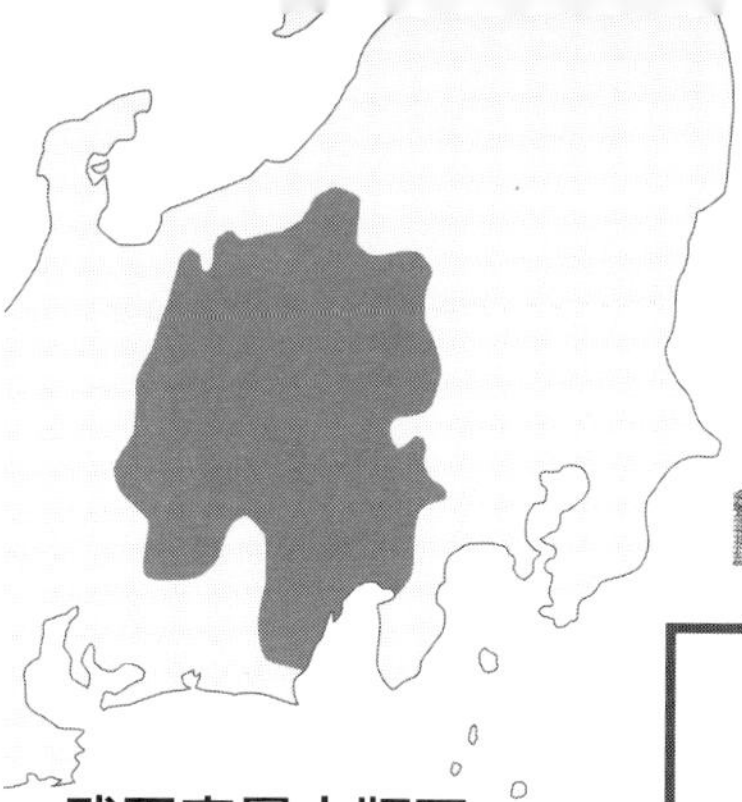

武田家最大版図

甲斐（山梨県）、信濃（長野県）を中心に支配を広げる。信玄の死の5年前に東海道に進出。

武田家家紋

「武田菱《たけだびし》」。戦勝祈願をした神社の旗に描かれていたものを家紋とした。

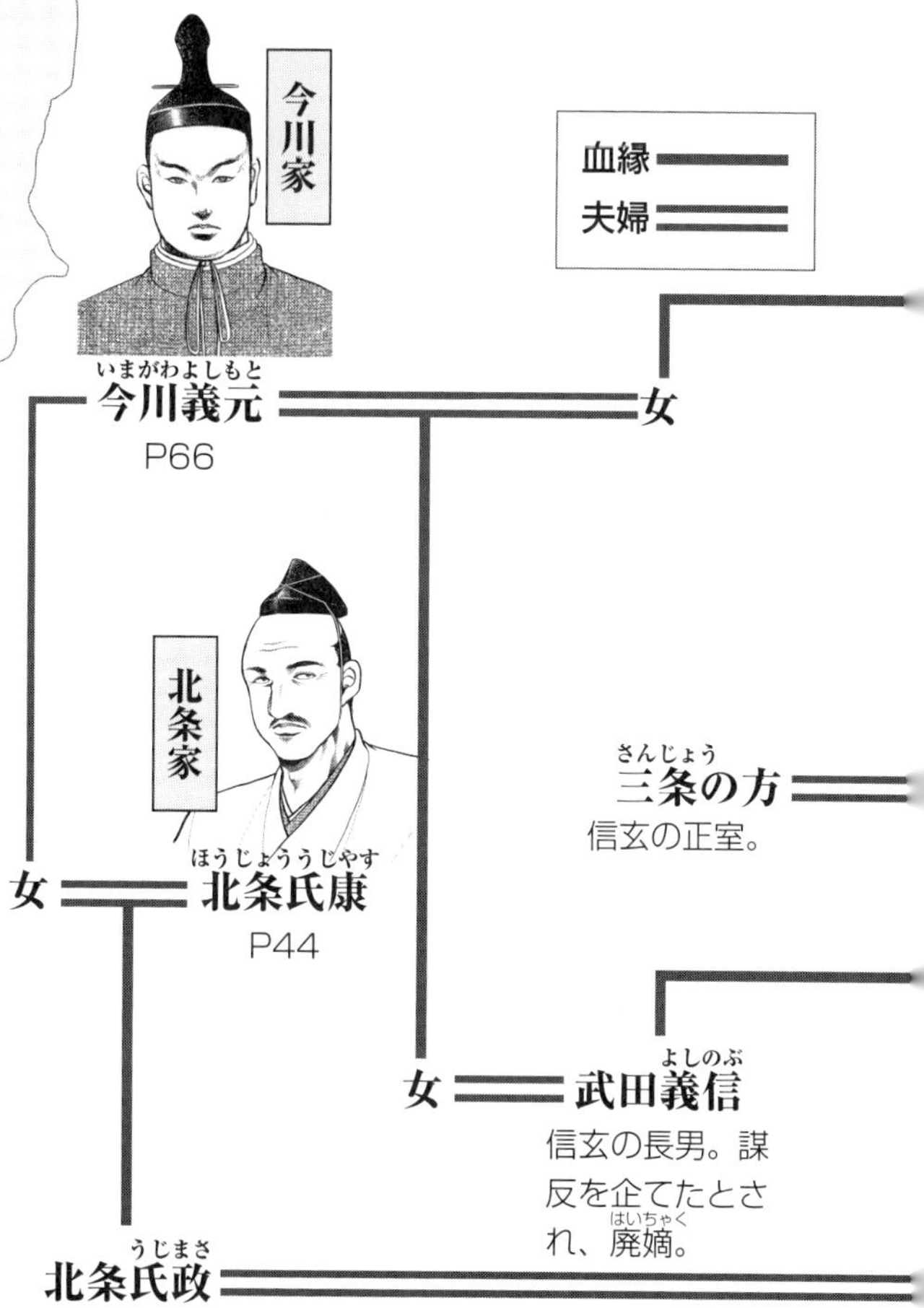

今川家
血縁
夫婦
今川義元《いまがわよしもと》
P66
女
北条家
三条の方《さんじょう》
信玄の正室。
女
北条氏康《ほうじょううじやす》
P44
女
武田義信《よしのぶ》
信玄の長男。謀反を企てたとされ、廃嫡《はいちゃく》。
北条氏政《うじまさ》

武田信玄の父・信虎は国内の有力な国人《こくじん》や守護代《しゅごだい》の内紛をまとめ、甲斐《かい》（山梨県）をほぼ統一した。しかし、信虎は信玄よりも弟の信繁を可愛がったため、信玄とその家臣団は信虎を駿河《するが》（静岡県中央部）へ追放し、強引に家督を継いで甲斐をおさめる。

信玄は隣国の今川家、北条家と三国《さんごく》同盟を結んで信濃《しなの》（長野県）へ侵攻。さらに今川家衰退後は同盟を破棄して駿河にも侵攻した。その後東海道に進出。天下に向けて突き進むが、西上の途上で病死してしまう。

跡は勝頼が継いだが、信玄の代に比べてまとまりを欠き、長篠《ながしの》・設楽原《したらがはら》の戦い（P100）に敗北して多くの重臣を失う。天正《てんしょう》十年（一五八二）、織田信長に攻め込まれ、勝頼は自刃。ここに武田家は滅亡した。

武田信玄

人は石垣、人は城。抜群の管理力で家臣の信頼を得た

風林火山《ふうりんかざん》の軍旗を用い、「甲斐《かい》の虎」と称された武田信玄《たけだしんげん》。率いた武田軍は戦国最強といわれ、上杉謙信《うえすぎけんしん》（P54）と川中島《かわなかじま》の戦い（P90）で激闘を繰り広げるなど武名をあげた。

甲斐（山梨県）の守護を代々つとめた甲斐源氏の武田家十九代当主となった信玄は、甲斐、信濃《しなの》（長野県）を中心に東海の一部を領する大大名となる。晩年、織田信長を倒そうと西進する途上、病に倒れた。

信玄は内政にも長《た》けていた。大規模な治水事業を行ったり、城下町や交通網を整備したりして、甲府を全国有数の都市に発展させた。

●性質の弱点を補う組み合わせでチームをつくった

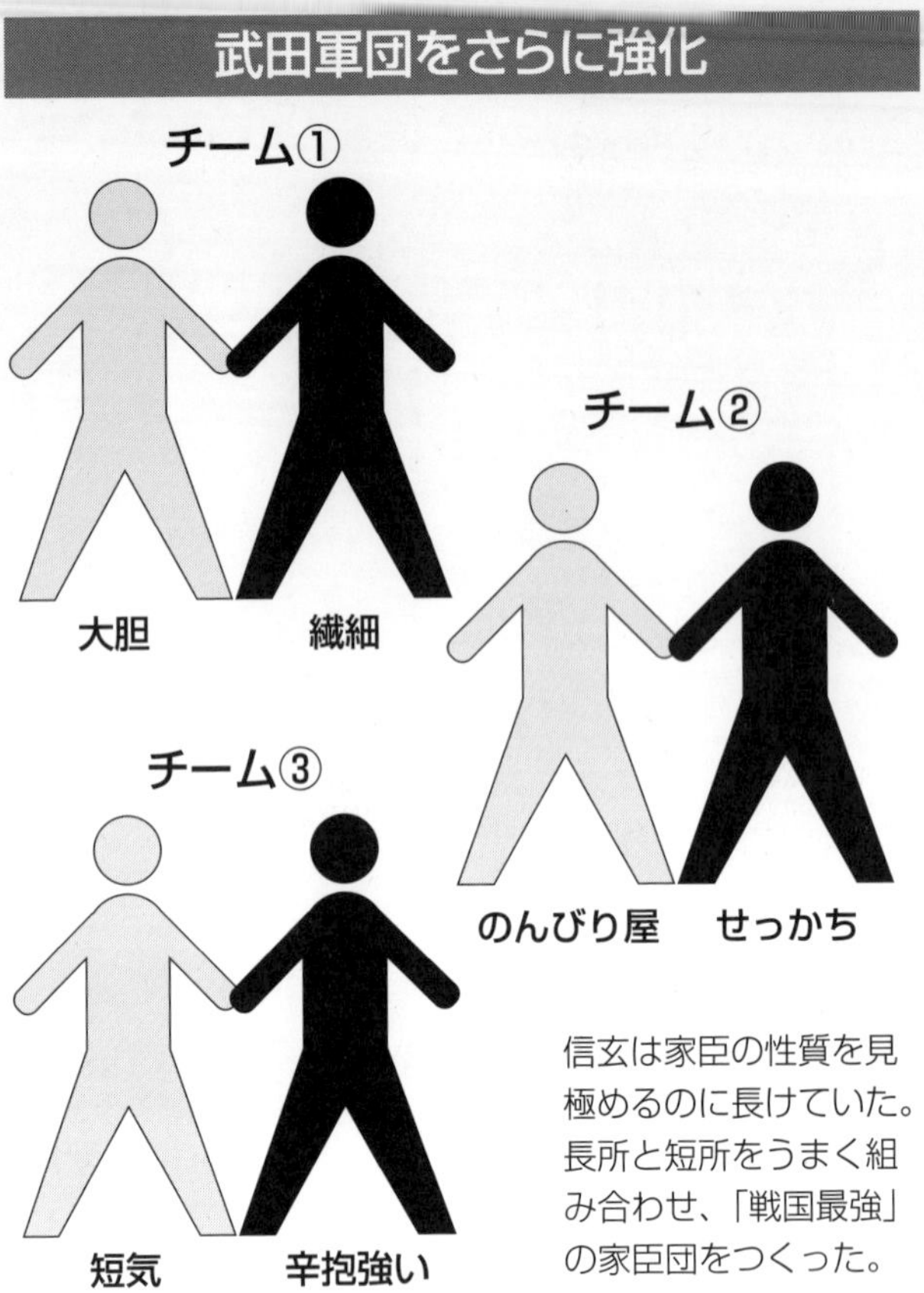
武田軍団をさらに強化
チーム①
大胆
繊細
チーム②
のんびり屋
せっかち
チーム③
短気
辛抱強い

信玄は家臣の性質を見極めるのに長けていた。長所と短所をうまく組み合わせ、「戦国最強」の家臣団をつくった。

出身　甲斐国（現在の山梨県）
生没年　1521～1573
享年　53
名言　勝負の事、十分を六分七分のかち八十分のかちなり

当時の肖像画は肩幅広く、恰幅《かっぷく》よく描かれている。本当はもっと優《やさ》男《おとこ》であったとする説もある。

信玄は「人は石垣、人は城」、つまり優秀な家臣に囲まれていれば強固な城など必要ないとの考えを持っていたとされるが、この言葉そのものは後世の創作。

column

信玄は水洗トイレを使っていた

信玄は何か考えごとがあると必ず長時間厠《かわや》に籠《こ》もった。軍の作戦なども厠で考えたという。

当時の厠は穴を掘り、用がすむと砂をかぶせるのが主流だった。

しかし信玄の厠は水洗式で、風呂の下水を使って流していたと伝わる。全体の広さは六畳程度で、便座の近くには畳が敷きつめられ、常に香が焚かれていた。

この厠を信玄は「草木《くさき》（臭《くさ》き）が絶えないから」と「甲州山」と呼んだ。

上杉家

孤高の大名家。領土拡大より義を重んじた

長尾為景《ながおためかげ》
謙信の父。関東管領・越後上杉家の守護代。

仙桃院《せんとういん》
謙信の姉。子・景勝を謙信の養子とする。

長尾晴景《はるかげ》
謙信の兄。病弱のため謙信に家督を譲る。

上杉謙信《うえすぎけんしん》
P54

武田家

武田信玄《たけだしんげん》
P50

養子

上杉景勝《かげかつ》 ＝ **甲斐御前《かいごぜん》**

2代目。謙信の姉の息子で、謙信の養子となり跡をつぐ。

上杉家最大版図

領土への欲望が薄かったため、加えた所領は越後以外、わずか。

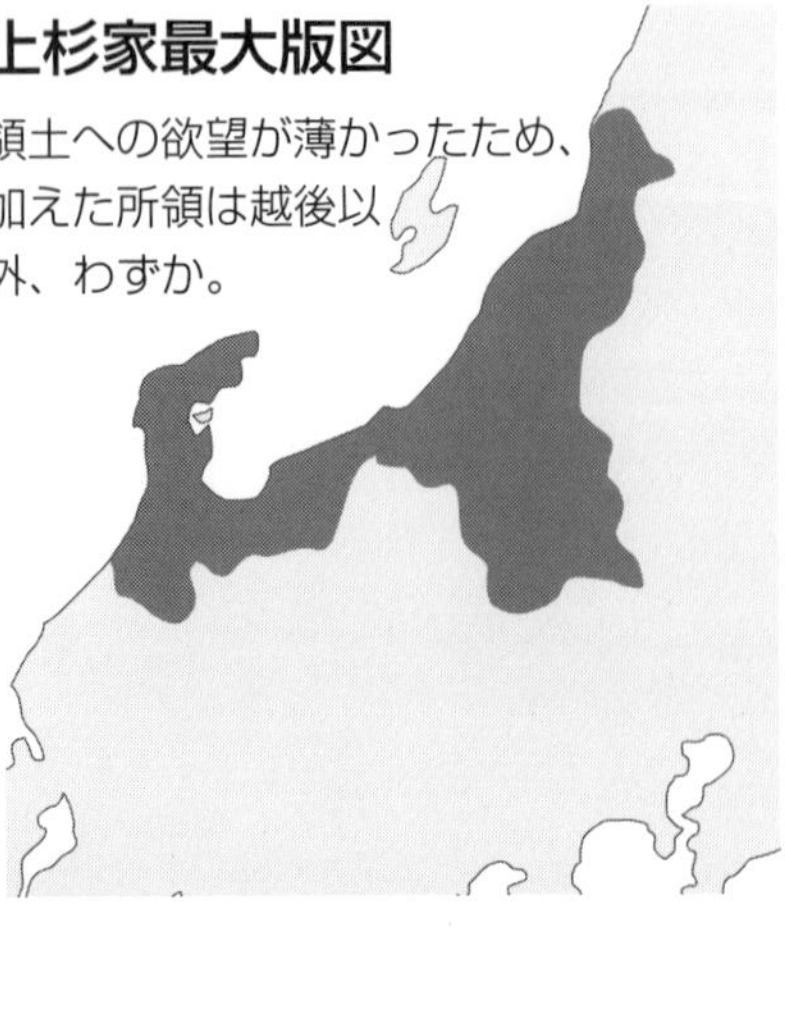

上杉家家紋

「竹に雀《すずめ》」。関東管領・上杉家から、家法、系図とともに謙信が貰い受けた。

本庄繁長《ほんじょうしげなが》
越後北部の土着集団の長として抵抗していたが、平定と同時に臣従《しんじゅう》。

村上義清《むらかみよしきよ》
村上家（P80）の当主。武田家に追われ、謙信を頼る。

柿崎景家《かきざきかげいえ》
謙信の祖父の代から仕官。上杉家最強の勇将。信長との内通《ないつう》を疑われ死罪。

直江景綱《なおえかげつな》
為景、晴景、謙信に仕えた。内政手腕に優れる。

前田慶次《まえだけいじ》
前田利家《としいえ》（P132）の甥《おい》。文武に優れた風流人。

小島弥太郎《こじまやたろう》
謙信幼時より仕官。「鬼小島《おにこじま》」の異名がある。

女

樋口兼豊《ひぐちかねとよ》

column

上杉謙信は女性だった……？

謙信の死因は婦人病であると書かれた資料、また謙信は景勝の「おば」であると記された資料があることから、謙信女性説を唱える学者もいる。

画期的な説ではあるが未だ立証はされていない。

宇佐美定満《うさみさだみつ》
上杉家の軍師とされる人物（P173）。

直江兼続《かねつぐ》
P168

血縁
夫婦

上杉謙信は、もともとは守護・越後《えちご》上杉家に仕えた長尾家の出身。父・長尾為景は主君の上杉房能《ふさよし》を廃し、下剋《げこく》上《じょう》を果たす。為景の死後、病弱の兄・晴景に代わって景虎《かげとら》（のちの上杉謙信）が家督を継いだ。

越後（新潟県）を統一した謙信は、やがて武田や北条《ほうじょう》の侵攻から逃れてきた関東管領《かんとうかんれい》・上杉憲政《のりまさ》から山内《やまのうち》上杉氏の家督と、関東管領職を譲られ、上杉を名乗るようになる。

謙信の死後、姉の子で謙信の養子になっていた景勝が家督争いに勝利して上杉氏を継承。豊臣政権五大老（P33）の一人となり、越後、会津《あいづ》一二〇万石を領した。関ヶ《せきが》原《はら》の戦い（P114）では徳川家康に敵対したため、米沢《よねざわ》三〇万石に落とされたが、幕末まで大名として存続した。

上杉謙信

敵に塩を送る義侠心。ライバル・信玄も信を置いた

出身　越後国（現在の新潟県）
生没年　1530～1578
享年　49
辞世の言葉
一期の栄華　一杯の酒　四十九年は一酔の間　生を知らず　また死も知らず　歳月ただこれ夢中の如し

切れ長の大きな目に引き締まった口、下ぶくれの輪郭《りんかく》が特徴。身長は160センチ程度。当時の平均くらい。片足を少し引きずっていた。

「甲斐《かい》の虎」武田信玄《たけだしんげん》（P50）に対し、上杉謙信《うえすぎけんしん》は「越後《えちご》の龍」と称される。織田軍に大勝《たいしょう》するなど、その軍略は諸国に恐れられた。戦法はあくまで正攻法で、真正面から敵と向かい合った。謙信は自らを戦いの神、毘沙門天《びしゃもんてん》の化身と信じていたという。

越後（新潟県）の守護代・長尾《ながお》家に生まれ、のちに兄・晴景《はるかげ》の養子となり、家督を継ぐ。和歌や琵琶《びわ》の演奏にも通じ、文化人としての一面もあった。

四九歳の春、居城《きょじょう》の厠《かわや》で突如倒れ死去。大の酒好きであったためか、死因は脳溢血《のういっけつ》といわれる。その死は、反信長派の大名らに衝撃を与えたという。

●義を第一とし、自らの真理に向かって戦った

戦に勝っても領土は広げず

領土に加えたのは北陸の一部ほど。最後まで「越後の謙信」を貫いた。

策略を嫌い正攻法を好む

戦《いくさ》での謀略を嫌い、常に正面衝突を望んだ。人を騙《だま》して勝つのは恥、と考えていた。

領土へ の欲望

人を陥れよう とするずるさ

謙信直筆の大額。
（写真提供：林泉寺）

勝てば官軍 のさもしさ

家への 執着

敵にも誠意を尽くす

敵対する信玄が他国に塩の輸送を止められたとき、謙信はすぐに大量の塩を送って助けたという伝説もある。

生涯妻帯せず

謙信は生涯不犯《ふぼん》といわれる。家の繁栄を望んだり、結婚で同盟を結ぶことには興味がなかった。

伊達家

「独眼竜」政宗を中心に奥州の覇王となる

伊達家祖先

伊達実元《さねもと》

伊達晴宗《はるむね》
政宗の祖父。室町幕府の地方行政機関である奥州探題《おうしゅうたんだい》に任命。

最上義光《もがみよしあき》
P81

兄妹

伊達輝宗《てるむね》
政宗の父。晴宗との内紛を経て伊達家当主に。

義姫《よしひめ》
政宗の母。政宗よりも弟を溺愛した。

伊達小次郎《こじろう》
政宗の弟。小次郎を溺愛した義姫が政宗の暗殺をはかったため、政宗に殺される。

伊達成実《しげざね》
政宗の重臣。外交折衝《せっしょう》役。「武の成実」「知の（片倉）小十郎」と称された。

伊達政宗《だてまさむね》
P58

徳川家

徳川家康
P40

伊達忠宗《ただむね》
政宗の次男。徳川家から妻を迎え、仙台藩の基盤固めにつとめる。

五郎八姫《いろはひめ》

松平忠輝《ただてる》
家康の六男。

遠藤基信《えんどうもとのぶ》
織田、徳川、北条との関係固めに尽力。片倉小十郎を政宗の軍師に。

支倉常長《はせくらつねなが》
慶長遣欧使節団《けいちょうけんおうしせつだん》の一員として欧州に赴く。

伊達家最大版図

66ある奥州の郡のうち30余りを抑える。宮城·福島を中心に山形、岩手まで。

血縁 ━━━
夫婦 ═══

真田家

真田幸村《さなだゆきむら》
P164

片倉小十郎《かたくらこじゅうろう》
政宗の軍師（P172）。

女 ═══ 片倉重長《しげなが》
知勇に優れた名将。大坂の陣（P118）で幸村の奮戦を見て一族を保護。

伊達家家紋

「竹に雀《すずめ》」。政宗の曽《そう》祖父《そふ》、稙宗《たねむね》の次男が上杉家の養子となる際に貰った。

伊達晴宗、輝宗の代に至っても、伊達家はまだ奥州《おうしゅう》（東北地方）の有力な一群雄《ぐんゆう》に過ぎなかった。

政宗が生まれ、十八歳で家督を継ぐと、奥州制覇をめざし、急速に領土を拡張。強硬な手段と優れた戦略で有力大名を相次いで打ち破り、奥州南部の大部分を支配するに至る。

しかし、豊臣秀吉が北条家《ほうじょう》（P44）を討伐する段になると服属。米沢《よねざわ》（のちに岩出山《いわでやま》）五八万石を安堵《あんど》される。関ヶ《せきが》原《はら》の戦い（P114）では徳川家康に味方、上杉軍（P52）と戦う。その功によって六二万石に加増《かぞう》された。さらに、大坂の陣にも参戦し、戦功を立てる。

のちに仙台城を築いて岩出山城から移り、伊達家は仙台藩として繁栄。幕末には百万石の大藩となった。

伊達政宗

隻眼《せきがん》の勇将。「遅れてやってきた天下人」と呼ばれる

●対秀吉抵抗外交で力を誇示

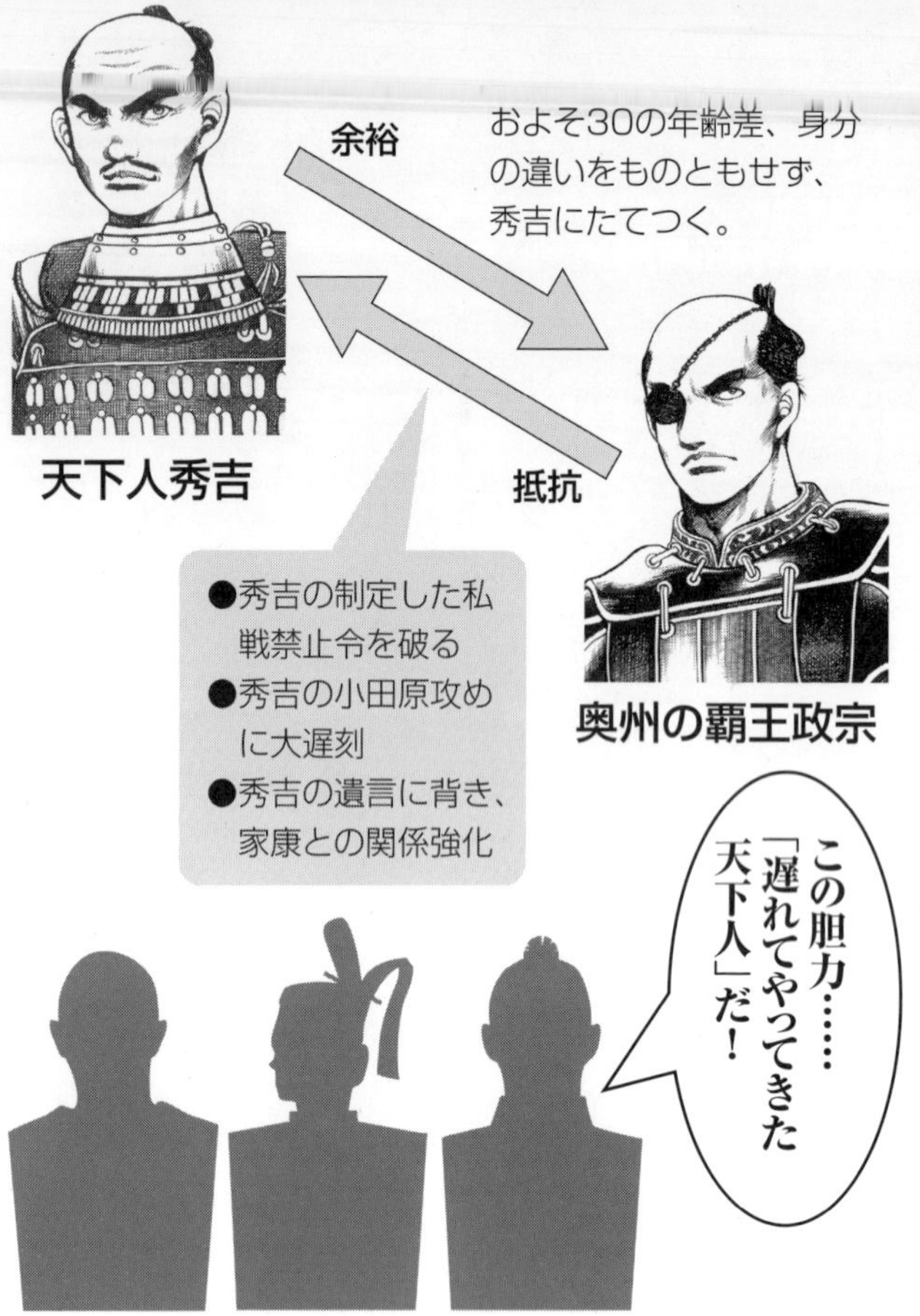
およそ30の年齢差、身分の違いをものともせず、秀吉にたてつく。
余裕
抵抗
天下人秀吉
奥州の覇王政宗
●秀吉の制定した私戦禁止令を破る
●秀吉の小田原攻めに大遅刻
●秀吉の遺言に背き、家康との関係強化
この胆力……「遅れてやってきた天下人」だ！

仙台（宮城県）の英雄として知られる伊達《だて》政宗《まさむね》は、東北の名門・伊達家の十七代当主として出羽《でわ》（山形県）の米《よね》
沢《ざわ》城に生まれた。

幼少時に疱瘡《ほうそう》（天然痘《てんねんとう》）を患い、右目を失明したため、のちに「独眼竜《どくがんりゅう》」と称されるようになる。

二三歳のとき、東北の諸大名を滅ぼし南奥羽《おうう》（東北南部）の覇者となる。しかし、その頃にはすでに天下は豊臣秀吉がほぼ支配していたため、領土を拡大するよりも、小田原合戦（P11
2）に参陣し、豊臣家に臣従《しんじゅう》する道を選んだ。

のちに徳川家にも仕え、許しを得て

出身　出羽国（現在の山形県）
生没年　1567～1636
享年　70
辞世の句
曇りなき　心の月を　先立てて　浮世の闇を　照らしてぞ行く

遺骨から身長159.4センチであったことが判明。当時のほぼ平均。目は二重でエラが張り、鼻筋の通った美男子だった。

仙台に居城《きょじょう》を移し、仙台の初代藩主となった。

七〇歳で死去したが、「あと二〇年早く生まれていれば天下が取れたものを」と言ったとされている。

column

政宗はB型。名将たちの血液型は？

政宗の遺髪から、彼の血液型はB型であることがわかっている。政宗は退屈を嫌い、茶、読書、料理などを好み、一分たりとも無駄な時間を過ごさなかったといわれる。

また、「伊達者《だてもの》」という言葉が残っている通り、大変な派手好きであった。血液型占いでいうB型タイプといえなくもない。

ちなみに遺骨や血痕などから、信長はA型、秀吉はO型、謙信はAB型であることが判明している。

朝倉家

越前・若狭を支配し北陸の雄として名を馳せる

朝倉孝景

朝倉家10代当主。義景の父。朝倉全盛期を築く。

朝倉宗滴《そうてき》

8～11代目当主を補佐（P173）。

朝倉景紀《かげとし》

孝景の弟で宗滴の養子。武術に優れた勇将。

朝倉義景《あさくらよしかげ》

朝倉家11代当主。戦《いくさ》よりも文化的な生活を好んだ。姉川の敗戦などにより朝倉家を滅亡に導く。

出身	越前国（現在の福井県東部）
生没年	1533～1573
享年	41

朝倉景健《かげたけ》

姉川の戦いに総大将として参戦し活躍。

血縁 ━━━
夫婦 ═══

朝倉家最大版図

越前（福井県東部）、若《わか》狭《さ》（福井県西部）に加えて義景の代に加賀《かが》（石川県南部）の半分を領有。

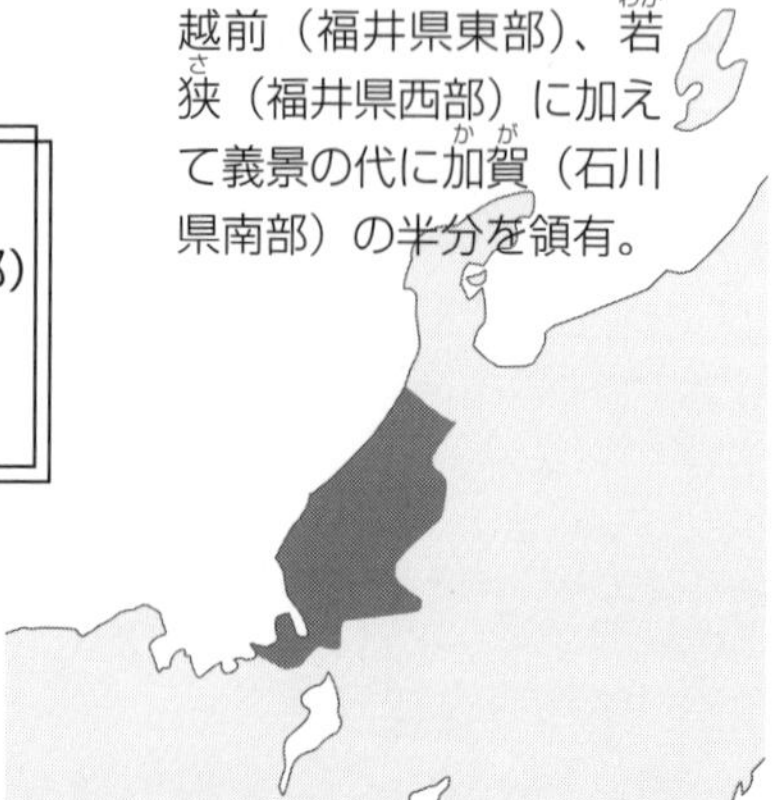

column

名家の幕切れ……義景の辞世の言葉

義景は戦国において稀《まれ》な風流人であった。居城・一乗谷で優雅に暮らしていた。当主でありながら戦もほとんど家臣任せで、義景自らが指揮したものは数えるほど。

そもそも戦に向かなかった義景は、姉川の戦いに敗れたのちも幾度か織田軍と戦うが戦局を打開できず、四一歳のとき、織田軍に自刃を余儀《よぎ》なくされる。

「七顚八倒　四十年中
　無自無他　四大元空」

「この四〇年間、一体何回転んだことだろう。自他の区別もつかない。この世はそもそも空であったのだ……。」

一〇〇年栄えた名家の終わりの、余りに寂しい言葉だ。

真柄直隆《まがらなおたか》

勇猛果敢な武将。大太刀「太郎太刀《たろうだち》」を振り回し歴戦に功。姉川で戦死。

富田勢源《とだせいげん》

小太刀《こだち》剣術の達人。剣術「富田流」の祖。片目を患い、若くして隠居。

魚住景固《うおずみかげかた》

義景の奉行。朝倉氏滅亡直前に信長に寝返る。

朝倉家家紋

「三盛木瓜《みつもりもっこう》」。はじめ木瓜はひとつだったが鎌倉時代にふたつ加えられた。

応仁《おうにん》・文明《ぶんめい》の乱後、越前《えちぜん》の守護となった朝倉氏は、一乗谷城《いちじょうだに》を本拠地とする大名として台頭。朝倉義景は、天文《てんぶん》十七年（一五四八）に父の跡を継ぎ、十一代当主となった。

京で十三代室町将軍・足利義輝《あしかがよしてる》が暗殺されると、義景はその弟・足利義昭《よしあき》を一乗谷に迎えて保護。しかし上洛戦をしなかった。しびれを切らした義昭は越前を去り、織田信長を頼る。

のちに信長に上洛を命じられるが拒否。織田・徳川連合軍の侵攻を受ける。一度は浅井長政《あざいながまさ》（P62）の協力で撃退するが、姉川の戦い(P96)で敗北。

その後もたびたび信長と戦いを交えたが、義景の優柔不断な性格が災いし、戦況打開には至らなかった。天正《てんしょう》元年（一五七三）、一乗谷の町は織田軍の攻撃で炎上。義景は自刃を遂げた。

浅井家

北近江の雄。朝倉家と運命をともにした

織田信長
P28

兄妹

お市《いち》の方 P27

浅井久政《ひさまさ》

長政の父。家臣団に隠居させられる。姉川の3年後、織田軍に攻められ自刃。

浅井長政《あざいながまさ》

15歳で家督を継ぎ、家臣扱いを受けていた六角《ろっかく》氏を倒し北近江の雄に成長。覇気《はき》に満ちた人物。姉川の敗戦をきっかけに滅ぼされる。

出身　近江国
（現在の滋賀県）
生没年　1545～1573
享年　29

浅井家最大版図

国内での下剋上《げこくじょう》を遂げたあとは領土拡大せず。「北近江（滋賀県北部）の雄」にとどまった。

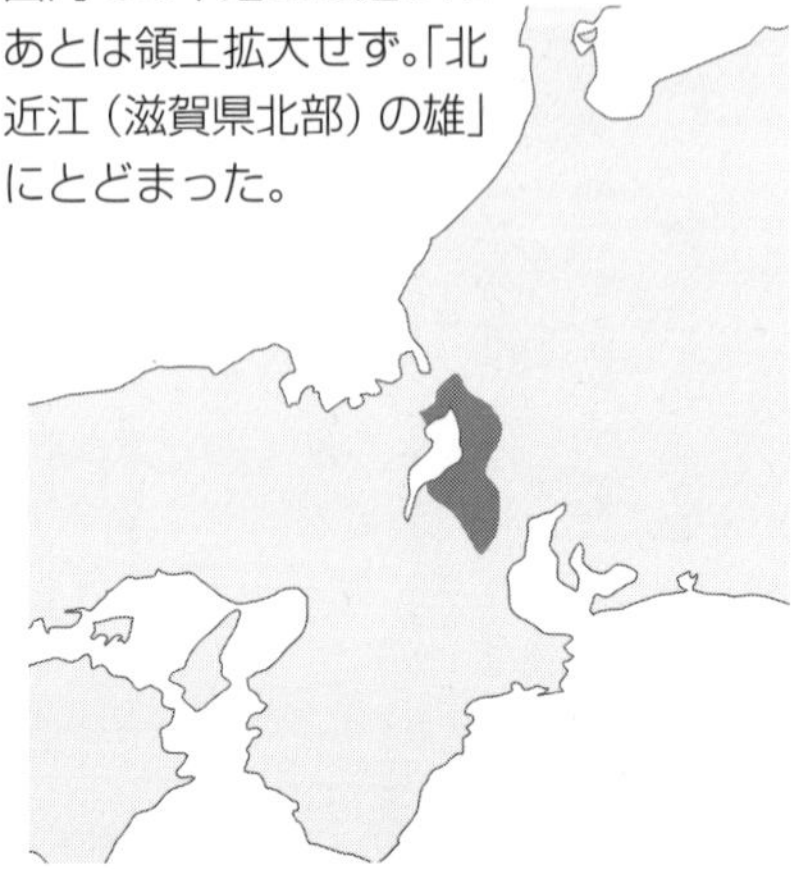

浅井家家紋

「亀甲剣花菱《きっこうけんはなびし》」。三《みつ》盛《もり》型のものもあるが、一亀甲が定紋。

茶々《ちゃちゃ》（淀殿《よどどの》）
側室
羽柴（のちの豊臣）家

羽柴秀吉《はしばひでよし》
P34

お初《はつ》
京極高次《きょうごくたかつぐ》

小督《おごう》
徳川秀忠《ひでただ》
家康の子。のちの２代目将軍。（P 38）

万福丸《まんぷくまる》
長政の長男。浅井家滅亡後、信長に殺害される。

遠藤直経《えんどうなおつね》
長政の相談役。忍者出身とされ、浅井家の諜《ちょう》報《ほう》活動も担う。

海北綱親《かいほうつなちか》
浅井家の軍奉行。秀吉に「兵法《ひょうほう》の師」と言わしめた勇将。

磯野員昌《かずまさ》
姉川で一時信長の本陣に迫る活躍を見せた猛将。浅井軍の先鋒《せんぽう》。

血縁
夫婦

浅井長政は、父・久政《ひさまさ》の嫡男《ちゃくなん》として生まれる。当時浅井氏は六角《ろっかく》氏に臣従《しんじゅう》しており、長政ははじめ、六角氏重臣の娘をめとっている。

浅井氏の家臣団は、弱腰の久政を隠居に追い込み、長政に家督を継がせた。十五歳で軍を率いた長政は、六角軍を打ち破り、北近江《おうみ》の雄《ゆう》に成長。

その後、美濃《みの》（岐阜県南部）を支配した織田信長の妹・お市を妻に迎え、信長の上洛を助けた。

しかし、信長が朝倉家（P60）を攻めた際、父や家臣の強い勧めにより旧交のあった朝倉家に加勢。信長を窮地に追い込む。

それ以後の長政は姉川の戦い（P96）をはじめ、各地で敗退。朝倉滅亡と同じ天正《てんしょう》元年（一五七三）、織田軍に追い詰められ、自刃した。

斎藤家

油売りから一国の主へ。マムシを中心とした下剋上集団

長井豊後守

出身　山城国
（現在の京都府南部）
生没年　1494～1556
享年　63

三芳野《みよしの》
道三の側室。

殺害

斎藤義龍《よしたつ》
道三の長男。武勇に優れた武将。愛情を受けなかった恨みで、父を殺して家督を奪う。

斎藤龍興《たつおき》
道三の孫。凡将で家臣団からの信頼が薄い。信長に攻められて逃亡。

斎藤道三《さいとうどうさん》
父と2代で商人から大名にまでのし上がる。権謀術数《けんぼうじゅっすう》に長け、「美濃のマムシ」の異名をとり、近隣から恐れられた。

斎藤家最大版図
美濃《みの》（岐阜県南部）一国。美濃は交通・経済の要衝《ようしょう》であったため、一国でも十分権威は保てた。

斎藤家家紋
「立波《たつなみ》」。波で合戦の激しさ、しぶきで世の中の成り立ちをあらわす。

column

信長の才智を誰よりも早く見破った道三

娘・濃姫を信長のもとへ嫁がせた道三。対面の日、信長は道三の前で「うつけ」のように振る舞った。

家臣が信長を馬鹿にするなか、道三だけは神妙な顔で「自分の子孫は信長に臣従《しんじゅう》することになるだろう」と予言したという。

血縁 ━━
夫婦 ═══

西美濃三人衆

稲葉一鉄《いなばいってつ》
安藤守就《あんどうもりなり》
氏家卜全《うじいえぼくぜん》

道三、義龍、龍興の3代にわたって斎藤家に仕える。安藤は龍興の代に、竹中半兵衛とともに龍興の居城《きょじょう》を占拠。3人で龍興を見切り、信長に仕える。

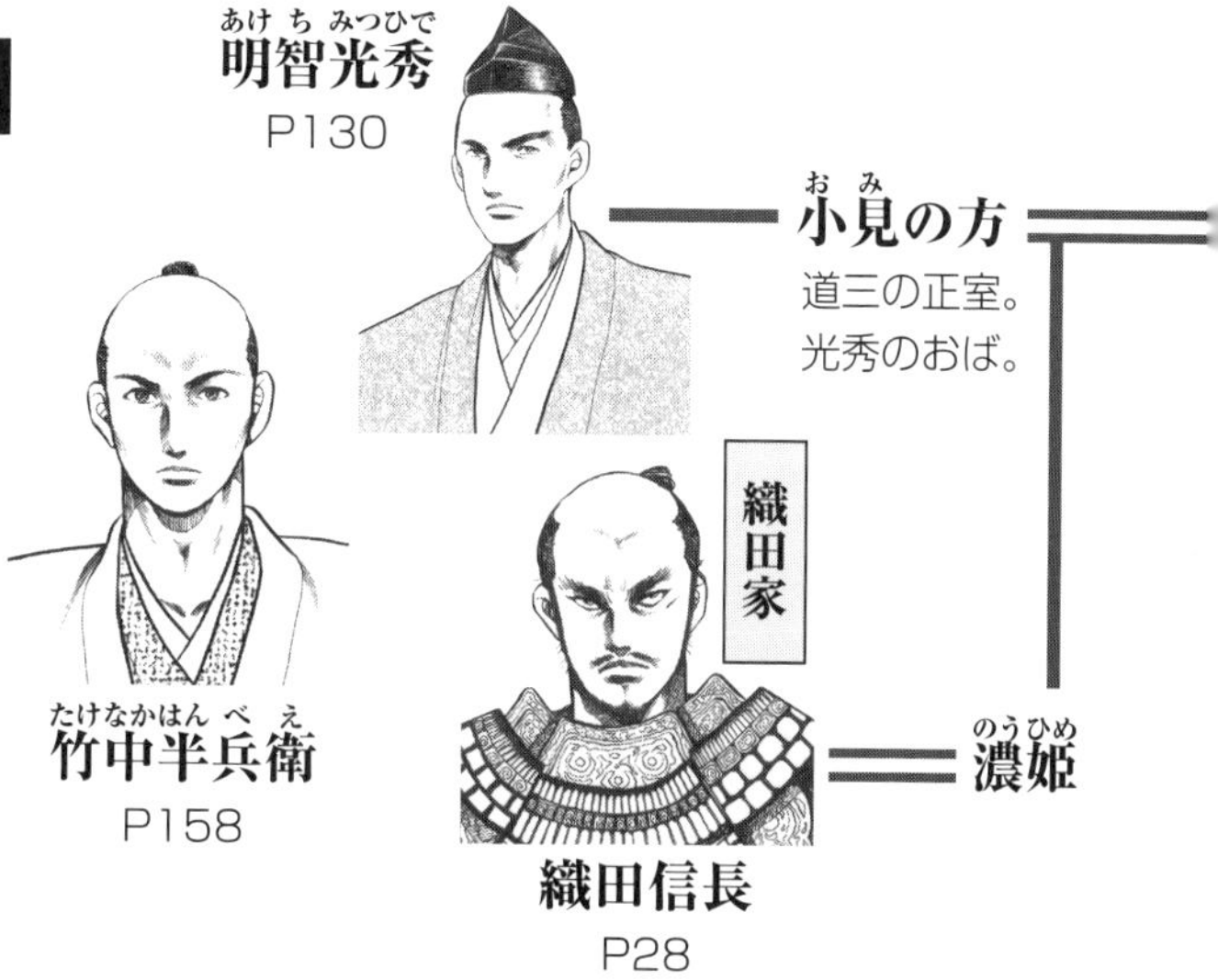

明智光秀《あけちみつひで》
P130
小見《おみ》の方
道三の正室。光秀のおば。
織田家
竹中半兵衛《たけなかはんべえ》
P158
濃姫《のうひめ》
織田信長
P28

斎藤道三の生まれは山城《やましろ》（京都府南部）とされているが、正確なところは不明。もとは油売りの商人から身を立てた父（長井豊後守）とともに、美濃の守護・土岐政頼《ときまさより》に仕え、のちに守護《しゅご》代《だい》・斎藤家の名跡《みょうせき》を継いだという。

その後、主君の土岐氏を追放して美濃を乗っ取り国主に上りつめた。そして隣国、織田信秀《のぶひで》の息子・信長に娘・濃姫を嫁がせ、同盟を結ぶ。

天文《てんぶん》二三年（一五五四）、家督を長男の義龍に譲って隠居した。しかし義龍よりも弟たちを偏愛し長男の廃嫡《はいちゃく》を計画。これが引き金となって義龍が挙兵、道三はあえなく討たれてしまった。

義龍は病死。子の龍興は永禄《えいろく》十年（一五六七）に居城《きょじょう》を織田信長に攻め落とされ、朝倉家（P60）を頼るが、朝倉家滅亡の際に運命をともにした。

今川家

東海一の大大名。桶狭間の敗北で衰退する

血縁 ——
夫婦 ＝

今川氏親《うじちか》
7代目。義元の父。遠江を平定する。

今川氏輝《うじてる》
８代目。義元の兄。夭《よう》折《せつ》し、義元が跡を継ぐ。

養子

築山殿《つきやまどの》

松平元康《まつだいらもとやす》（徳川家康）
8〜19歳まで今川家の人質となる。

今川義元《いまがわよしもと》
9代目。義元の代、今川家は最大に版図を拡大し、「天下に最も近い男」などと評された。貴族風のものを好む。

出身　駿河国（現在の静岡県中央部）
生没年　1519〜1560
享年　42

今川家最大版図
義元の代に駿河・遠江・三河（静岡県中央部・同県西部・愛知県東部）を支配。100万石の大名となる。

岡部元信《おかべもとのぶ》
義元の家督相続に尽力。遠江・三河の平定にも貢献。

太原雪斎《たいげんせっさい》
P170
義元の軍師。

朝比奈泰能《あさひなやすよし》
氏親、氏輝、義元の3代に仕える。遠江・三河侵攻に尽力。

朝比奈泰朝《やすとも》
義元、氏真に仕える。主君への忠義心あつい勇将。

武田信虎《のぶとら》

武田家

武田信玄《しんげん》
P50

女

武田義信《よしのぶ》 ＝ 女

今川氏真《うじざね》 ＝ 女
10代目。今川家滅亡の際の当主。

北条家

北条氏康《うじやす》
P44

今川家家紋

「二引両《にひきりょう》」。南北朝時代、今川家が足利家に属した際に下賜《かし》された。

室町将軍・足利《あしかが》氏一門の分家にある今川家は名門中の名門だった。

伯父・北条早雲《ほうじょうそううん》（P46）の助けで家督争いに勝利した七代目当主・今川氏親は、遠江《とおとうみ》を平定し、守護職に就く。そして氏親の嫡男《ちゃくなん》で八代目の氏輝が早死にしたため、九代目当主となったのが弟の義元である。

義元は四歳で仏門に出され、教育係の禅僧・太原雪斎《たいげんせっさい》とともに京に上り、五山に学んだ教養人であった。

武田・北条との三国《さんごく》同盟（P170）を生かし、駿河《するが》・遠江・三河《みかわ》を支配。「海道一の弓取り」と呼ばれる。しかし桶狭間《おけはざま》の戦い（P94）で織田信長に討たれ、野望は潰《つい》えた。

義元の死後、今川家は所領を徳川、武田に奪われ、わずか八年で滅亡してしまう。

毛利家

一族の団結で中国を制した「三矢の訓」の名家

血縁 ――
夫婦 ＝＝

毛利弘元《ひろもと》
元就の父。元就が幼い頃に病死。

清水宗治《しみずむねはる》
秀吉に居城を攻められ、城兵の命とひきかえに自刃。

安国寺恵瓊《あんこくじえけい》
毛利家の外交僧。他国の有力大名との和睦《わぼく》に功。

村上武吉《むらかみたけよし》
瀬戸内海の海賊。水軍を率いて毛利家を助けた。

妙玖《みょうきゅう》

毛利元就《もうりもとなり》
知勇に才を発揮し、一代で中国地方の覇者となる。一族の結束を説いた「三矢の訓《さんしおしえ》」は有名であるが、これは後世の創作。

出身　安芸国
（現在の広島県西部）
生没年　1497～1571
享年　75

毛利家最大版図

元就の代に中国地方をほぼ全域制覇する。また、九州の一部も勢力圏とする。

毛利家家紋
「一文字に三つ星《いちもんじみぼし》」。一文字は一番首、一番槍、三つ星は勝利のシンボル。

穂田元清《ほいだもときよ》

毛利秀元《ひでもと》

一時、輝元の養子となる。関ヶ原に大軍を率いて出陣。(P114)

小早川隆景《こばやかわたかかげ》

P171

養子

吉川元春《きっかわもとはる》

元就の次男。隆景とともに「毛利の両川《りょうせん》」と呼ばれ、輝元を補佐。

吉川広家《ひろいえ》

元春の三男。関ヶ原後、毛利家解体の危機を優れた外交折衝《せっしょう》術で救う。

毛利隆元《たかもと》

元就から当主の座を受け継ぐが夭折。

毛利輝元《てるもと》

隆元の死後、毛利家当主に。関ヶ原の戦いでは西軍の総大将として大坂城を守備。

豊臣家

豊臣秀吉

P34

養子

小早川秀秋《ひであき》

はじめ豊臣家の養子。のちに小早川家の養子となる。

column

家臣思いの元就

ある時、一人の家臣がひざ下を矢で射られ、矢尻が足に刺さったままになっていた。このままでは足を失うことになる……と絶望する家臣。

すると元就は跪《ひざまず》いてその家臣の膝に吸い付き、多量の膿とともに矢尻を吸いだしてしまった。家臣は主君への恩義にむせび泣いたという。

父、兄、甥《おい》が相次いで夭折《ようせつ》し、毛利家当主となった元就は、優れた智謀で勢力を拡大。戦国大名として台頭する。

小豪族の集まりだった安芸《あき》（広島県西部）を統一。中国の名族・吉川氏には息子の元春、小早川氏には隆景を養子として送り込み、両家を乗っ取った。

また、尼子《あまご》家（P70）を策略によって内部から切り崩し、大内《おおうち》家（P81）に謀反した陶晴賢《すえはるかた》を撃破。七ヵ国を手に入れ、中国地方の覇者となる。

嫡男の隆元が早世したため、孫の輝元が継ぐ。元就は「天下を争うな。しかし侵攻されたら団結して毛利を守れ」と遺言した。教えを守り、本能寺《ほんのうじ》の変（P104）以後すぐに豊臣家に臣従《しんじゅう》し、関ヶ原《せきがはら》の戦いでは西軍の総大将となったが様子見にとどめ、毛利の命脈を保った。

尼子家

山陰の雄。毛利家と覇を競う

尼子清定《きよさだ》

血縁
夫婦

尼子経久《あまごつねひさ》

謀略に長《た》け、一代で中国地方11ヵ国の覇者となった下剋上の代表格。「天性《てんせい》正直無欲の人」と伝わる。

出身　出雲国
（現在の島根県東部）
生没年　1458〜1541
享年　84

column

経久は何位？
戦国長命番付

真田《さなだ》信之《のぶゆき》（九三歳）
北条早雲（八八歳）
島津《しまづ》義弘《よしひろ》（八五歳）
尼子経久（八四歳）

彼らはご長寿武将として知られる。
毎日体を鍛え、玄米中心の食事をしていた彼らの生活は、メタボリックシンドロームなどに悩まされる現代人にとって、理想的なものなのかもしれない。

尼子家最大版図

経久の代に、山陰・山陽11ヵ国に領地を拡大。

尼子政久《まさひさ》
経久の長男。優れた軍略で経久を支えるも夭《よう》折《せつ》。

尼子興久《おきひさ》
経久の三男。各地で武功をあげるも、所領問題で父と対立し自刃。

尼子国久《くにひさ》
経久の次男。精鋭武勇集団・新宮党を組織。晴久と対立し殺される。

尼子晴久《はるひさ》
経久の孫。一族の戦力であった新宮党と対立。家の勢力を弱める。

対立

尼子誠久《まさひさ》
父・国久とともに、晴久と対立し、殺される。新宮党解体。

立原久綱《たちはらひさつな》
義久の参謀。尼子滅亡後、甥《おい》の鹿介とともに再興に尽力《じんりょく》。

尼子義久《よしひさ》
晴久の長男。毛利《もうり》家に攻められ降伏。尼子家滅亡。

山中鹿介《やまなかしかのすけ》
P174

尼子勝久《かつひさ》
新宮党の生き残り。山中鹿介らに擁立され、主家再興を目指す。

尼子家家紋
「平四目結《ひらよつめゆい》」が家紋であるといわれているが確証はない。

守護《しゅご》代《だい》から成り上がった出雲《いずも》（島根県東部）の戦国大名、尼子経久は、北《ほう》条早雲《じょうそううん》（P46）と並ぶ下剋上《げこくじょう》の先駆け。

野心がありすぎたため、一時は幕府に守護代の座を剥奪《はくだつ》、追放される。しかし得意の謀略で出雲の月山富田城《がっさんとだじょう》を奪い返し、山陰山陽十一ヵ国を領有。毛利《もうり》家（P68）も、長らく尼子家の傘下におさまっていたほどだった。

経久の死後、孫の晴久が跡を継ぐが、一族の精鋭集団・新宮党《しんぐうとう》を率いる国久、誠久親子と対立し、彼らを粛清《しゅくせい》する。

晴久が急死し、義久の代になると、新宮党を失った尼子家は、毛利家に押されがちとなる。永禄《えいろく》九年（一五六七）、居城《きょじょう》を包囲され降伏。尼子家は滅亡した。その後、遺臣の山中鹿介《やまなかしかのすけ》がお家再興をはかり、一時は城を奪取《だっしゅ》するも失敗に終わる。

龍造寺家

「肥前の熊」に率いられ九州三強の一角となる

龍造寺家兼《いえかね》

龍造寺家純《いえすみ》　龍造寺家門《いえかど》

龍造寺周家《ちかいえ》　慶誾尼《けいぎんに》　鍋島清房《なべしまきよふさ》

義兄弟

鍋島直茂《なおしげ》
隆信の参謀。
(P177)

鍋島勝茂《かつしげ》
佐賀藩主となる。

column

息子のために押しかけ嫁入りをする

隆信の母・慶誾尼は息子の軍師として鍋島直茂に目をつける。隆信と直茂の関係を周りから固めたい。そう考えた慶誾尼は、自分も直茂の父・清房《きよふさ》もつれあいがいないのをいいことに、清房と強引に婚姻を結んでしまった。このとき慶誾尼は四八歳であった。

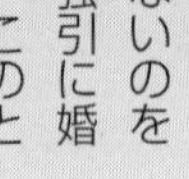

龍造寺家家紋

「変わり十二日足《ひあし》」。黒線が8本や16本のものも用いたと伝わっている。

龍造寺家最大版図

肥前《ひぜん》（佐賀県・長崎県の一部）を本拠地に、九州北部の5ヵ国に版図を広げる。

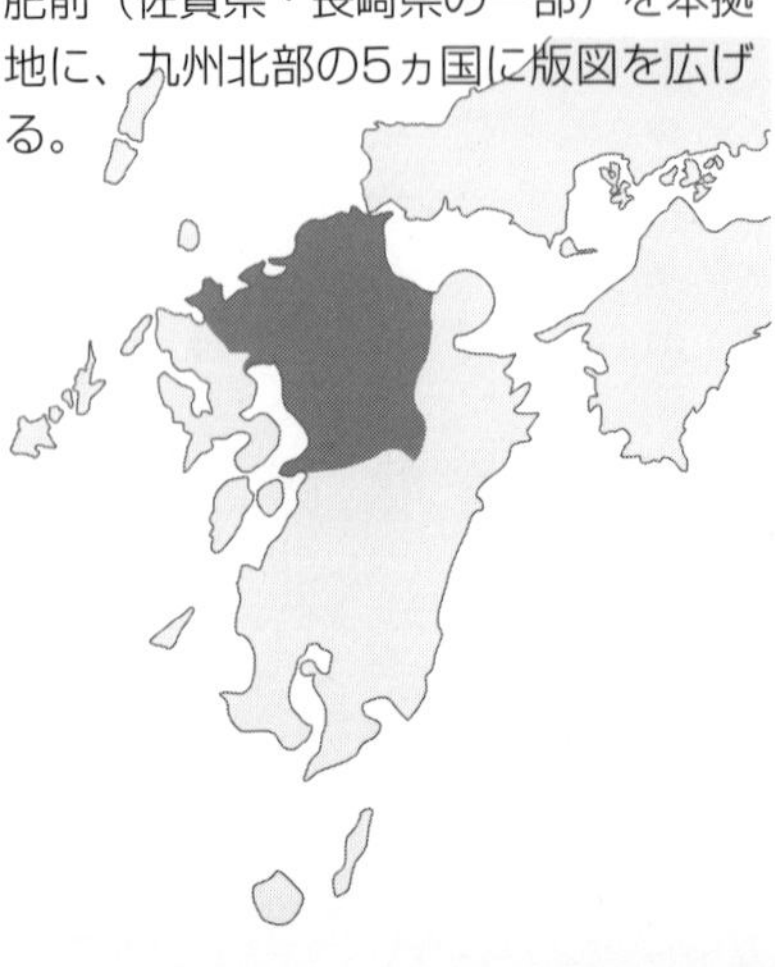

出身 肥前国
（現在の佐賀県・長崎県の一部）
生没年 1529～1584
享年 56

血縁 ━━
夫婦 ══

弱小大名家であった龍造寺家を、九州の三強のひとつにまで押し上げた。島津家に戦いを挑み、戦死。

龍造寺隆信《りゅうぞうじたかのぶ》

龍造寺政家《まさいえ》
隆信戦死の後、家督を継ぐが、鍋島直茂に実権を握られる。

龍造寺高房《たかふさ》

龍造寺四天王

江里口信常《えりぐちのぶつね》　成松信勝《なりまつのぶかつ》
百武賢兼《ひゃくたけともかね》　円城寺信胤《えんじょうじのぶたね》

龍造寺家臣の中で特に武勇に優れた四人。龍造寺氏の主な戦いで功をあげる。1584年の島津家との戦いで隆信とともに全員が戦死。

龍造寺家《りゅうぞうじ》は、島津家《しまづ》（P78）や大友《おおとも》家（P74）と争った九州三強の一。十七歳で家督を継いだ隆信《たかのぶ》は、龍造寺家を肥前《ひぜん》の国人《こくじん》から戦国大名に成長させ、「肥前の熊」と恐れられた。

大友家が島津家に敗れると、その旧領である筑前《ちくぜん》（福岡県北西部）や筑後《ちくご》（福岡県南部）を勢力下に置き、一時は肥後《ひご》（熊本県）にまで進出して島津家をも圧倒する勢いを誇った。

しかし、厳しい内部粛清《しゅくせい》を行ったため、家臣の離反と混乱を招く。隆信はその状況にもかかわらず、宿敵・島津家に兵を向け、結果敗れ、戦死した。

この戦いでは多くの家臣が命を落としたが、重臣の鍋島直茂は、かろうじて佐賀へ逃げ帰った。以後、龍造寺氏に代わり、鍋島氏が国政の実権を握ることになる。

大友家

北九州四ヵ国の大大名。キリスト教王国を夢見る

大友義鑑

宗麟の父。肥後・筑後に領土を拡大する。

出身　豊後国（現在の大分県の大部分）
生没年　1530〜1587
享年　58

一時は九州6ヵ国を領有するほどの大大名であったが、家臣との対立などで大友家の衰退を招く。キリシタン大名。本名・義鎮《よししげ》。

大友宗麟《おおともそうりん》

菊姫《きくひめ》

吉弘鑑理の娘。

大友義統《よしむね》

宗麟の長男。父との意見の食い違いで内紛を起こす。滅亡時の当主。

血縁 ━━━
夫婦 ═══

大友家最大版図

豊前《ぶぜん》（福岡県東部）・筑前《ちくぜん》（福岡県北西部）を中心に、九州の北半分を領有する。一時は九州最強の大名家であった。

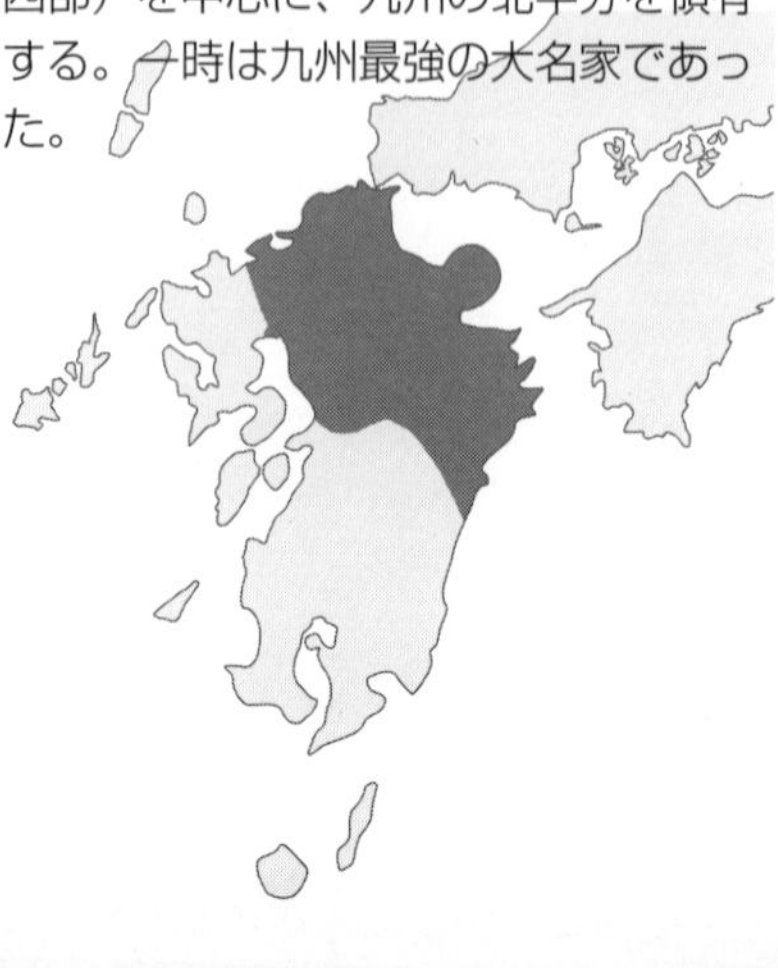

大友家家紋

「杏葉《ぎょうよう》」。武功をあげた家臣に恩賞として与えた。

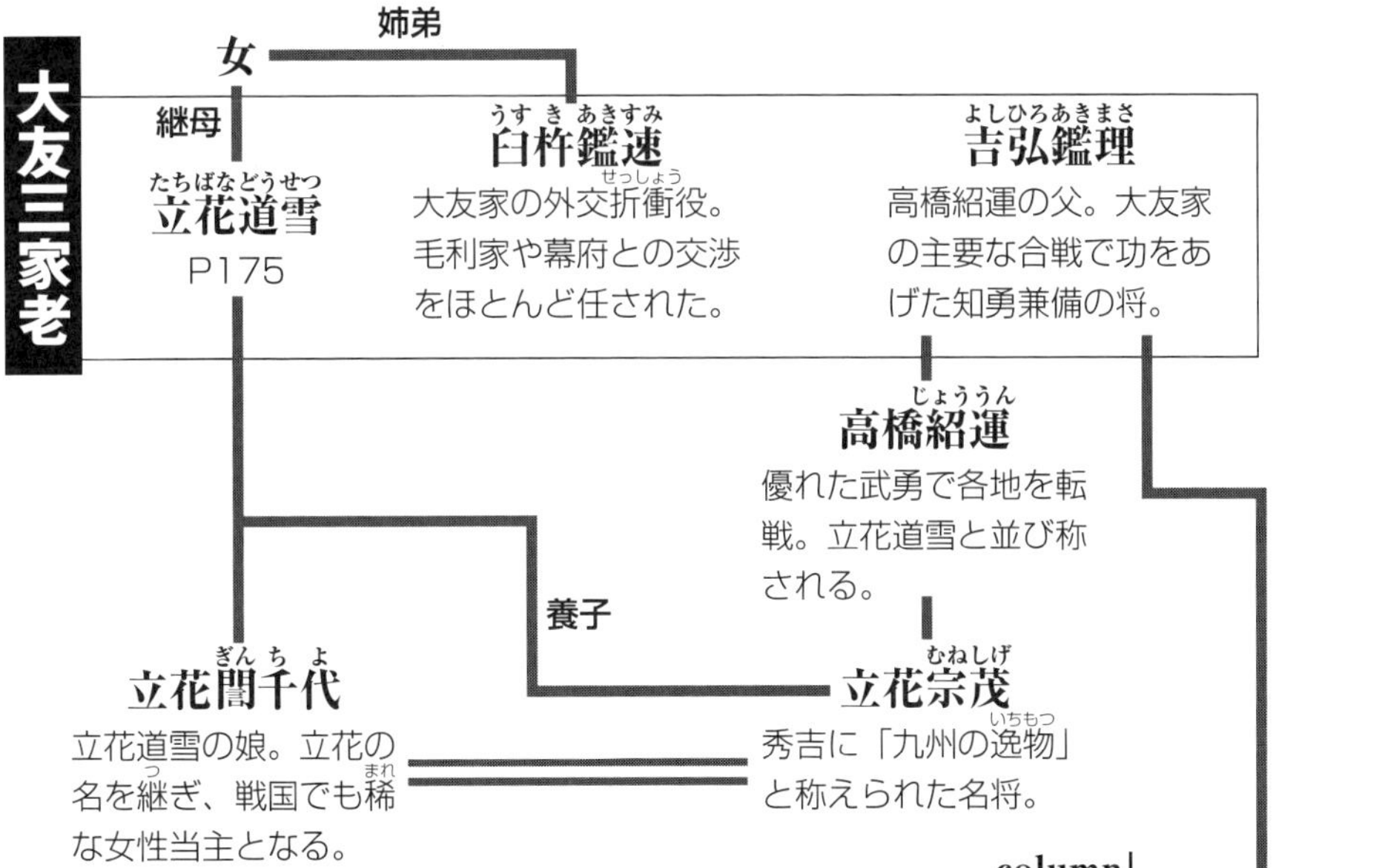
大友三家老
女
姉弟
継母
立花道雪《たちばなどうせつ》
P175
臼杵鑑速《うすきあきすみ》
大友家の外交折衝《せっしょう》役。毛利家や幕府との交渉をほとんど任された。
吉弘鑑理《よしひろあきまさ》
高橋紹運の父。大友家の主要な合戦で功をあげた知勇兼備の将。
高橋紹運《じょううん》
優れた武勇で各地を転戦。立花道雪と並び称される。
養子
立花誾千代《ぎんちよ》
立花道雪の娘。立花の名を継《つ》ぎ、戦国でも稀《まれ》な女性当主となる。
立花宗茂《むねしげ》
秀吉に「九州の逸物《いちもつ》」と称えられた名将。

column

まだまだいるキリシタン大名

高山右近《たかやまうこん》、蒲生氏郷《がもううじさと》、黒田官兵衛《くろだかんべえ》。皆、キリシタンである。洗礼名はそれぞれ、ジュスト、レオン、シメオン。

戦国という時代を生き抜く支えとして、キリスト教は意外とすんなり受け入れられたようだ。

鎌倉時代から九州豊後《ぶんご》（大分県）を本拠とした。家中では内紛が続いていたが、二〇代当主・大友義鑑の頃は安定期を迎えており、肥後《ひご》（熊本県）や筑後《ちくご》（福岡県南部）に進出した。

その跡を継いだ宗麟（義鎮）は、立《たち》花道雪《ばなどうせつ》など優秀な家臣に助けられ、九州六ヵ国の雄に成長。一時は九州最強の大名となった。

しかし、天正《てんしょう》六年（一五七八）以降、龍造寺《りゅうぞうじ》家（P72）、島津《しまづ》家（P78）に相次いで大敗。多くの家臣を失って衰退の道をたどる。その後、豊臣秀吉に支援を仰いで臣従《しんじゅう》した。

宗麟はキリシタンを保護し、自らも入信した。領内には大砲が持ち込まれ、西洋式病院が設けられるなど、南蛮《なんばん》文化の恩恵を受けたが、仏教信仰のあつい家臣団の反発も強かったという。

真田家

北信濃の小大名。徳川軍を手玉にとる

血縁 ――
夫婦 ＝＝

海野《うんの》氏

真田幸隆《ゆきたか》
P174

真田信綱《のぶつな》
幸隆の長男。武田家に仕え、長篠・設楽原（P100）で戦死。

真田昌輝《まさてる》
幸隆の次男。兄とともに武田家に仕え長篠・設楽原に没。

真田《さなだ》昌幸《まさゆき》

幸隆の三男。信之、幸村の父。卓越した先見力で武田、織田、北条《ほうじょう》、豊臣と次々主家を変え、真田家を時代の荒波から守る。徳川軍を2度にわたり撃退。

出身　信濃国
（現在の長野県）
生没年　1547～1611
享年　65

真田家最大版図

武田家滅亡後に独立。周囲を上杉、武田などの列強に囲まれ、信濃国小県郡と上野の一部を領有するにとどまる。

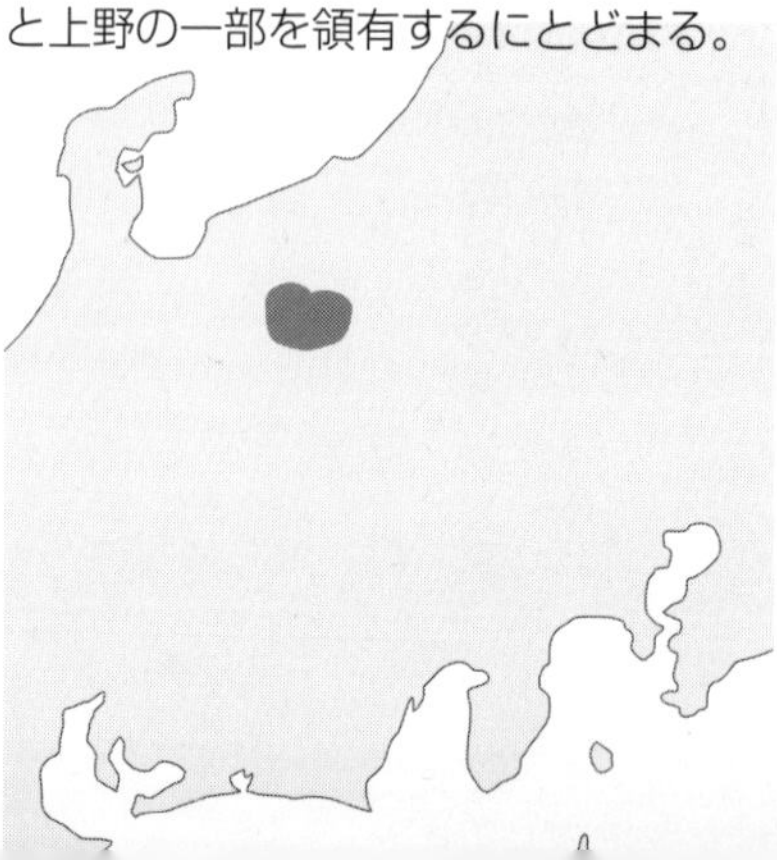

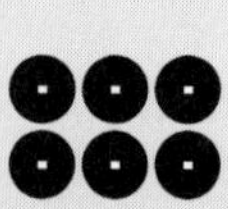

真田家家紋
「真田六文銭《ろくもんせん》」。死後、棺《ひつぎ》に銭六文を入れることから、決死の奮戦を意味。

大谷家

大谷吉継《おおたによしつぐ》
P144

女 ＝ 真田幸村《ゆきむら》 ＝ 豊臣秀次《ひでつぐ》の娘

真田幸村《ゆきむら》
昌幸の次男。
（P164）

真田大助《だいすけ》　真田大八《だいはち》　女 ＝ 片倉重長《かたくらしげなが》

片倉重長《かたくらしげなが》
伊達家の家臣。
（P57）

真田信之《のぶゆき》
昌幸の長男。関ヶ原で東軍につく。抜群の政治手腕と外交戦術で真田家を守った。

本多家

本多忠勝《ただかつ》
P140

稲姫《いなひめ》

真田信政《のぶまさ》
信州松代藩2代藩主。

真田十勇士

猿飛佐助《さるとびさすけ》
霧隠才蔵《きりがくれさいぞう》
三好青海入道《みよしせいかいにゅうどう》
三好伊三《いさ》入道
穴山小介《あなやまこすけ》
由利鎌之助《ゆりかまのすけ》
筧十蔵《かけいじゅうぞう》
海野六郎《うんのろくろう》
根津甚八《ねづじんぱち》
望月六郎《もちづきろくろう》

真田氏は、信濃（長野県）の豪族・海野氏の血を引くとされる幸隆が、小《ちい》県《さがた》郡真田郷を領したことで興《おこ》った一族。

その三男の真田昌幸は、武田《たけだ》家（P48）に仕える父のもとで成長。長篠《ながしの》・設楽原《したらがはら》の戦いで兄二人が戦死すると家督を継いだ。武田家滅亡後、昌幸は信州上田《うえだ》城に大名として独立。次々に主家を変えるが、巧みな外交戦略と戦法で、真田の名を知らしめた。

関ヶ原《せきがはら》の戦い（P114）では、いずれが勝っても真田家を残そうと、昌幸は自分と次男の幸村を西軍に、長男の信之を東軍につかせた。結局、西軍は敗れ、昌幸は紀州（和歌山県）の九《く》度山《どやま》に蟄居《ちっきょ》させられ、十一年後に病没した。

真田親子の活躍は後世に語り継がれ、真田十勇士など数々の伝説が生まれた。

島津家

四兄弟の団結力で九州の覇王となった名家

血縁 ━━━
夫婦 ═══

島津貴久 分家から本家に入り、島津の家督を継ぐ。

島津歳久《としひさ》
貴久の三男。豊臣に反抗し続けた剛直な武将。

島津家久《いえひさ》
貴久の四男。用兵の術に長《た》けた智将。

種子島時尭《たねがしまときたか》
ポルトガルの漂流民から鉄砲を購入・製造。

新納忠元《にいろただもと》
武勇に優れ、「鬼武蔵」の異名をとった。

上井覚兼《うわいかくけん》
島津家の行政官。優れた教養人。

島津家最大版図

義久の代に大友、龍造寺両家を倒して領土を奪い、九州のほぼ全土を支配下におさめる。

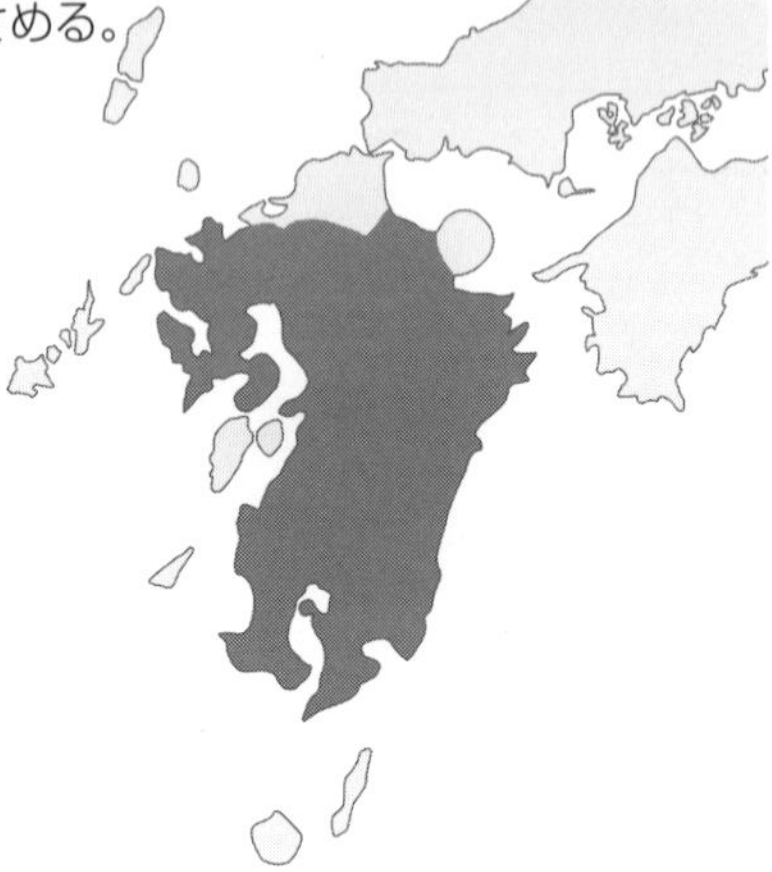

島津家は鎌倉時代から続いた守護大名家。島津貴久は、分家から本家の養子に入って家督を継いだ人物だった。

貴久の長男・義久は三人の弟たちとともに戦い、大友《おおとも》家（P74）や龍造寺《りゅうぞうじ》家（P72）を破り九州の覇者となる。

なかでも義弘は武勇に優れ、たびたび島津軍の大将をつとめた。のちに義久から家督を譲られ十七代当主となる。

朝鮮出兵《しゅっぺい》（P37）では五倍以上の敵を撃破し、敵軍から「おにしまづ」と恐れられた。また、関ヶ《せきが》原《はら》の戦い（P114）では二〇〇〇足らずの兵で数万の大軍を突破し、薩摩《さつま》（鹿児島県西部）に逃れる離れ業をやってのける。

島津義弘《しまづよしひろ》

貴久の次男。島津家17代当主。武勇に優れ、敗戦にも動じない胆力は、敵からも賞賛を受けたという。

島津義久《よしひさ》

16代当主。貴久の長男。弟3人とともに島津家を盛り立て、九州の覇者となる。のちに義弘に家督を譲る。

島津忠恒《ただつね》

義弘の三男。島津の家督を継ぎ、薩摩《さつま》藩の基礎を固めた。

出身	薩摩国（現在の鹿児島県の西部）
生没年	1535～1619
享年	85

武勇を目の当たりにした徳川家康も島津を刺激することを避け、本領を安《あん》堵《ど》。薩摩藩として長く栄えた。

column

島津義弘は外科医でもあった

文武兼備の智将《ちしょう》として知られる島津義弘は外科医学にも通じていた。

義弘は戦場で怪我人が出ると、自ら赴き、診察をした。傷の手当ての専門医に結果を伝え、治療をさせたという。

島津家家紋

「丸に十文字」。原形は丸のない筆文字の十。キリスト教とは無関係。

その他、全国の有名大名家

戦国を激しく駆け抜けた有名大名家は数多くあった。栄枯盛衰は世のならいとはいえ、さまざまなドラマが展開された。

村上家

北信濃《しなの》（長野県北部）の大名家。義清《よしきよ》の代に武田《たけだ》家（P48）に領土を攻められ、2度これを打ち破るも支えきれず上杉《うえすぎ》家（P52）を頼る。

佐竹家

常陸《ひたち》（茨城県東北部）の大名。「鬼」と恐れられた義重《よししげ》の代に、伊達《だて》家（P56）と対立。近隣大名と手を組んでこれを滅ぼそうとするも失敗。

南部家

北東北の名家。外交折衝で生き残る

奥州（東北）北部の有力大名。二四代当主の南部《なんぶ》晴政《はるまさ》は一族の内乱を制して実権を握り、織田信長と誼《よしみ》を結ぶなど、南部家の全盛を築いた。しかし、晩年は配下の大名の独立を許すなど、内紛に頭を悩ませた。跡を継いだ信直《のぶなお》は、豊臣秀吉に臣従《しんじゅう》して所領を安堵《あんど》され、盛岡十万石の基礎を築く。

郵 便 は が き

お手数ですが、
切手を
おはりください。

151-0051

東京都渋谷区千駄ヶ谷 4-9-7

(株) 幻 冬 舎

「知識ゼロからの戦国武将入門」係行

ご住所 〒□□□-□□□□ Tel. (　　-　　-　　) Fax. (　　-　　-　　)		
お名前	ご職業	男
	生年月日　　年　月　日	女
eメールアドレス：		
購読している新聞	購読している雑誌	お好きな作家

◎本書をお買い上げいただき、誠にありがとうございました。
質問にお答えいただけたら幸いです。

◆「知識ゼロからの戦国武将入門」をお求めになった動機は？
① 書店で見て ② 新聞で見て ③ 雑誌で見て
④ 案内書を見て ⑤ 知人にすすめられて
⑥ プレゼントされて ⑦ その他（ ）

◆本書のご感想をお書きください。

今後、弊社のご案内をお送りしてもよろしいですか。
（ はい ・ いいえ ）
ご記入いただきました個人情報については、許可なく他の目的で
使用することはありません。
ご協力ありがとうございました。

最上家

内乱を繰り返した猛き大名家

第十代当主の最上義守《もがみよしもり》は、伊達家傘下の大名であったが、戦国時代に独立する。その跡を継いだ最上義光《よしあき》は、謀略《ぼうりゃく》をもって領土を拡大し、伊達家と並ぶ奥州の有力大名に成長する。妹の義姫《よしひめ》は伊達家に嫁ぎ、伊達政宗《まさむね》（P58）を生んだ。

関ヶ原《せきがはら》（P114）以後は徳川家に従った。しかし、義光の死後、一族の内紛が激化し、改易《かいえき》の憂き目にあう。

三好家

下剋上の鬼。権威をも恐れず

三好《みよし》家の全盛期を築いた三好長慶《ながよし》は、将軍家の政治を仕切る管領《かんれい》・細川家に仕えていたが、その主家を打倒し、十三代室町将軍・足利義輝《あしかがよしてる》の傀《かい》儡《らい》化に成功。

阿波を領した弟・義賢《よしかた》とともに都を含む畿内《きない》をはじめ、四国の約半分にも及ぶ大勢力を築いた。

しかし、晩年は配下の松永《まつなが》久秀《ひさひで》（P22）に実権を握られ、長慶は四二歳で病没。三好家の勢力は急激に衰退した。

大内家

周防《すおう》（山口県）の大名家。一時は毛《もう》利《り》家（P68）をも服属させるほどの勢力を持っていたが、義隆《よしたか》の代に、家臣の反逆にあったことを機に滅亡。

長宗我部《ちょうそかべ》家

遅れてやってきた四国の覇者

最盛期は二一代目・元親《もとちか》の代。元親は土佐《とさ》（高知県）を統一すると、三好家などを破り、天正十三年（一五八五）に四国を制覇した。しかし数週間後、羽柴《はしば》（のちの豊臣）秀吉に攻められ、土佐一国に没落。三代目盛《もり》親《ちか》の代には関ヶ原、大坂の陣（P118）で徳川に敵対し、滅亡した。

城は戦国思想の集大成

城には第一に、軍事拠点という目的があった。

たとえば野外で行われた関ヶ原の戦い（P114）は半日で終わったが、城攻めが中心となった大坂の陣（P118）は決着までに半年以上も要した。城は武将たちの最大の拠り所だったのだ。

戦国前期は、険しい天然の要害《ようがい》である山上に館《やかた》や城が多く築かれたが、後期になると主に平野部に築かれるようになる。戦争が大規模になり、多くの家臣や兵を周囲に住まわせる必要があったし、また商業の発達とともに城のそばに町（城下町）をつくる必要があったからである。山城《やまじろ》から平城《ひらじろ》になり、住居としての機能性も重視された。

また、城は領国支配のためのシンボルでもあった。ビルのような高い建物もない時代、民に威信を示すためにも巨大な城が必要となったのである。なかでも、名古屋城、大坂城、熊本城は日本の三大名城と讃えられた。

武将のなかには築城《ちくじょう》の名人もいた。加藤清正《きよまさ》（P134）や藤堂《とうどう》高虎《たかとら》（P145）はその代表格で、自分の城以外にも様々な城の設計を頼まれている（下図）。

築城名人 清正と高虎

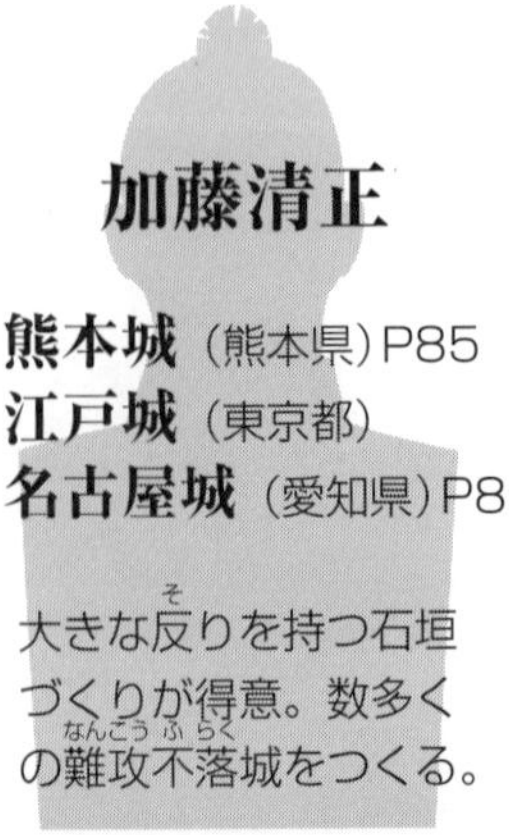

加藤清正

熊本城（熊本県）P85
江戸城（東京都）
名古屋城（愛知県）P85

大きな反《そ》りを持つ石垣づくりが得意。数多くの難攻《なんこう》不《ふ》落《らく》城をつくる。

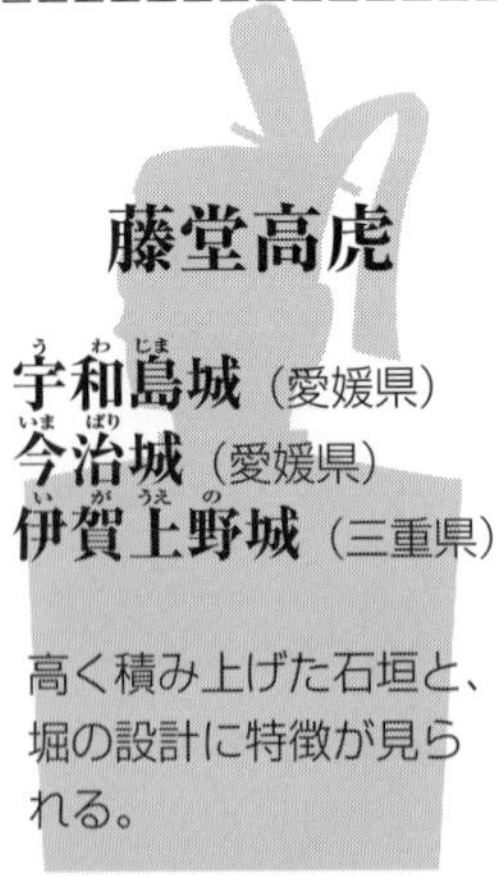

藤堂高虎

宇和島《うわじま》城（愛媛県）
今治《いまばり》城（愛媛県）
伊賀《いが》上野《うえの》城（三重県）

高く積み上げた石垣と、堀の設計に特徴が見られる。

●城は仕掛けの宝庫

（写真は全て姫路城。
写真提供：姫路市役所）

門

必ず内開き

日本の住居の扉は、大抵が外開きになっているが、城の門は必ず内開きでつくられた。敵に攻められた際、内側に物を積み上げて門が開かないようにしてバリケードとするためである。

石垣

上に行くほど急勾配

石垣には勾配《こうばい》がついており、上に行くほどきつくなっている。第1に敵が登りにくいように、第2に内側から加わる構造圧を外に逃がし、強度を高めるためにされた工夫である。

堀

水は張らないほうが効果的？

堀は防衛の要《かなめ》であったが、水を張らない「空堀《からぼり》」というものもあった。泳いで渡ることができず、また落ちたときの衝撃が大きいため、敵にかなりのダメージを与えることができる。

ロマンを現代に伝える……
代表的な戦国名城

戦国時代は日本の築城《ちくじょう》の最盛期だった。武将たちは城にも意匠をこらし、権力を内外へアピールした。有名武将に関係のある、戦国を代表する城を紹介。

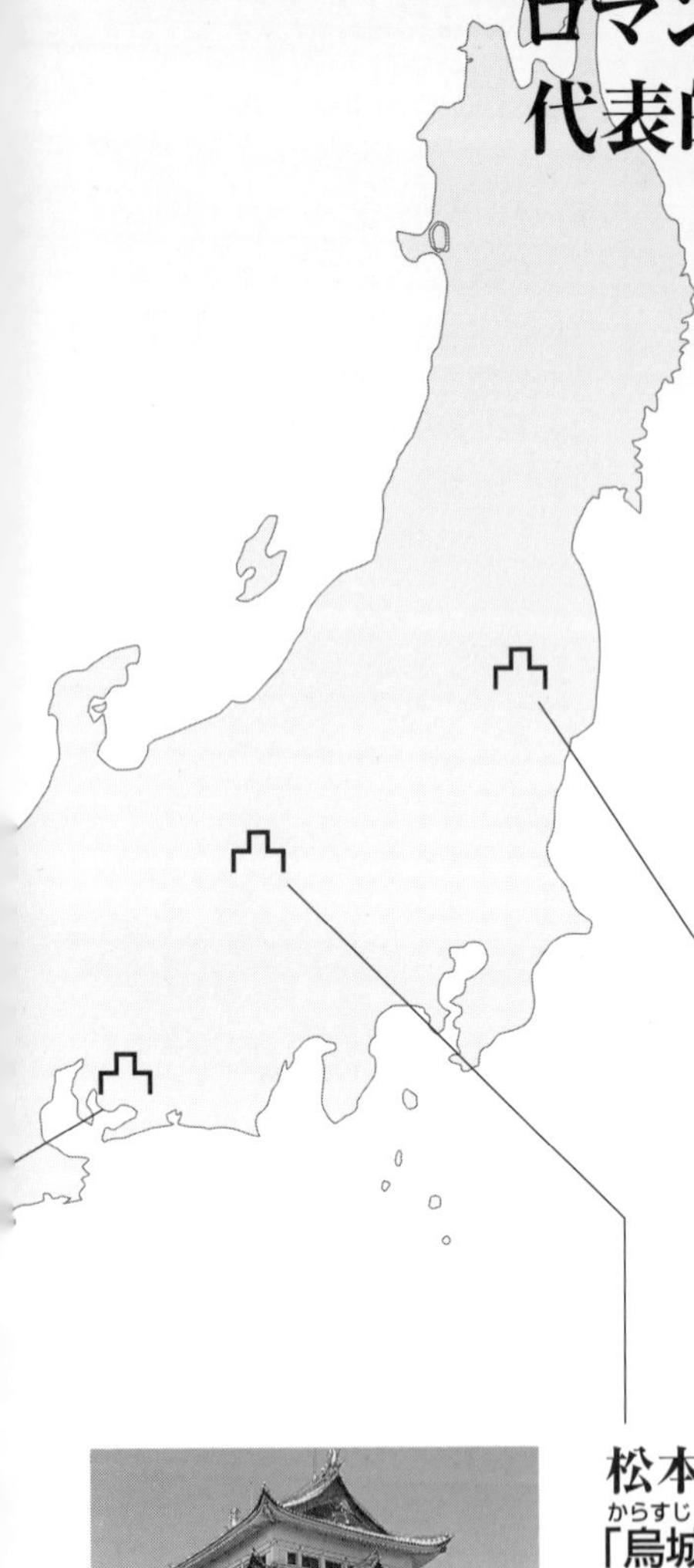

会津若松城（福島県）

蒲生氏郷《がもううじさと》、上杉景勝《かげかつ》……名将の住んだ城

歌曲「荒城の月」のモデル。幕末には白虎隊《びゃっこたい》の悲劇も起きた。

（写真提供：会津若松観光公社）

松本城（長野県）

「烏城《からすじょう》」の名で知られる黒壁の美城

天守閣は当時のもの。家康の家臣、石川数正《かずまさ》（P39）の居城《きょじょう》。

（写真提供：松本市商工観光部観光温泉課）

大坂城（大阪府）

戦国とともに燃え尽きた豊臣家の夢の跡

大坂の陣（P118）の舞台。熊本城、名古屋城と並ぶ日本三大名城のひとつ。豊臣家の居城。

（写真提供：大阪城天守閣）

姫路城（兵庫県）

戦国から伝わる白壁「白鷺《しらさぎ》城」と親しまれる

江戸城に次ぐ巨城。構造のほとんどが築城当時の姿を残している。黒田官兵衛（P160）が居住。

（写真提供：姫路市役所）

熊本城（熊本県）

加藤清正《きよまさ》の大改修で難攻《なんこう》不《ふ》落《らく》の城となった

「武者返し」と呼ばれる急勾配の強固な石垣が有名。

（写真提供：熊本市総合事務所）

名古屋城（愛知県）

鯱《しゃちほこ》で威厳を示す徳川家の居城

織田信長生誕の跡地に建てられたと伝わる。現在のものは再建。

（写真提供：名古屋城管理事務所）

第二章

功をあげ、名を残す合戦こそ戦国武将の晴れ舞台

戦うことは生きること。日々何処かで血で血を洗う戦いが繰り広げられていた。天下を左右した13の名戦を紹介。

戦国合戦人物相関図

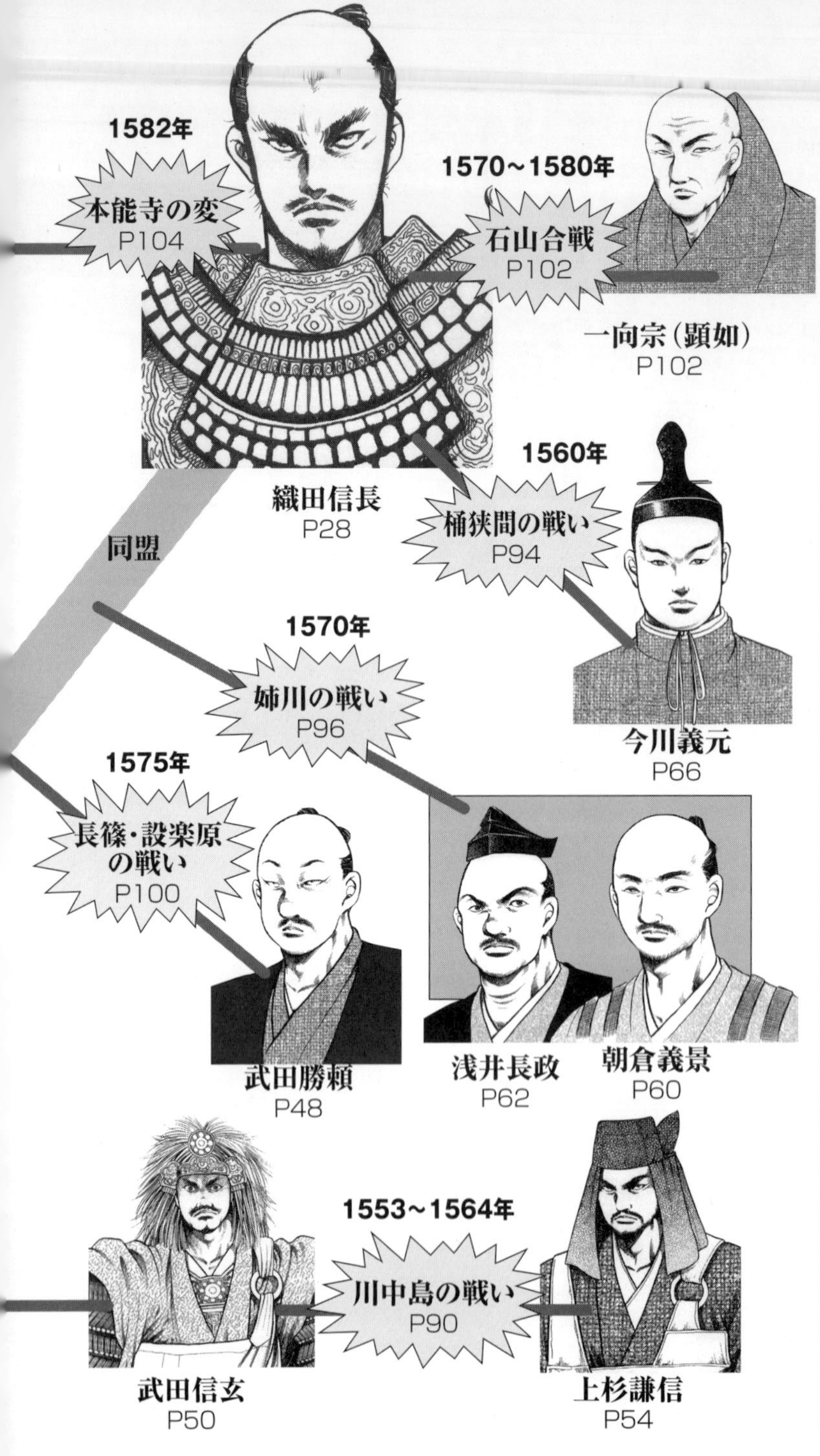
1582年
本能寺の変
P104
1570～1580年
石山合戦
P102
一向宗（顕如）
P102
織田信長
P28
同盟
1560年
桶狭間の戦い
P94
今川義元
P66
1570年
姉川の戦い
P96
1575年
長篠・設楽原の戦い
P100
武田勝頼
P48
浅井長政
P62
朝倉義景
P60
1553～1564年
川中島の戦い
P90
武田信玄
P50
上杉謙信
P54

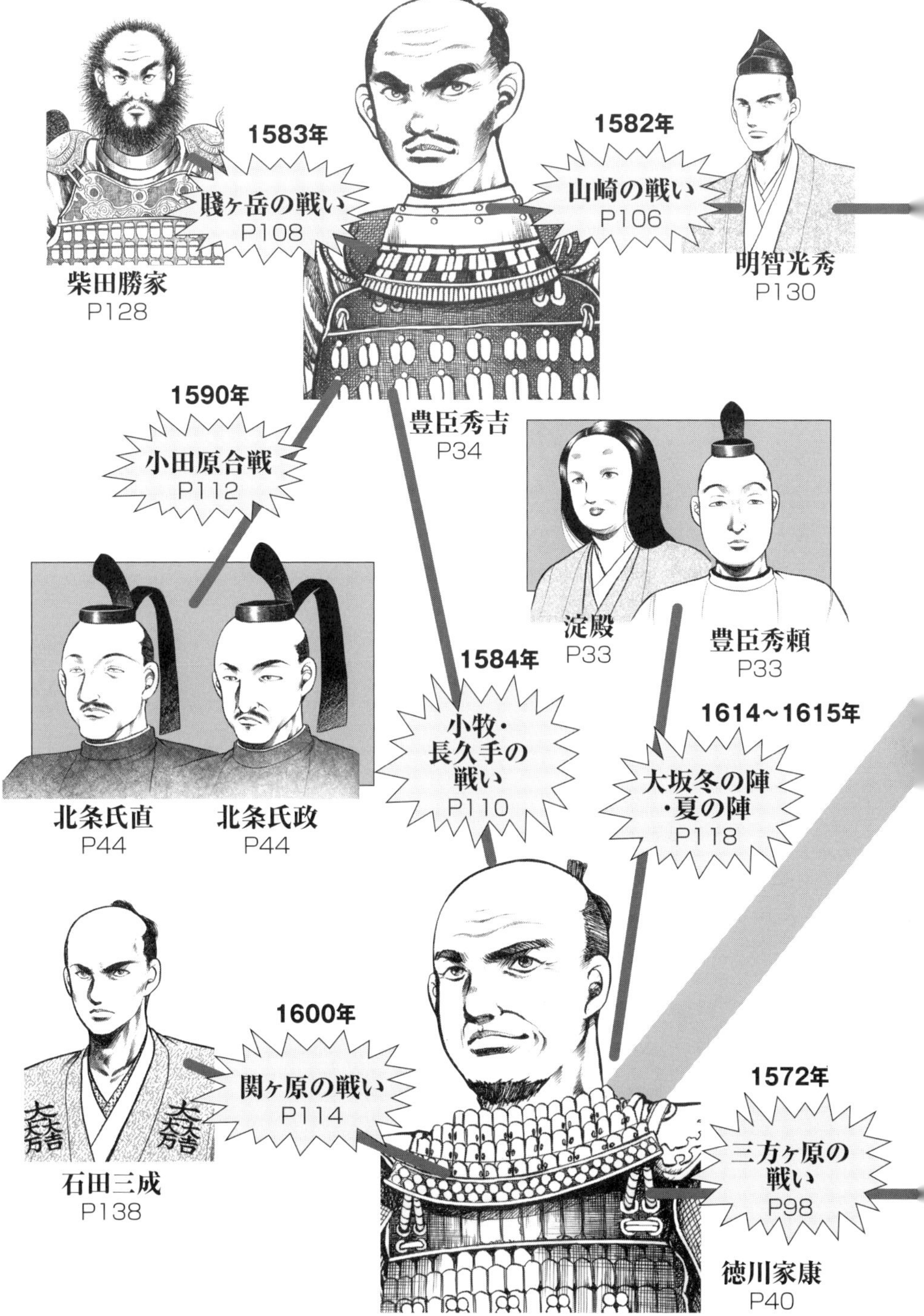

柴田勝家
P128
1583年
賤ヶ岳の戦い
P108
豊臣秀吉
P34
1582年
山崎の戦い
P106
明智光秀
P130
1590年
小田原合戦
P112
北条氏直
P44
北条氏政
P44
淀殿
P33
豊臣秀頼
P33
1584年
小牧・
長久手の
戦い
P110
1614～1615年
大坂冬の陣
・夏の陣
P118
石田三成
P138
1600年
関ヶ原の戦い
P114
1572年
三方ヶ原の
戦い
P98
徳川家康
P40

1553～1564年

川中島の戦い

戦は12年間、全5回にわたった

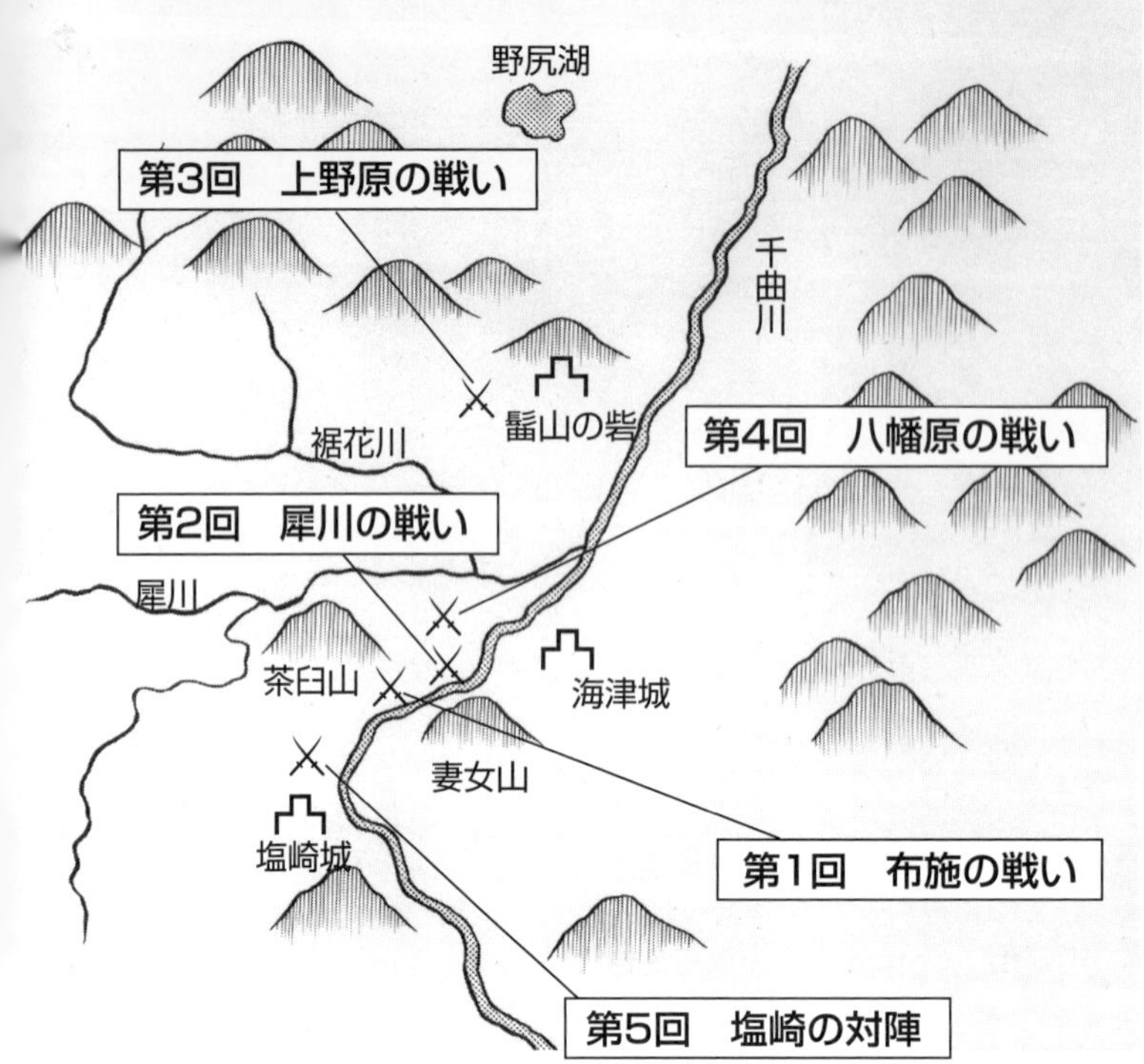
野尻湖
第3回　上野原の戦い
千曲川
髻山の砦
裾花川
第4回　八幡原の戦い
第2回　犀川の戦い
犀川
茶臼山
海津城
妻女山
塩崎城
第1回　布施の戦い
第5回　塩崎の対陣

長野県長野市

甲斐《かい》（山梨県）の武田信玄《たけだしんげん》（P50）と越後《えちご》（新潟県）の上杉謙信《うえすぎけんしん》（P54）が繰り広げたこの戦いは、北信濃《しなの》の千《ち》曲川《くまがわ》と犀川《さいがわ》の合流地点にある中洲で行われたため、川中島の戦いと呼ばれる。

当時の北信濃では、村上義清《むらかみよしきよ》（P80）らの中小大名が合同で武田軍の侵略に対抗していた。しかし支え切れず、謙信に援助を求める。

謙信にとっては、国境への武田軍の進出は脅威。また、信濃国人《こくじん》の高梨政頼《たかなしまさより》とは縁戚関係ということもあって、武田との戦闘を決意した。

戦いは十二年、都合五度にも及んだ。うち四度は両軍のにらみ合い、小競り

第4回 八幡原の戦い

ぬう……とんだ邪魔者が入ったな

弱きを助けるのが男というもの

武田信玄

総人数　約2万人

味方についた武将

武田信繁　高坂昌信　穴山信君　馬場信房　内藤昌豊　真田幸隆　原昌胤《まさたね》　山本勘助　等

上杉謙信

総人数　約1万3000人

味方についた武将

柿崎景家　甘粕景持　本庄繁長　宇佐美定満　村上義清　高梨政頼　直江景綱　斎藤朝信　等

引き分け

きっかけ

信玄に領地を侵略されそうになっていた北信濃の小大名たちが結束。謙信に助けを求める。謙信は義侠心《ぎきょうしん》から戦いを決意。

合いに終始。第四回目の「八幡原《はちまんぱら》の戦い」（P92）は大激戦となり、両軍多くの損害を出したが決着はつかなかった。

戦後、北信濃の支配権は信玄にあった。大局的に見ると武田の勝利といえる。

ただ、信玄と謙信は、長年にわたって戦いを続けているうちに、天下取りレースからは外れてしまった。

column

武田軍の病院。信玄の隠し湯

信玄は負傷した将兵を温泉に連れて行ったといわれている。「信玄の隠し湯」と呼ばれ、山梨県甲府市の湯村《ゆむら》温泉、山梨市の川浦《かわうら》温泉などがそれと伝わっている。信玄自身も、川中島で負った刀傷を湯で癒したそうだ。

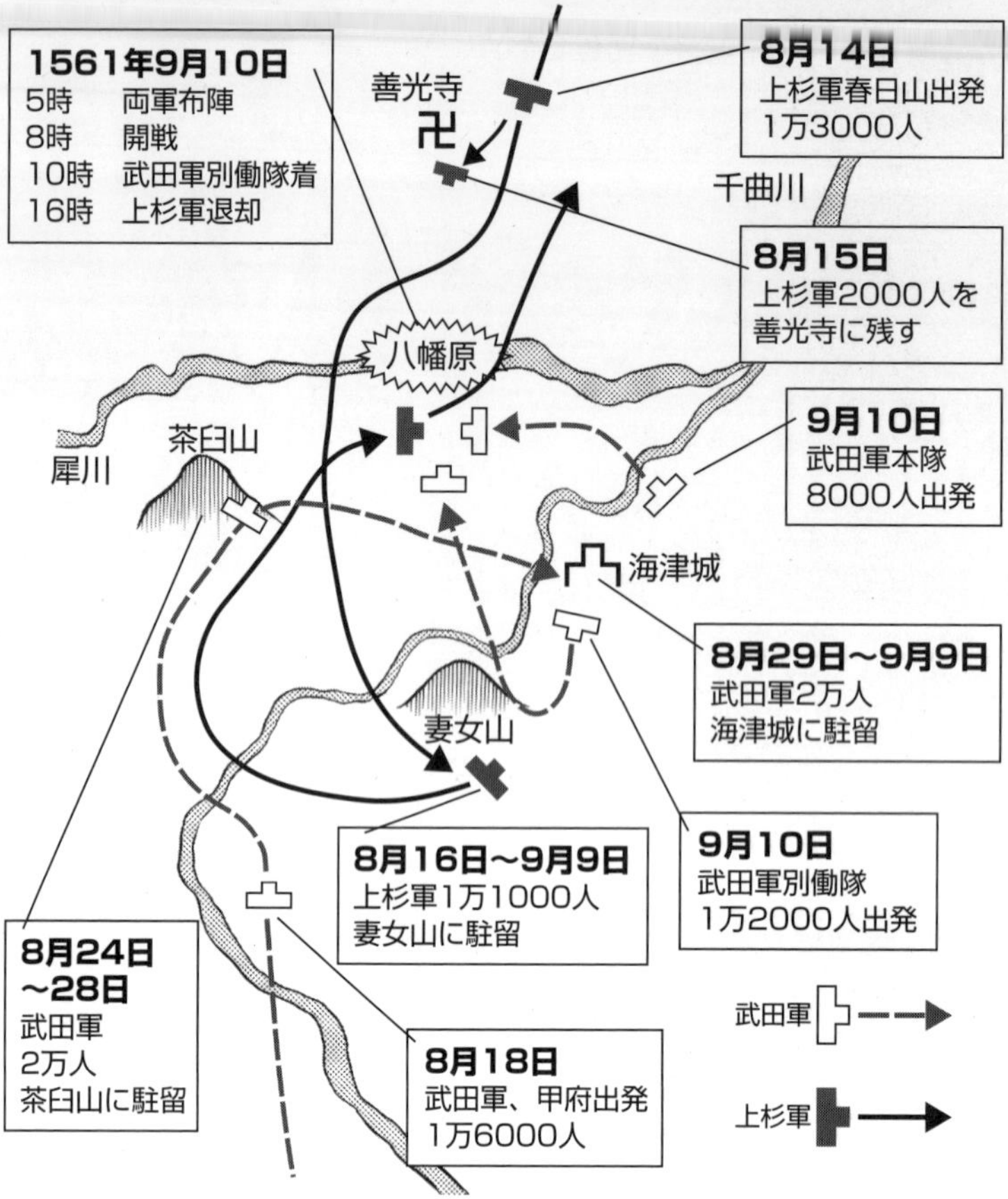

1561年9月10日
5時　両軍布陣
8時　開戦
10時　武田軍別働隊着
16時　上杉軍退却
善光寺
8月14日
上杉軍春日山出発
1万3000人
千曲川
8月15日
上杉軍2000人を
善光寺に残す
八幡原
茶臼山
犀川
9月10日
武田軍本隊
8000人出発
海津城
8月29日～9月9日
武田軍2万人
海津城に駐留
妻女山
8月16日～9月9日
上杉軍1万1000人
妻女山に駐留
9月10日
武田軍別働隊
1万2000人出発
8月24日
～28日
武田軍
2万人
茶臼山に駐留
8月18日
武田軍、甲府出発
1万6000人
武田軍
上杉軍

1561年

第四回　八幡原の戦い

川中島最大の激戦となったのが、第四回目の八幡原《はちまんばら》の戦いである。

謙信《けんしん》の来襲を知った信玄《しんげん》は、八月二四日に川中島に到着。二九日には海津《かいづ》城に入った。互いに退路をふさぐ形のまま十日間にらみ合いを続ける。

先に動いたのは武田軍。別働隊に妻《さい》女山《じょざん》を攻撃させ、八幡原で挟み撃ちにする「啄木鳥《きつつき》戦法」（P157）をとる。

謙信はこれを見破り、夜陰に乗じて山を下りる。翌朝、霧が晴れると同時に総攻撃をかけ、武田の本陣に迫った。

武田軍も防戦するが大苦戦。そこへ別働隊が到着し、上杉軍を挟撃《きょうげき》。謙信は退却を命じ、戦は引き分けとなった。

甲斐の虎・越後の龍、一騎打ち

八幡原の戦いでは、謙信が一騎で敵陣営に乗り込み三太刀《さんたち》ほど斬りつけると、信玄は軍配《ぐんばい》で受けたと伝わる。この話は後世の創作であるようだが、大将自ら武器を取って参戦したことは事実。激戦だったことがうかがえる。

1560年 桶狭間の戦い

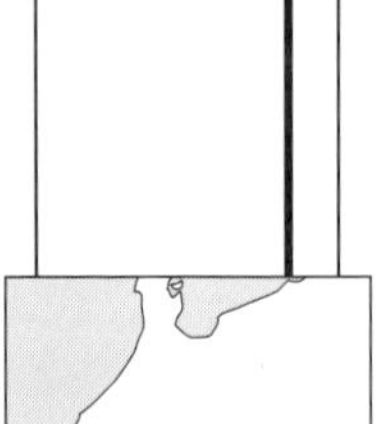
★

愛知県名古屋市・豊明市

きっかけ

義元は服属させていた尾張の鳴海城・大高城が、信長の築いた付城《つけじろ》（※）によって脅かされていることを知った。大軍を率いて信長に挑む。

三つの油断で身を滅ぼした今川軍

油断①

今川軍の兵数は織田軍の八倍

今川軍二万五〇〇〇。対する織田軍はその八分の一ほどの三〇〇〇。数の差がそのまま力の差になると考えた。

うつけ者など一蹴してみせるわ

今川義元

総人数　約2万5000人

味方についた武将

松平元康（徳川家康）
岡部元信
鵜殿《うどの》長照《ながてる》
朝比奈泰朝
井伊直盛　等

負

永禄《えいろく》三年（一五六〇）五月十二日、駿河《するが》（静岡県中央部）の今川義元《いまがわよしもと》（P66）は二万五〇〇〇の大軍を率いて尾張《おわり》（愛知県西部）へ攻め入った。十九日には三河《みかわ》・尾張国境に到着し、大高《おおだか》城周辺を制圧した。

この前年に尾張を統一したばかりの織田信長は、国境における劣勢を覆そうと居城《きょじょう》である清洲《きよす》城を出陣。幸若『敦盛《あつもり》』（P29）を舞い歌い、一気に馬を駆ったという。

その日のうちに鳴海《なるみ》城近くの善照寺《ぜんしょうじ》砦に入り、敵軍が桶狭間《おけはざま》山にあることを知る。

すぐさま中島砦へと移動し、攻撃を

※敵城を攻めるために築く城

義元めに一泡
吹かせてやろう

織田信長

総人数　約3,000人

勝

味方についた武将

佐久間信盛
柴田勝家
森可成
池田恒興
林秀貞　等

油断②

先に二勝をあげ、勝利を確信

今川軍は合戦初日に丸根《まるね》砦、鷲津《わしづ》砦を陥落。歓喜のムードに包まれ、軍全体の緊張がなくなる。

油断③

信長の本陣は近くにはいないと勘違い

多数の織田軍の兵が少し離れた善照寺砦にいることを確認。すぐに襲ってくることはないと高をくくる。

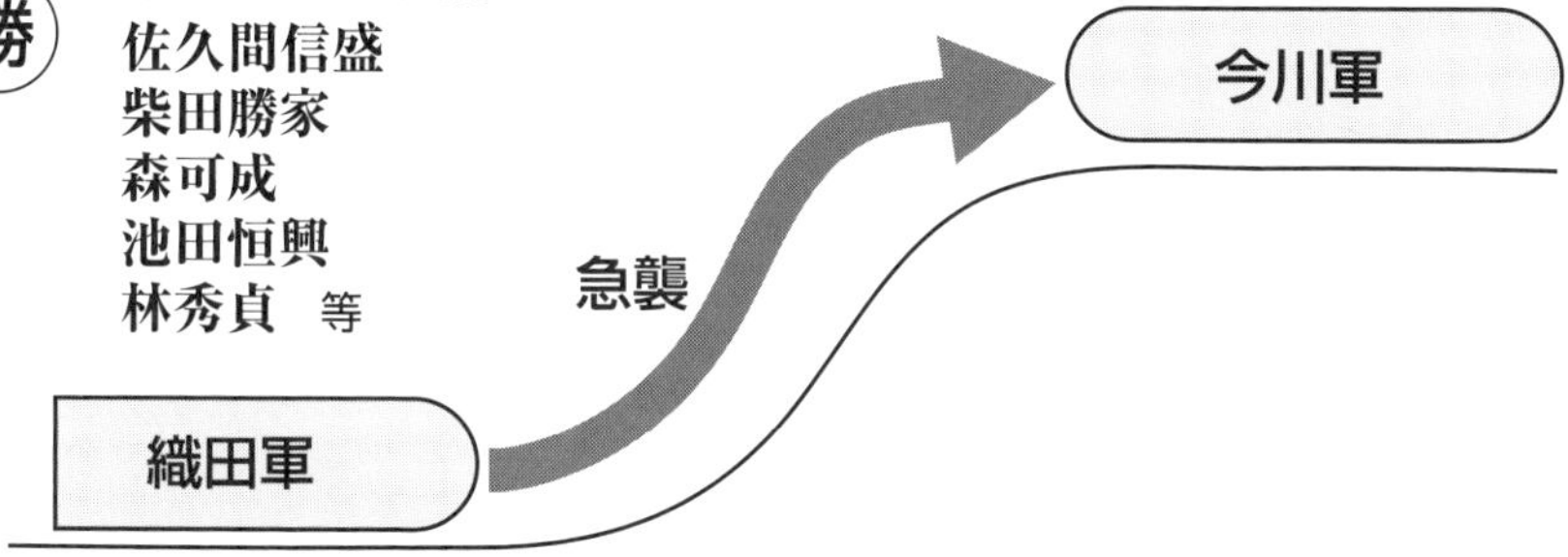
今川軍
急襲
織田軍

仕掛けた。

大軍ゆえに兵力を分散させていた今川軍はこの急襲に戸惑う。

折しも大雨が降り出し、乱戦のなかで本隊が襲われ、大将の義元が討ち取られるや総崩れとなった。

戦国史上最も華々しい逆転劇といわれるこの戦いののち、今川家は弱体化。信長は天下への第一歩を踏み出すことになった。

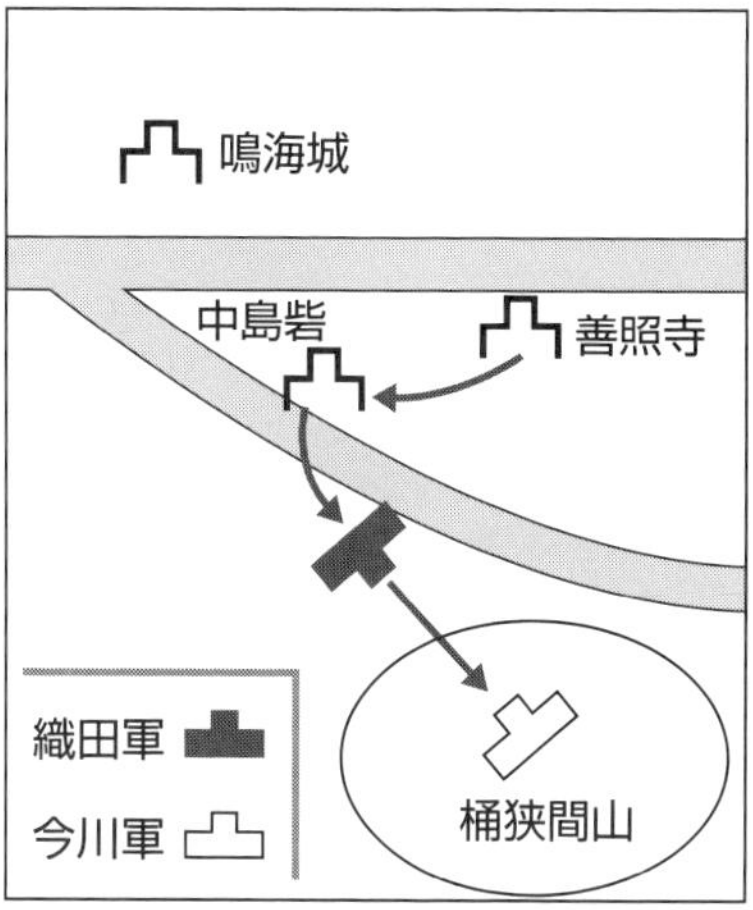
鳴海城
中島砦
善照寺
桶狭間山
織田軍
今川軍

反信長包囲網破れる……浅井・朝倉滅亡のきっかけとなった

1570年

姉川の戦い

きっかけ 信長は反信長包囲網の一角、越前の朝倉征伐に出たが、そこで同盟関係にあるはずの浅井長政の裏切りを知る。両家同時討ちを決意。

先に約束を破ったのはそちらではないか
浅井の裏切り絶対に許さぬ

朝倉義景　浅井長政

総人数　約1万8000人

＜朝倉軍＞
朝倉景健
真柄直隆
前波新九郎
等

＜浅井軍＞
磯野員昌
遠藤直経
阿閉貞征《あつじさだゆき》
等

負

織田信長　徳川家康

総人数　約2万5000人

＜織田軍＞
柴田勝家
木下藤吉郎
（秀吉）
森可成
坂井政尚
池田恒興 等

＜徳川軍＞
酒井忠次
本多忠勝
榊原康政
等

勝

元亀《げんき》元年（一五七〇）四月、越前金《えちぜんかね》ケ《が》崎《さき》の戦いで浅井《あざい》（P62）・朝倉《あさくら》（P60）の挟み撃ちから辛くも逃れた織田信長。ただちに反撃に転じ、浅井長政《ながまさ》の領地、北近江《おうみ》（滋賀県北部）の横山城へ自ら大軍を率いて迫った。

朝倉義景《よしかげ》は援軍を送り、浅井軍に合流。信長も徳川軍と合流、姉川の河原で両軍は対峙《たいじ》。序盤は浅井軍の猛攻に押され、織田軍は苦戦を強いられる。が、横山城包囲隊が浅井軍の側面を突き、形勢が一変。当初は劣勢だった徳川軍も、本多（P140）、榊原《さかきばら》（P39）らの活躍で朝倉軍を圧倒。

もとより数で劣る浅井・朝倉軍は両

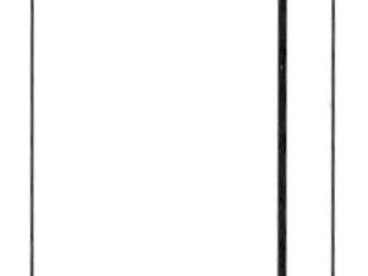

滋賀県長浜市

相手の陣形の隙を突いた織田・徳川軍

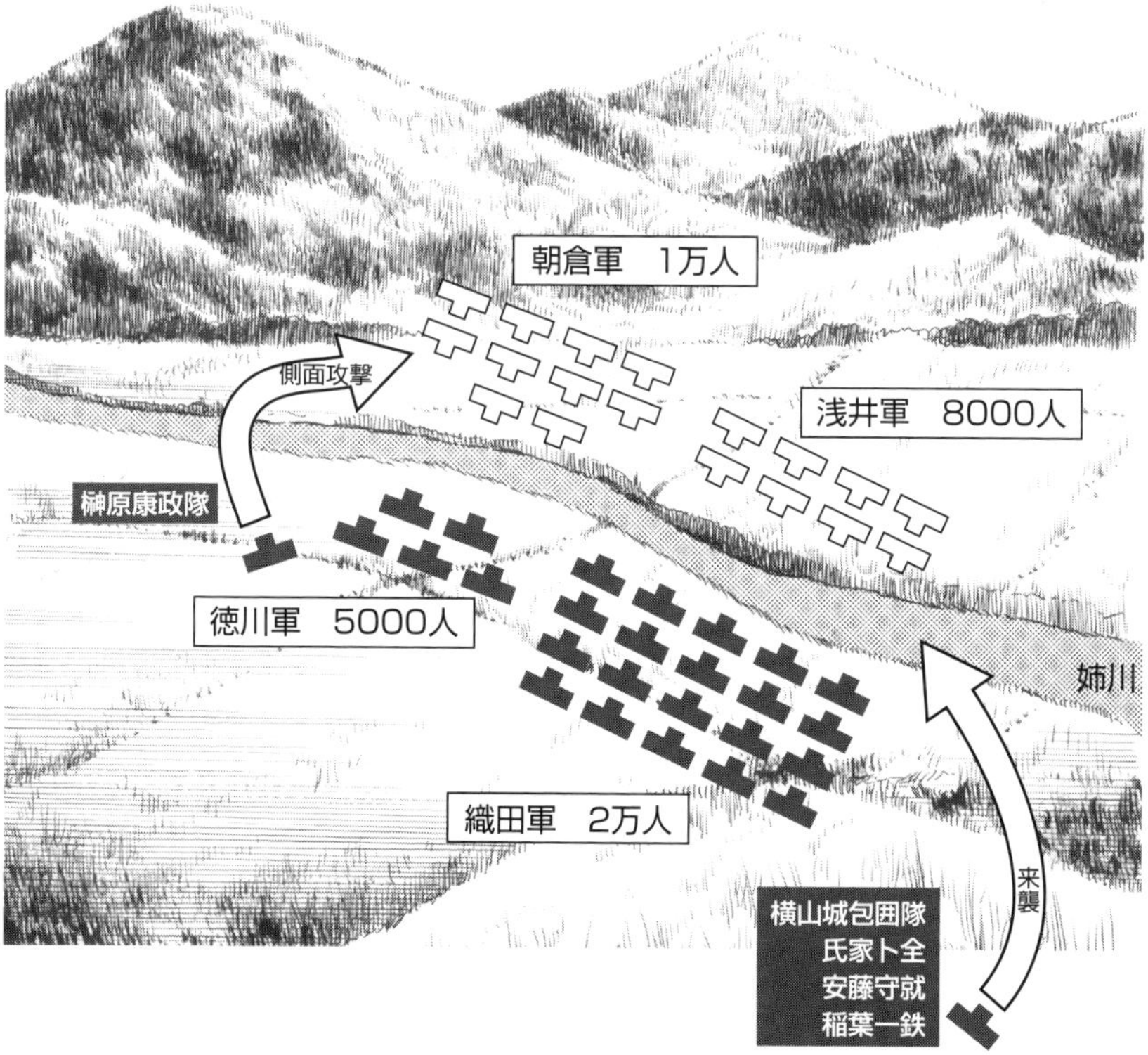
朝倉軍　1万人
側面攻撃
浅井軍　8000人
榊原康政隊
徳川軍　5000人
姉川
織田軍　2万人
来襲
横山城包囲隊
氏家卜全
安藤守就
稲葉一鉄

翼とも崩れ、撤退。両家の抵抗はその後も続くが、三年後には信長に滅亡させられる。

column

浅井父子と朝倉義景は金ぴかのどくろにされた

姉川敗戦後、朝倉義景と浅井父子は再度挙兵するも失敗し、自刃を遂げる。その後、三人の頭蓋骨《ずがいこつ》は金箔を施されて信長の祝宴に登場することになる。裏切り者に対する信長の尋常でない憎悪がうかがえる話である。

信玄最後の一戦、家康最大の負け戦

1572年

三方ケ原の戦い

鶴に勝った 一

武田信玄

総人数　約2万5000人

味方についた武将

武田勝頼　内藤昌豊
山県昌景　穴山信君
馬場信房
小山田信茂　等

勝

魚鱗の陣

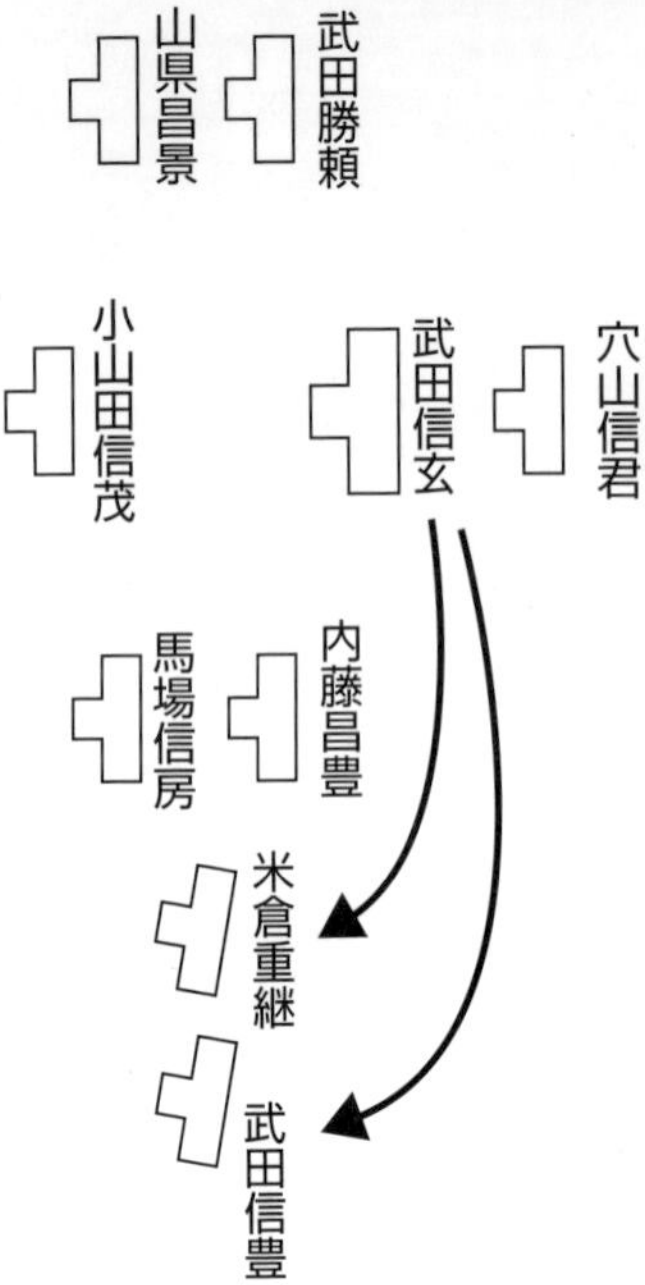

静岡県浜松市

室町最後の将軍・足利義昭《あしかがよしあき》（Ｐ20）が仕組んだ「信長包囲網」における、最大の勢力が武田《たけだ》信玄《しんげん》（Ｐ50）である。信玄は期待に応えるべく、北条《ほうじょう》家（Ｐ44）と同盟を結ぶなど万全を期し、大軍を西へと向けた。

元亀《げんき》三年（一五七二）十月、甲府（山梨県）を進発した信玄は遠江《とおとうみ》（静岡県西部）に侵攻。二俣《ふたまた》城を陥落させ、十二月二二日に家康の籠《こ》もる浜松城に迫った。だが信玄は浜松城を素通り。

家康は挨拶もなく通り過ぎる信玄を見過ごすわけにはいかないと、家臣が止めるのも聞かず、野外戦に出る。

家康をおびき出した信玄は反転して

ただで領地を
通すわけにいかぬ

徳川家康

総人数　約1万1000人

味方についた武将

酒井忠次　平手《ひらて》汎秀《ひろひで》
石川数正
本多忠勝
佐久間信盛
等

負

きっかけ

上洛を意図した信玄。甲斐から京までの道中の障害物を除こうと家康の領地・遠江（静岡県西部）に侵入。そうはさせまいと家康が応戦。

一　魚が

鶴翼の陣

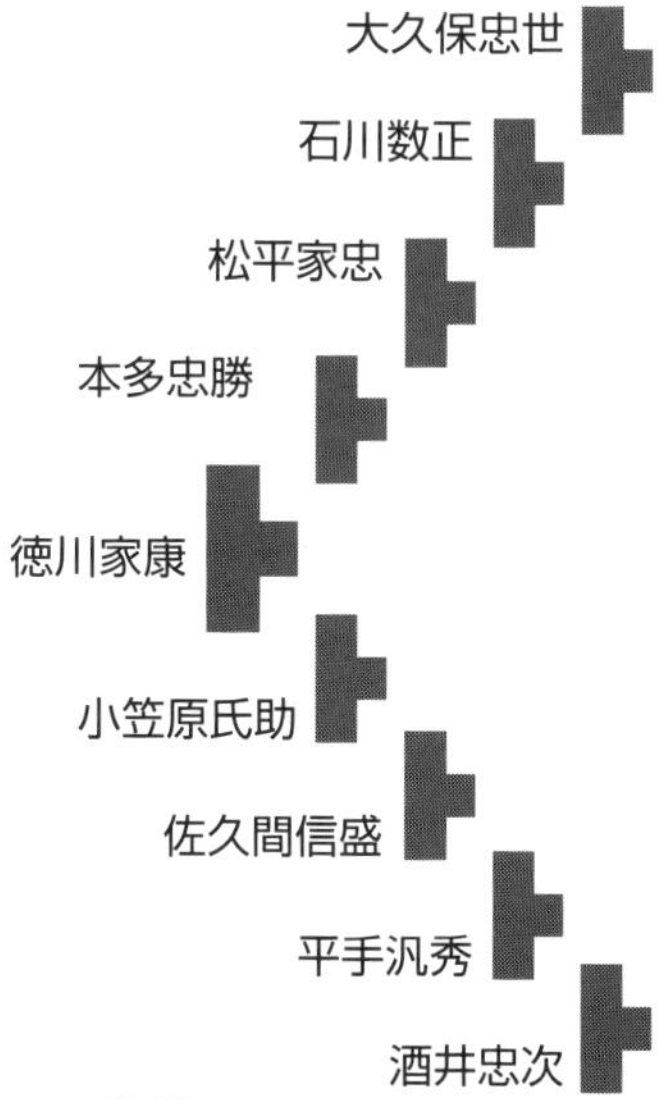
大久保忠世
石川数正
松平家忠
本多忠勝
徳川家康
小笠原氏助
佐久間信盛
平手汎秀
酒井忠次

信玄の魚鱗《ぎょりん》の陣は次々と攻撃が繰り出せる陣形。対して家康の鶴翼《かくよく》の陣は、敵を囲むように攻撃できる長所はあるが、守りが薄い。陣の敷き方も勝敗を決したといえる。

迎え撃つ。織田の援軍を含めても兵数・戦略で劣る徳川軍は敗れ、浜松城に逃げ帰った。家康は恐怖に馬上で脱糞してしまったという。

しかし、信玄は翌年四月、陣中で病没し、上洛の夢は潰《つい》える。信長・家康にとって最大の敵が消滅したのである。

column

小豆餅を食い逃げした家康

三《み》方ケ《かたが》原《はら》の敗走途中、家康は茶屋にて小豆餅《あずきもち》を食べて休憩していた。そこに武田軍が攻めてきたとの報が入り家康は慌てて逃走。店のお婆さんは何里も走って追いかけ、ついに家康から代金を受け取ったという。

その場所は「小豆餅」と「銭取《ぜにとり》」という地名で、現在も静岡県浜松市に残っている。

織田・徳川連合軍が〝戦国最強〟の武田軍を破る

1575年

長篠・設楽原の戦い

かかってこい
こちらには
秘密兵器が
ある……
長篠の城は
武田のもの
返してもらおう

武田勝頼 負

総人数　約6000人

味方についた武将

武田信廉　山県昌景
穴山信君　内藤昌豊
馬場信房　等

勝

織田信長　徳川家康

総人数　約1万8000人

味方についた武将

織田信忠　石川数正
柴田勝家　榊原康政
滝川一益　本多忠勝
羽柴秀吉　酒井忠次
佐久間信盛
前田利家　等

きっかけ

武田に奪われた徳川の領地で、唯一家康が奪回した長篠城。勝頼はそれを再び武田の城にしようと出陣。家康が信長に助けを求める。

長篠《ながしの》城が武田軍（P48）に囲まれ、陥落《かんらく》寸前となったため、徳川家康は織田信長に援軍を要請。これを受けた信長は自ら兵を向けた。

織田・徳川連合軍は長篠城からほど近い設楽原《したらがはら》に馬防柵や砦を築き、武田軍を迎え撃つ構えを見せる。信長との早期決着を望む武田勝頼《かつより》は、長篠城に三〇〇〇の兵を残し設楽原に進んだ。

合戦は早朝から昼過ぎまで続くが、鉄砲の本格使用など巧みな戦術を見せた織田・徳川軍の勝利に終わる。

武田軍は山県昌景《やまがたまさかげ》、内藤昌豊《ないとうまさとよ》、馬場《ばば》信房《のぶふさ》といった重臣を失って甲斐《かい》（山梨県）に退却。急速に衰退する。

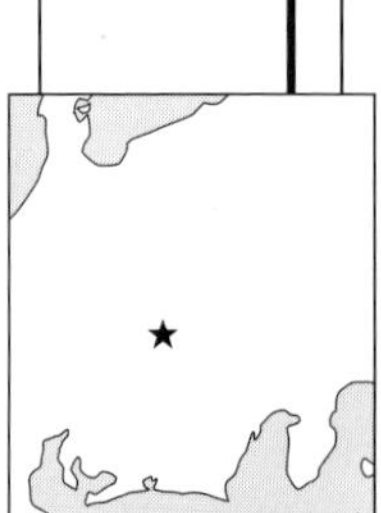

愛知県新城市

長篠での鉄砲使用がその後の戦いを大きく変えた

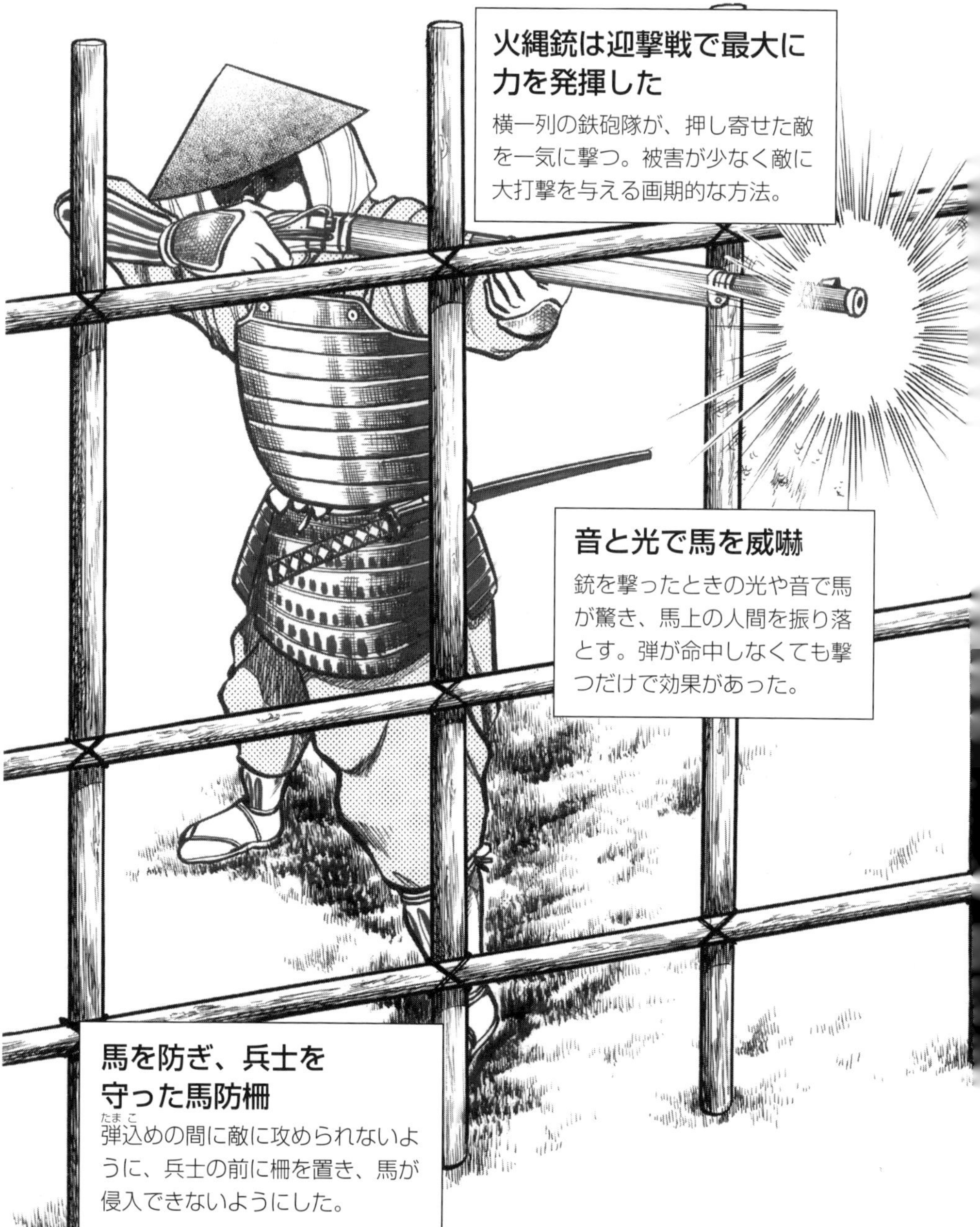

火縄銃は迎撃戦で最大に力を発揮した

横一列の鉄砲隊が、押し寄せた敵を一気に撃つ。被害が少なく敵に大打撃を与える画期的な方法。

音と光で馬を威嚇

銃を撃ったときの光や音で馬が驚き、馬上の人間を振り落とす。弾が命中しなくても撃つだけで効果があった。

馬を防ぎ、兵士を守った馬防柵

弾込《たまこ》めの間に敵に攻められないように、兵士の前に柵を置き、馬が侵入できないようにした。

1570〜1580年

石山合戦

わしを邪魔するものは
仏だろうと許さぬ
仏の名のもとに
門徒よ
立ち上がれ
負
勝

顕如	織田信長
総人数　約1万5000人	総人数　約3万人

味方についた武将

雑賀孫一
下間頼廉《しもづまらいれん》
等

味方についた武将

柴田勝家
丹羽長秀
明智光秀
羽柴秀吉
前田利家
佐久間信盛
蒲生氏郷
等

きっかけ

信長は中世権威のひとつである仏教勢力を除こうと、一向宗に圧力をかける。一向宗の代表・顕如《けんにょ》（※）は全国の宗徒に決起を促す檄《げき》文《ぶん》を送る。

上洛を果たした織田信長は、一向宗の籠《こ》もる大坂（大阪府）の石山本願寺《いしやまほんがんじ》に目をつけた。武装兵力を持ち、要塞《ようさい》化していた本願寺は、畿内《きない》制圧をめざす信長には無視できない存在。

「石山を明け渡せ」と迫る信長に対し、本願寺も雑賀衆《さいかしゅう》（雑賀の民・現在の和歌山市）などの力を借りて抵抗。石山・伊勢長島・越前《えちぜん》の各拠点に全国の一向宗徒を集め、挙兵させた。それに毛利《もうり》（P68）などの他大名家も加勢し、長期戦に発展することになった。

最後は朝廷の取り成しで本願寺が降伏。十一年にも及ぶ戦いは終わり、その後、各地の一向一揆も沈静化した。

大阪府大阪市

※浄土真宗《じょうどしんしゅう》の僧侶・証如《しょうにょ》の長男。本願寺11世で、宗派の最高責任者・本願寺初の門跡《もんぜき》となる。

肥大化する信長勢力に顕如は包囲網を張って対抗

足利義昭《あしかがよしあき》が築いた第1次信長包囲網が効力を失い、一向宗は孤立化。そこで顕如は宿敵・上杉謙信《うえすぎけんしん》（P54）と和睦《わぼく》し、西上を促した。また毛利輝元《てるもと》も東上の姿勢を見せ、ここに第2次包囲網が完成した。

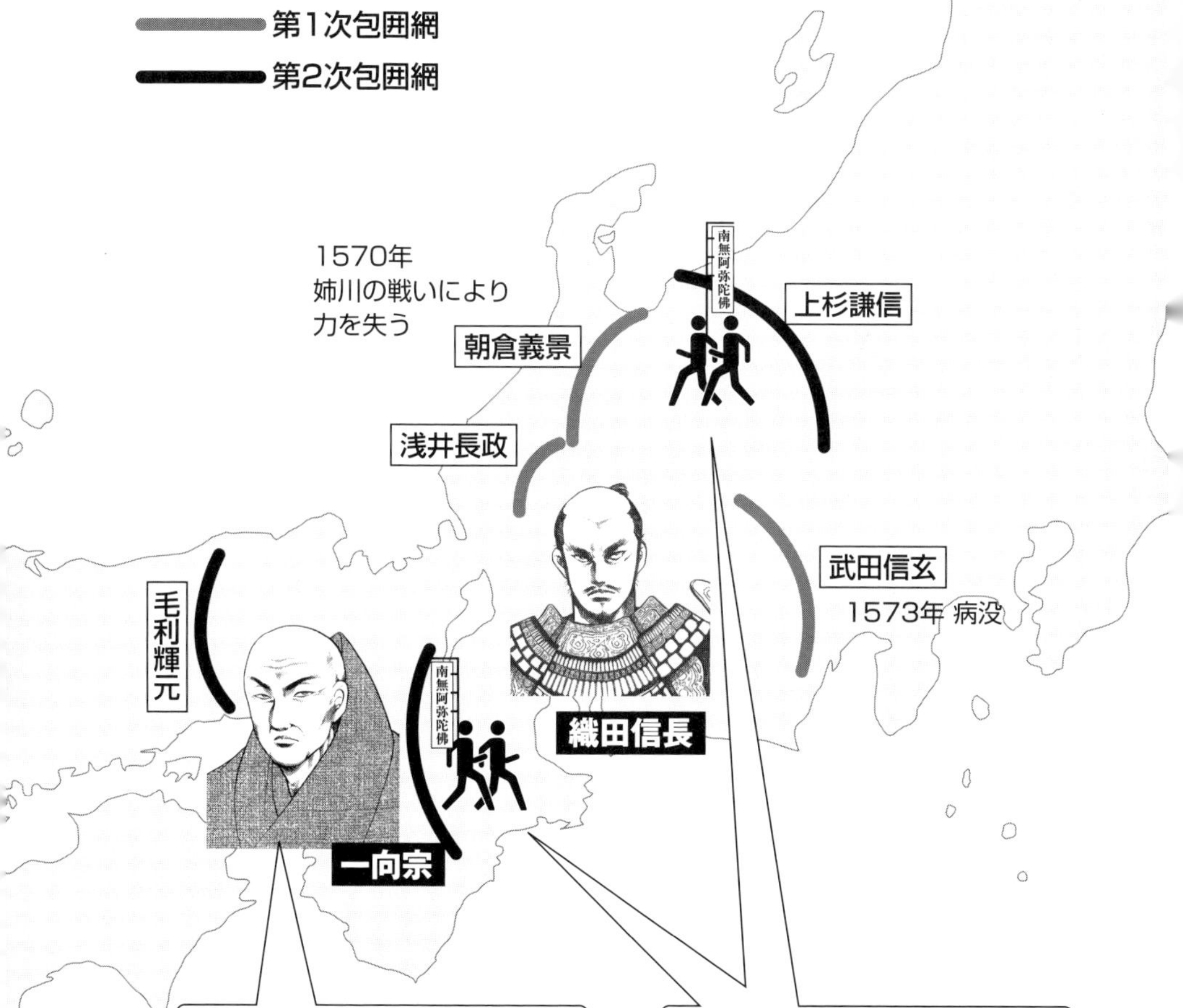

第1次包囲網
第2次包囲網
1570年
姉川の戦いにより
力を失う
朝倉義景
南無阿弥陀佛
上杉謙信
浅井長政
武田信玄
1573年 病没
毛利輝元
南無阿弥陀佛
織田信長
一向宗

全国の門徒に檄文を送り蜂起《ほうき》を促す

顕如は信長の度重なる圧迫に耐えかね、対決を決意。「戦わない者は破門」との檄文を全国の門徒に送り、全面対決の構えを見せる。

進めば地獄、退けば地獄 命知らずの門徒宗

門徒宗は「極楽へ行ける」と信じていたため、死ぬことを恐れずに戦った。信長にとっても彼らは手強《てごわ》い相手であった。

光秀一世一代の大謀反。信長の死で歴史の流れが変わる

1582年

本能寺の変

天正《てんしょう》十年（一五八二）六月一日夜、織田信長は近習《きんじゅう》とともに本能寺に宿泊。翌二日早朝、明智《あけち》光秀《みつひで》（Ｐ１３０）の大軍勢が到着する。これを閲兵《えっぺい》する予定だったのか、信長は物々しい音にも動じることなく、床を出て顔を洗っていたという。

光秀軍は寺を囲み攻撃を開始。信長は弓と槍で応戦。負傷すると、奥に籠《こ》もって火を放ち、自刃を遂げた。

報を受けた信長の息子・信忠《のぶただ》（Ｐ26）は、宿所の妙覚寺《みょうかくじ》から二条城に移って明智軍を迎え撃つが、守りきれず自刃。親子ともに京で果てた。戦国の革命児の野望は本能寺とともに燃え尽きた。

京都市中京区

な……なぜ光秀が!?
敵は本能寺にあり！

織田信長

総人数　約100人

味方についた武将

織田信忠　森蘭丸 等

明智光秀

総人数　約1万3000人

味方についた武将

明智秀満　溝尾茂朝
斎藤利三　津田信春 等

きっかけ

信長から中国地方への出陣命令を受けた光秀。しかし大軍を引き連れた彼が向かったのは、信長の宿所・本能寺だった。

●有力家臣が都にいない隙を狙われた

運命の日、信長の有力家臣たちは地方征伐を命じられて全国に散らばっていた。光秀は守りが手薄になったところを狙った。

越中
柴田勝家
前田利家
佐々成政
上野
滝川一益
本能寺
豊臣秀吉
備中
大坂
丹羽長秀

1582年

山崎の戦い

信長の訃報《ふほう》を知った秀吉が仇討《かたきう》ちを決意。中国地方から一週間で京都に戻り、光秀に戦いを挑む。

こ……こんなはずでは!
きっかけ

明智光秀

総人数　約1万3000人

味方についた武将

斎藤利三
溝尾茂朝
津田信春　等

負

「中国大返し」—

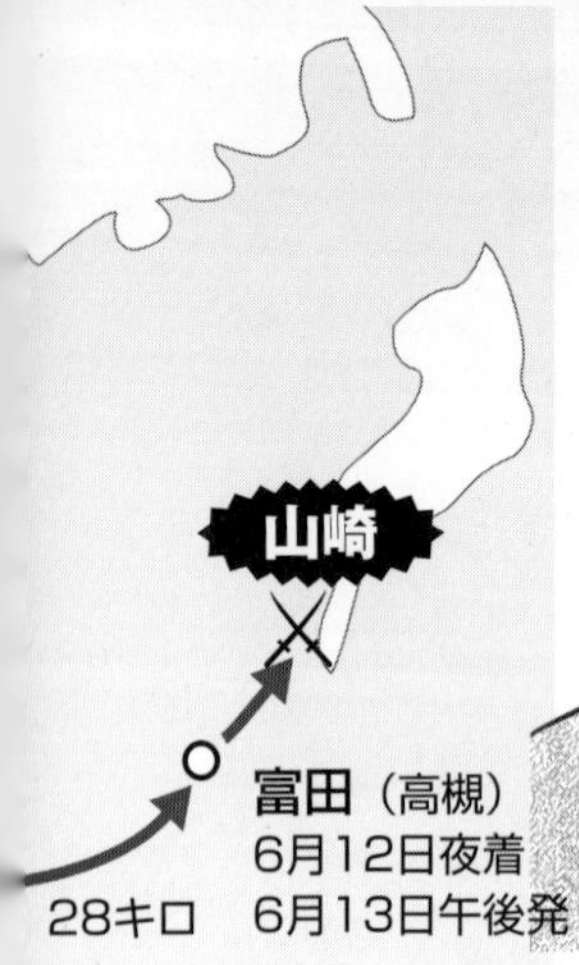
山崎
富田（高槻）
6月12日夜着
6月13日午後発
28キロ

「信長討たれる！」（P104）の報を受けた羽柴（のちの豊臣）秀吉は、中国地方で対陣中の毛利《もうり》軍（P68）と和睦し、大軍を引き連れて一週間で畿内へと引き返す。これが歴史に名高い「中国大返《ちゅうごくおおがえ》し」。秀吉は神業《かみわざ》ともいえるスピードで京への道を駆け抜けたという。途中、大坂（大阪府）周辺にいた諸将を味方につけ、織田信長の三男・信孝《のぶたか》（P26）を総大将に担ぎ、明智《あけち》光《みつ》秀《ひで》（P130）との決戦に臨んだ。

一方の光秀は、近江《おうみ》（滋賀県）の諸城を平定し、細川父子（P27）など近しい大名に協力を呼びかけるも失敗。秀吉軍の接近の知らせを受けたが、万

京都府乙訓郡

1週間で200キロ走った秀吉の

主君の仇は取らせてもらう！

羽柴秀吉

総人数　約2万7000人

味方についた武将

羽柴秀長
丹羽長秀
織田信孝
黒田官兵衛
池田恒興
等

勝

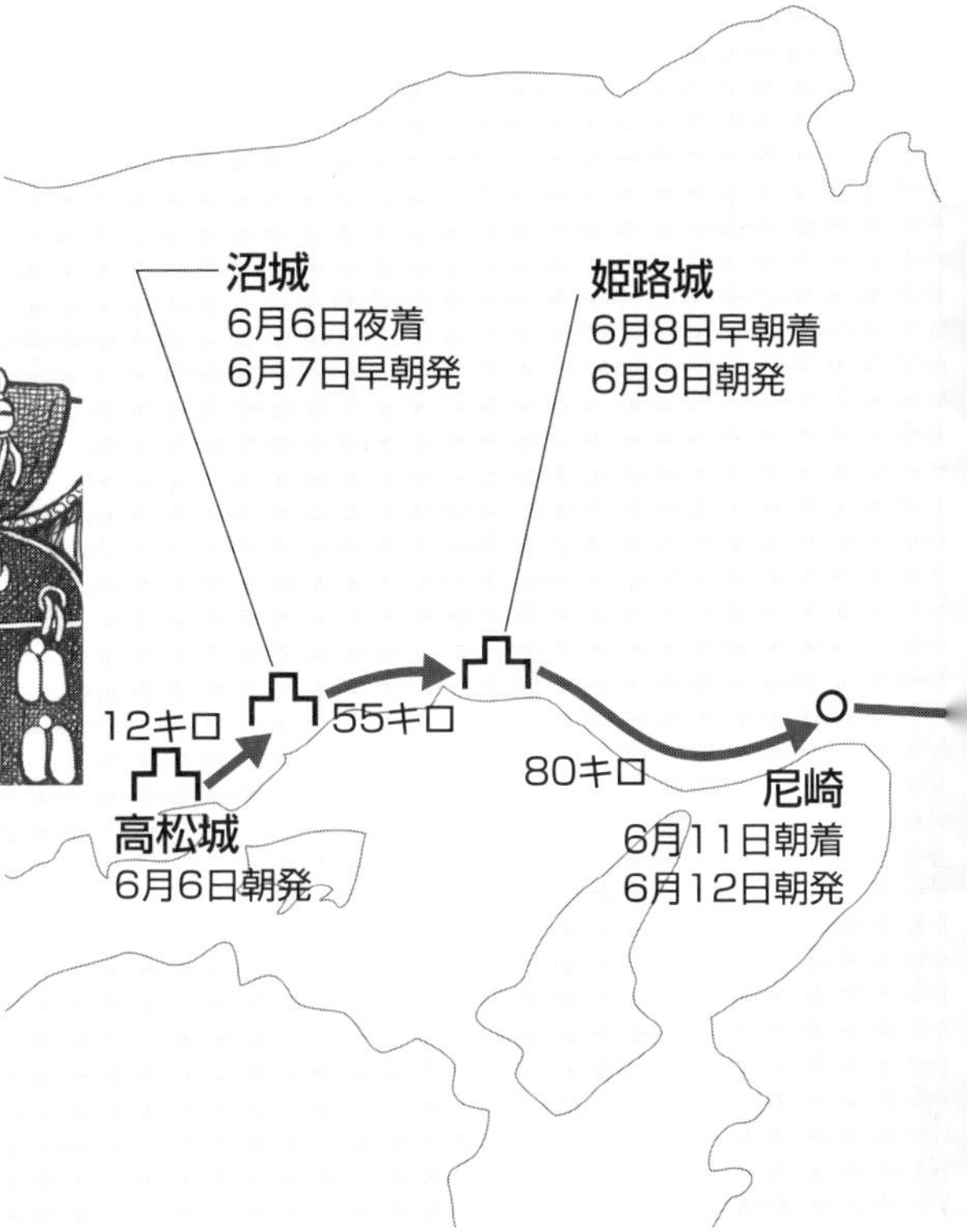
沼城
6月6日夜着
6月7日早朝発
姫路城
6月8日早朝着
6月9日朝発
12キロ
55キロ
80キロ
高松城
6月6日朝発
尼崎
6月11日朝着
6月12日朝発

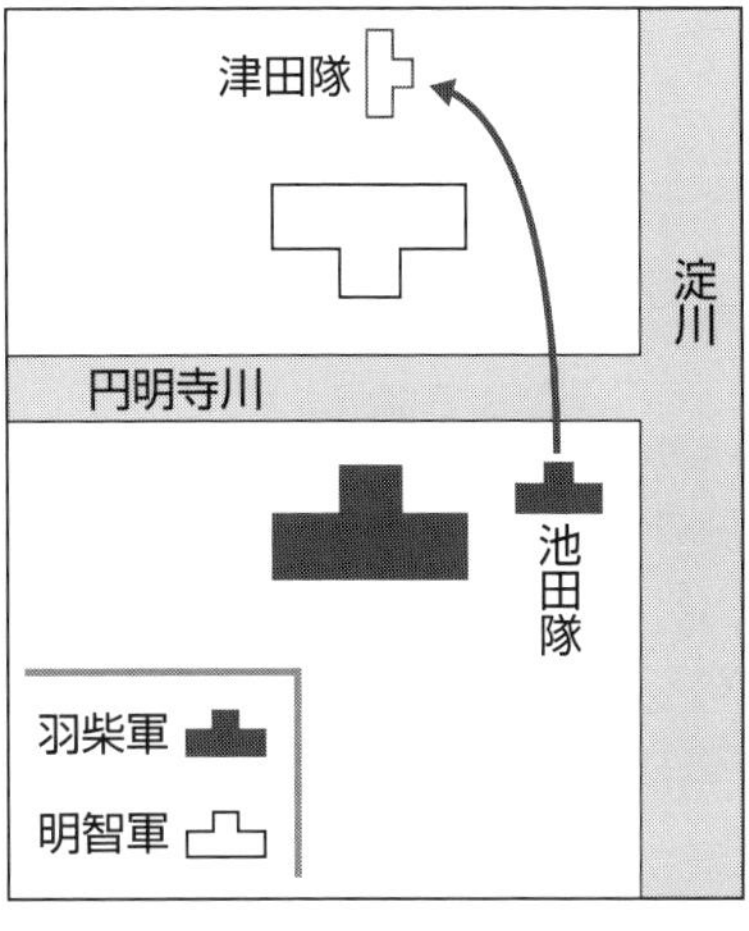
津田隊
淀川
円明寺川
池田隊
羽柴軍
明智軍

全の準備ができないまま決戦を迎える。

六月十三日、両軍は山崎の「天王山《てんのうざん》」付近で激突。戦いは一進一退となるが、二時間後、淀川《よどがわ》沿いに布陣した池田恒《つね》興《おき》（P27）の池田隊が、密かに円明寺川《えんみょうじがわ》を渡って光秀側についた津田《つだ》隊を急襲。これを契機に羽柴全軍が勢いづき、明智軍は総崩れ。光秀の権勢は十一日で終わった。世にいう「三日天下」である。

1583年

賤ヶ岳の戦い

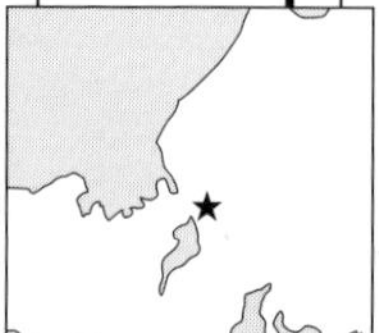
滋賀県伊香郡

秀吉と勝家の対立が明らかになった清洲会議

信長の跡継ぎを決める清洲《きよす》会議（1582年）で三法師（秀信）をその位置につけた秀吉。勝家の怒りが賤ヶ岳に結びつく。
秀吉は三法師を抱いて会議にあらわれた
はめられた……!!
勝家は三法師に頭を下げるつもりが秀吉にひれ伏す形に

織田家中での主導権を握った豊臣秀吉は、柴田《しばた》勝家《かついえ》（P128）の前線基地・近江《おうみ》の長浜城や、織田信孝《のぶたか》（P26）の岐阜城を攻略した。

本拠地・越前《えちぜん》（福井県東部）で雪のため動けずにいた勝家は、二月末になって出陣する。両軍は近江で対峙《たいじ》したが、戦線が膠着《こうちゃく》。一時は降伏していた信孝が挙兵し、秀吉はこれを討とうと戦場を離れ、岐阜城へ向かった。

賤《しず》ヶ岳《たけ》周辺の秀吉側の守りが薄くなった隙に、柴田軍の佐久間盛政《さくまもりまさ》（※）が大岩山《おおいわやま》砦を撃破。秀吉はこれを知るや戦場に帰着。突出していた佐久間隊を強襲した。その際の、福島正則《ふくしままさのり》（P

※信長に仕えていたが、のちに叔父にあたる柴田勝家に仕えた。

きっかけ

信長の後継者として三男・信孝を推す勝家と、孫・秀信を推す秀吉が対立。その裏には天下を狙う秀吉の野望があった。

天下を取るのはこのわしじゃ

勝

羽柴秀吉

総人数　約5～6万人

味方についた武将

＜本隊＞
羽柴秀長
丹羽長秀
蜂須賀小六
加藤清正
福島正則
池田恒興　等

＜同盟隊＞
織田信雄
稲葉一鉄
等

生意気な！古参の意地を見せてやる

負

柴田勝家

総人数　約2万人

味方についた武将

＜本隊＞
前田利家
前田利長
佐久間盛政　等

＜同盟隊＞
織田信孝
滝川一益

136）、加藤清正《かとうきよまさ》（P134）ら秀吉近習《きんじゅう》の活躍は「賤ヶ岳七本槍《しずがたけのしちほんやり》」として歴史に名をとどめている（P137）。

その様子を見ていた前田利家《まえだとしいえ》（P132）らの軍勢が秀吉側に寝返り、突如戦線を離脱。佐久間隊は崩れ、勝家の本隊も総攻撃を受ける。勝家は越前に逃れ、北ノ庄《きたのしょう》城に籠《こ》もるが、秀吉軍に包囲され、妻・お市《いち》（P27）と自害。織田家二大巨頭の戦いは幕を閉じた。

column

秀吉への恨みは深し。信孝の辞世の句

賤ヶ岳の敗戦後、信孝は大御堂《おおみどう》に送られ自害を遂げた。
―昔より 主《あるじ》を内海《うつみ》の 野間《のま》なれば 報《むく》いを待てや 羽柴筑前《はしばちくぜん》―
秀吉への深い恨みのなかで死んでいったことがわかる句である。

1584年

小牧・長久手の戦い

きっかけ

信長の死後、歴戦を勝ち抜き、権勢を強めていた秀吉。家康は信長の遺児・信雄と手を組み、秀吉に戦いを挑む。

このままサルに天下を取らせてなるものか
ええいうるさいわしの邪魔をするでない

羽柴秀吉	徳川家康　織田信雄
総人数　約10万人	総人数　約1万6000人

味方についた武将（羽柴秀吉）

羽柴秀長　三好秀次
丹羽長秀　池田恒興
稲葉一鉄　森長可
堀秀政　前田利家
滝川一益　等

味方についた武将（徳川家康・織田信雄）

酒井忠次　本多忠勝
榊原康政　井伊直政
大須賀康高　佐々成政　等

引き分け

天正《てんしょう》十二年（一五八四）三月、織田信長の血を受け継ぐ信雄《のぶかつ》（P26）は、豊臣秀吉に内通したとの罪で、部下の三家老を処刑。これを口実に、秀吉は信雄領の伊勢（三重県）に侵攻を開始。信雄の救援要請に応じた徳川家康は、三月六日に出陣する。大坂を発した秀吉も三月二八日、小牧《こまき》山のすぐ近く、楽田《がくでん》に着陣した。

まず、秀吉側についた池田恒興《つねおき》（P27）が、信雄の支配下にあった犬山《いぬやま》城を占拠。家康もこれに対し、小牧山城を奪取。両軍は睨《にら》み合いとなる。十日ほど膠着《こうちゃく》状態が続いたのち、恒興が家康の本拠である岡崎を突く作戦を立て、

愛知県小牧市・愛知郡長久手町

長久手の戦い対戦図

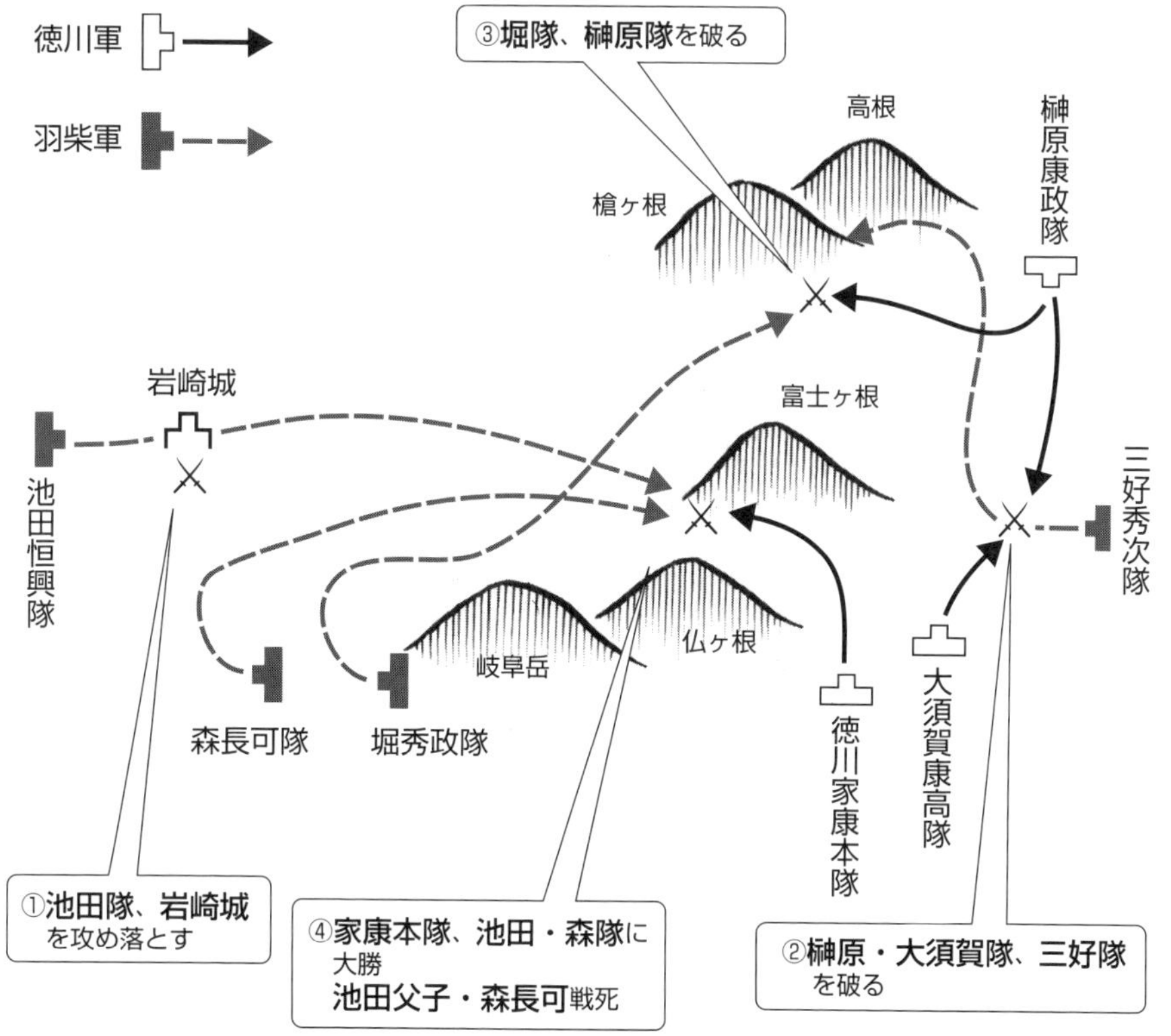

徳川軍
羽柴軍
③堀隊、榊原隊を破る
高根
榊原康政隊
槍ヶ根
岩崎城
富士ヶ根
三好秀次隊
池田恒興隊
岐阜岳
仏ヶ根
森長可隊
堀秀政隊
徳川家康本隊
大須賀康高隊
①池田隊、岩崎城を攻め落とす
④家康本隊、池田・森隊に大勝
池田父子・森長可戦死
②榊原・大須賀隊、三好隊を破る

豊臣軍は長久手《ながくて》に移動。しかし、この動きは家康に察知され、先手を打った徳川軍に、豊臣軍は大敗を喫することになる。三好《みよし》隊（秀吉の甥《おい》・秀次）は敗走。恒興や森長可《ながよし》は討死した。

戦況は家康有利に進んでいった。しかし、豊臣軍の蒲生《がもう》氏郷《うじさと》（Ｐ１４２）らは信雄領の伊賀・伊勢に侵攻。秀吉は家康との正面対決を避け、信雄に的を絞ったのだ。十一月、秀吉は信雄が苦しくなってきたところを狙い、講和を申し入れる。これを受けた信雄は戦線を離脱。大義名分を失った家康は兵を退かざるを得なくなった。八ヵ月にわたる持久戦はこうして幕を下ろした。

それから二年、秀吉は粘り強い交渉を続け家康と和睦《わぼく》。家康を臣従《しんじゅう》させる形となり、秀吉は天下統一にまた一歩近づいた。

二カ月の持久戦の果て、秀吉が天下統一を果たす

1590年

小田原合戦

きっかけ
関東以西を統一した秀吉。関東の雄・北条に臣下《しんか》の礼をとらせようとしたが拒否される。全国から大軍を率いて北条氏の城を襲う。

わしに盾突くとはいい度胸だ
北条は名家だ成り上がり者に従ってなるものか

豊臣秀吉
総人数　約22万人

味方についた武将
徳川家康　細川忠興
織田信雄　丹羽長重
蒲生氏郷　浅野長政
羽柴秀次　小早川隆景
前田利家
宇喜多秀家　等

勝

北条氏直　北条氏政
総人数　約5万6000人

味方についた武将
北条氏照
太田氏房
松田憲秀
成田氏長　等

負

豊臣秀吉は、全国の支配下大名を集めて関東へ出兵。北条家《ほうじょう》（P44）と対抗していた関東の大名を味方につけ、小田原城を総攻撃した。

豊臣軍は圧倒的な兵数で城を囲むとともに、別働隊を使って関東各地にある北条家の支城を攻略。小田原城の近くに石垣山一夜城を築き、長期包囲戦に備えた。秀吉は、愛妾や茶の師匠、遊女までもを陣地に呼び寄せ、余裕を持って北条の出方をうかがっていた。

一方の北条方は、和議と抗戦をめぐって議論したが結論が出ないまま籠城《ろうじょう》を続ける。この故事が「小田原評定《ひょうじょう》」の語源となる。上杉謙信《うえすぎけんしん》（P54）や武《たけ》

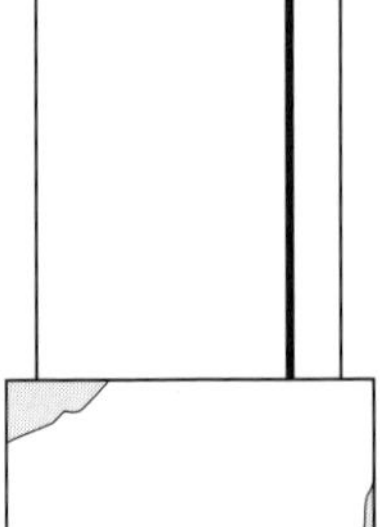

神奈川県
小田原市

小田原城大包囲網

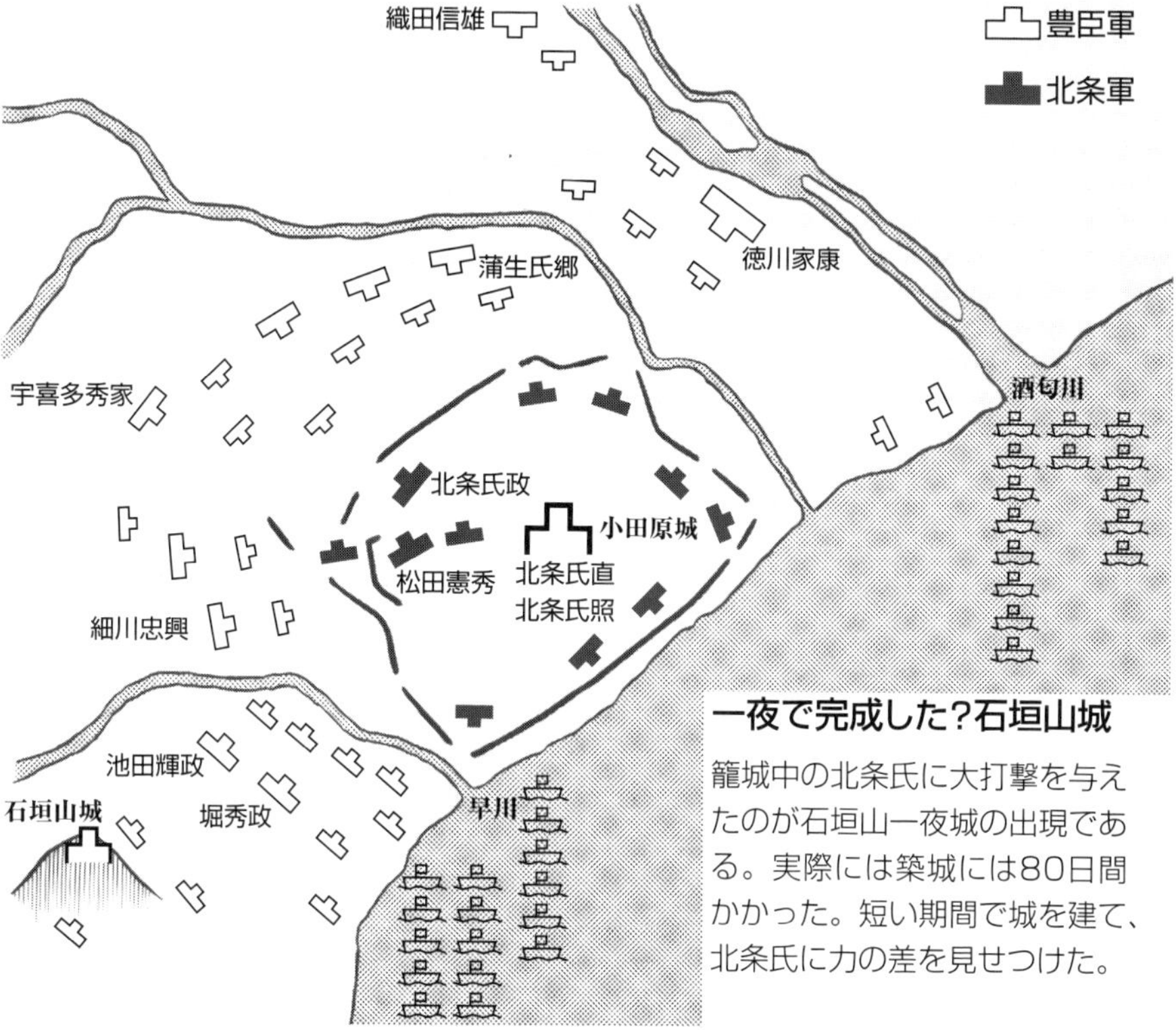
豊臣軍
北条軍
織田信雄
徳川家康
蒲生氏郷
酒匂川
宇喜多秀家
北条氏政
小田原城
松田憲秀
北条氏直
北条氏照
細川忠興
池田輝政
石垣山城
堀秀政
早川

一夜で完成した？石垣山城

籠城中の北条氏に大打撃を与えたのが石垣山一夜城の出現である。実際には築城には80日間かかった。短い期間で城を建て、北条氏に力の差を見せつけた。

田《だ》信玄《しんげん》（Ｐ50）に攻撃されても落ちなかった難攻不落《なんこうふらく》の城も、当時とは情勢が違う。北条氏には味方が少なすぎた。

結局、三ヵ月後に北条氏は降伏・開城。事実上の当主・氏政《うじまさ》は切腹。五代目・氏直《うじなお》（Ｐ44）は高野山へ追放。

すでに畿内《きない》、四国、九州、奥州《おうしゅう》を平定していた秀吉。小田原での勝利をもって最後の砦・関東を抑え、ここに天下統一を完成させた。

column

四代目・氏政は「愚か者」？

北条家を滅亡させた四代目・氏政は幼い頃から将来を心配されていた。ある食事時、氏政は汁かけ飯に再度汁をかけて食べた。それを見た父親・氏康《うじやす》は「汁の適量もわからないとは、大局を見る目がない」と嘆いたという。

ようやく巡ってきた天下取りのチャンス逃してなるものか
家康公の暴走必ずや食い止める
大一大万大吉
大一大万大吉

天下真っ二つ。日本史上最大の戦いが繰り広げられた

1600年

関ヶ原の戦い

きっかけ

秀吉の死後、家康は天下を狙って勢力を拡大。秀吉の片腕であった三成は豊臣家を守ろうと家康との対決を決意。

西軍　石田三成		東軍　徳川家康	
総人数　約8万4000人		総人数　約7万4000人	
味方についた武将		味方についた武将	
宇喜多秀家	小早川秀秋	井伊直政	本多忠勝
大谷吉継	吉川広家	加藤清正	織田有楽斎
毛利秀元	島津義弘	黒田長政	山内一豊
小西行長	島左近	藤堂高虎	等
	安国寺恵瓊	福島正則	
負	織田秀信　等	細川忠興	勝

豊臣秀吉の死後、徳川家康は豊臣家の五大老筆頭として権勢をふるい、天下取りの機会をうかがっていた。家康は会津《あいづ》（福島県）の上杉景勝《うえすぎかげかつ》（P52）に対して謀反の疑いをかけ、上洛を促すが、無視されたことで上杉討伐に向かう。これに日頃から文治《ぶんち》派の石田三《みつ》成《なり》（P138）を敵視していた、豊臣配下の武断《ぶだん》派の大名の多くが従軍。

その隙に、三成は反家康派の将を集め、毛利《もうり》輝元《てるもと》（P69）を総大将に立て、大坂で挙兵。家康は上杉討伐を中止。小山《おやま》の陣で諸将の大部分を味方につけることに成功し、軍を西へ返した。ここに関ヶ《せきが》原《はら》の戦いが始まる。

岐阜県不破郡

全国の大名が東と西に分かれて戦った

関ヶ原本戦には、「天下分け目の戦い」の名にふさわしく、日本全国から多くの武将が参陣した。しかし戦は関ヶ原の地にとどまらず、全国各地でも東軍支持派と西軍支持派の大名の争いが行われていた。

東北戦線

最上義光《もがみよしあき》（P81）の東軍への寝返りに反発した上杉景勝が最上の居城を攻撃。しかし西軍敗退と同時に退却。

信州戦線

家康の息子・秀忠（P38）（東）と、真田昌幸（P76）・幸村（P164）親子（西）の戦い。真田の大勝に終わり、秀忠は関ヶ原本戦に大遅参。

九州戦線

旧領回復をめざす東軍黒田官兵衛《くろだかんべえ》（P160）が関ヶ原に乗じて、西軍・大友義統《おおともよしむね》（P74）を攻め、大勝《たいしょう》。

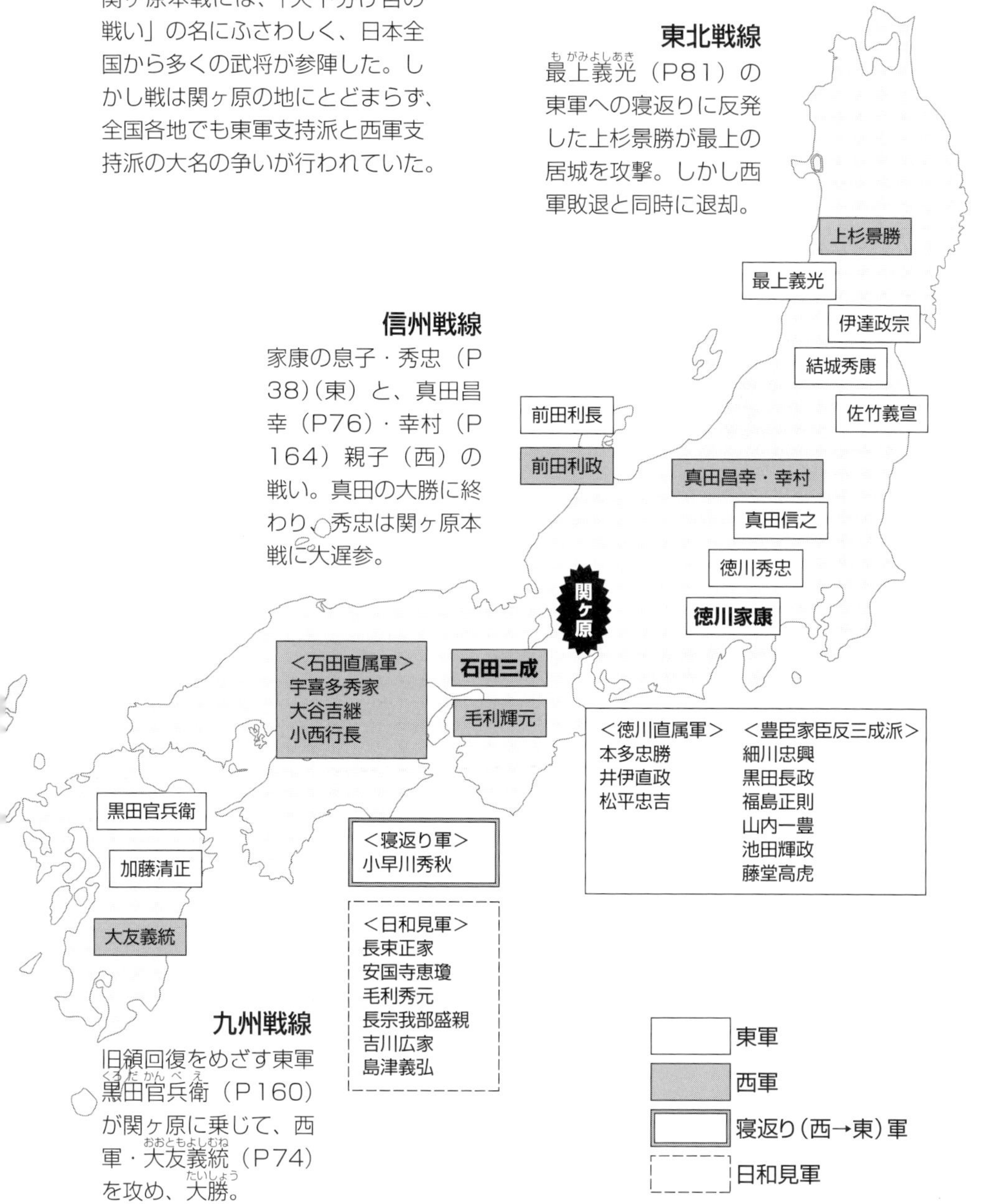

上杉景勝
最上義光
伊達政宗
結城秀康
佐竹義宣
前田利長
前田利政
真田昌幸・幸村
真田信之
徳川秀忠
関ヶ原
徳川家康
＜石田直属軍＞
宇喜多秀家
大谷吉継
小西行長
石田三成
毛利輝元
＜徳川直属軍＞
本多忠勝
井伊直政
松平忠吉
＜豊臣家臣反三成派＞
細川忠興
黒田長政
福島正則
山内一豊
池田輝政
藤堂高虎
黒田官兵衛
加藤清正
大友義統
＜寝返り軍＞
小早川秀秋
＜日和見軍＞
長束正家
安国寺恵瓊
毛利秀元
長宗我部盛親
吉川広家
島津義弘
東軍
西軍
寝返り（西→東）軍
日和見軍

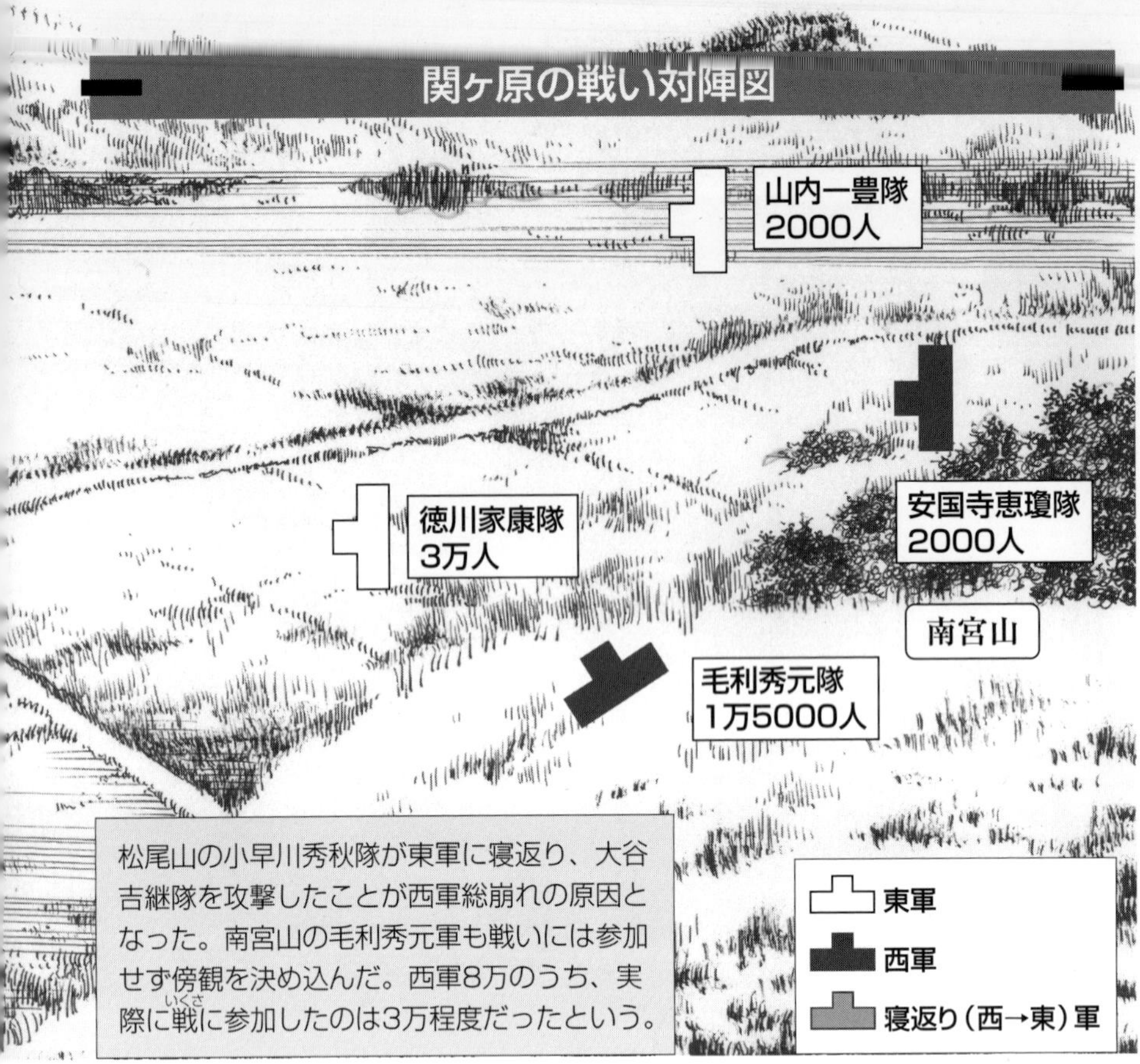
関ヶ原の戦い対陣図
山内一豊隊
2000人
安国寺恵瓊隊
2000人
徳川家康隊
3万人
南宮山
毛利秀元隊
1万5000人
東軍
西軍
寝返り（西→東）軍

松尾山の小早川秀秋隊が東軍に寝返り、大谷吉継隊を攻撃したことが西軍総崩れの原因となった。南宮山の毛利秀元軍も戦いには参加せず傍観を決め込んだ。西軍8万のうち、実際に戦《いくさ》に参加したのは3万程度だったという。

三成《みつなり》（P138）率いる西軍は家康の居城《きょじょう》となっていた伏見《ふしみ》城を落とし、東軍を迎撃しようと西美濃《みの》（岐阜県南西部）の大垣《おおがき》城に入った。一方、家康率いる東軍は、東海道を西進。両軍は転戦しつつ、中山道と北国街道が交わる交通の要衝・関ヶ原《せきがはら》で対峙する。

九月十五日朝、霧が晴れた頃に井伊《いい》隊（P39）と宇喜多《うきた》隊（P144）がぶつかり、開戦となった。西軍は島津《しまづ》隊（P78）や毛利《もうり》隊（P68）が傍観を決め込むなか半数の兵力ながらも善戦。やや優位に戦いを進めていた。家康はこの状況に苛立《いらだ》ちを隠せない様子。しきりに爪を噛んでいたと伝わる。

しかし正午過ぎ、東軍に寝返った小《こ》早川秀秋《ばやかわひであき》隊（P32）が松尾山を下り、西軍の側面、大谷《おおたに》隊（P144）を攻撃。次いで小早川の動きに乗じた諸将

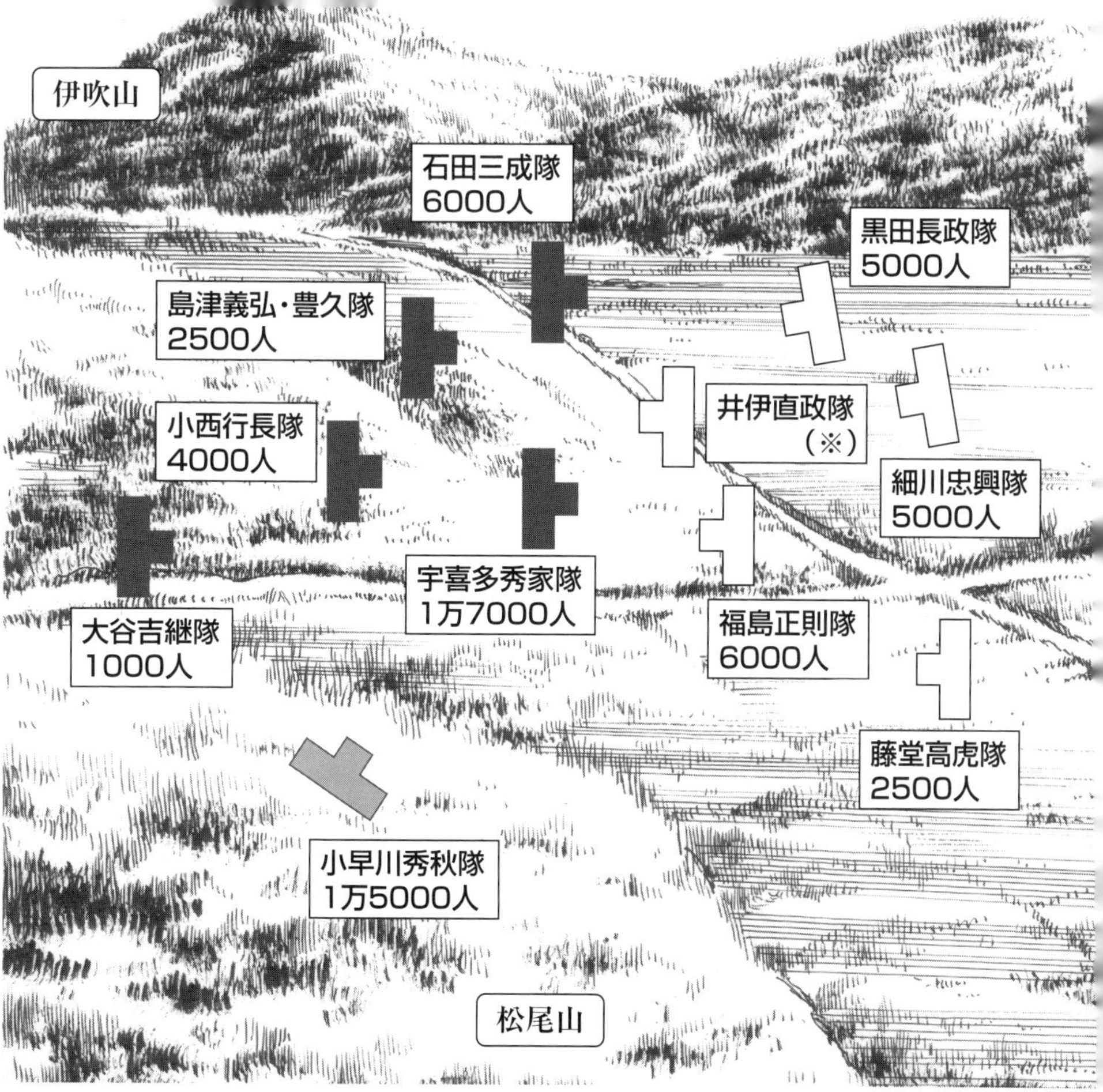

伊吹山
石田三成隊
6000人
黒田長政隊
5000人
島津義弘・豊久隊
2500人
井伊直政隊
（※）
小西行長隊
4000人
細川忠興隊
5000人
宇喜多秀家隊
1万7000人
大谷吉継隊
1000人
福島正則隊
6000人
藤堂高虎隊
2500人
小早川秀秋隊
1万5000人
松尾山

※徳川家康隊3万のうち井伊直政が数十騎を率いて最前線に

が続々と寝返り、西軍は総崩れとなる。大将・三成は僅かな手勢とともに伊吹《いぶき》山《やま》に敗走。戦いは半日で、東軍の大勝利のうちに幕を閉じた。これを機に豊臣と徳川の立場は逆転。家康は三年後に江戸幕府を開くことになる。

この前後、東軍支持派と西軍支持派の大名が全国各地で激突したが（P115）、西軍支持派は家康によって減《げん》封《ぽう》、改易《かいえき》の憂き目にあう。明暗くっきり、まさに天下分け目の戦いであった。

column

裏切り者・小早川秀秋 西軍のたたりで狂人に？

西軍最大の裏切り者、小早川秀秋《ひであき》。彼はその二年後、二一歳の若さで謎の死を遂げた。天然痘《てんねんとう》だったというのが通説であるが、西軍の大谷吉継《よしつぐ》が憑《つ》いて秀秋を狂い死にさせたという噂が世間ではまことしやかに流れたという。

戦国最後の大決戦。豊臣の城が炎に包まれた

1614～1615年

大坂冬の陣・夏の陣

大阪市東区

老いた家康の焦りが豊臣討伐を決意させた

1603年　江戸幕府を開く

焦り①　**大坂に豊臣の影**

一時の勢力はないが、巨万の富と巨大な城を持って大坂に存在する豊臣は、大きな脅威であった。

▼

1605年　2代・秀忠《ひでただ》が将軍職を継ぐ

焦り②　**息子への不安**

秀忠（P38）は実戦経験が少なく、関ヶ原《せきがはら》（P114）に遅刻するほどの凡将。豊臣に攻められても戦えない。

▼

1611年　家康と豊臣秀頼《ひでより》が会見

焦り③　**秀頼への恐れ**

立派な青年に成長した秀頼の若々しさと、先が長くない老いた自分とを比べ、焦りが沸点に達する。

▼

1614年　大坂の陣開戦

慶長《けいちょう》八年（一六〇三）、征夷大将軍《せいいたいしょうぐん》となって江戸幕府を開いた徳川家康は、その十一年後の慶長十九年（一六一四）、豊臣家討伐のため、約二〇万の大軍で大坂城を包囲し、最後の総仕上げに取り掛かった。豊臣方は全国から有力な浪人衆を集めてこれに対抗する。ここに大坂冬の陣が開戦。

徳川方は真田《さなだ》幸村《ゆきむら》（Ｐ１６４）が指揮する真田丸（※）などを攻めきれず苦戦。しかし大砲の砲撃によって天守に被害を与えたり、本丸まで迫るような抜け道をつくったりして、豊臣方を精神的に圧迫し始めると形勢は一転。リーダー・淀殿《よどどの》（Ｐ33）が作戦にはま

※幸村が大坂城外につくった出城

命をかけて
豊臣の血を守る

淀殿　豊臣秀頼

総人数 冬の陣　約10万人
夏の陣　約5万人

味方についた武将

大野治長　長宗我部盛親
大野治房　後藤又兵衛
木村重成　毛利勝永
真田幸村　明石全登《あかしてるずみ》
塙《ばん》直之　等

負

豊臣がいる限り
徳川の安泰は得られん

徳川家康

総人数 冬の陣　約20万人
夏の陣　約15万人

味方についた武将

松平忠直　伊達政宗
本多忠政　前田利常
井伊直孝　藤堂高虎
榊原康勝　細川忠興
黒田長政
加藤嘉明
等

勝

きっかけ

家康が天下を取ってなお、豊臣家は大坂で強大な勢力を持っていた。家康は徳川家の安泰を求めて大坂に出陣。

り、怯《おび》えきって戦意を喪失。やがて和議が結ばれ、一時停戦となる。

翌年五月、大坂に乱の意志ありとみた家康は再び挙兵。大坂夏の陣開戦である。このとき大坂城は冬の陣の和議の条件により、二の丸・三の丸を破壊され、堀まで埋められ、丸裸の状態であった。出撃するしかなくなった豊臣方は各地で徳川方と戦うが、敗北を重ね、追い詰められていく。

五月七日、両軍は最後の激闘を展開。豊臣方も善戦した。真田隊などは家康の本陣に迫り、家康の馬印を倒す（P128）まで追い込むほどの活躍を見せた。しかし衆寡《しゅうか》敵せず。数に勝る徳川方が巻き返し、城付近を制圧する。

ついには大坂城に火の手が上がり、秀頼《ひでより》は淀殿らとともに自刃。この戦いを最後に戦国乱世が終わりを告げた。

もっと知りたい
戦国時代
3

戦場を彩った軍用品の数々

死装束でもあった甲冑

戦国時代に入ると、戦いが足軽を中心とした集団戦に変わり、身軽で動きやすい実用性に富んだ甲冑が使用されるようになる。これを「当世具足《とうせいぐそく》」と呼ぶ。

敵味方に戦場での働きを見てもらうという目的を持って、堅牢《けんろう》で猛々しいデザインが望まれ、人目を引く意匠《いしょう》がこらされた。

戦《いくさ》ではいつ死ぬかもわからない。死装束として立派な格好で臨もうとする意図もあった。

当世具足各部名称解説

●変わり兜カタログ

伝上杉謙信所用
『三宝荒神形兜』

正面と両側面に荒神《こうじん》をかたどった意匠が施されている。謙信の信仰のあらわれ。

（写真提供：仙台市博物館）

豊臣秀吉所用
『馬蘭後立付兜』

燦々《さんさん》とした陽光をあらわし、自らを神格化させる目的があったと見られる。

（写真提供：大阪城天守閣）

伊達政宗所用
『六十二間兜』

金箔押しの三日月形前《まえ》立《たて》が特徴。右側が短く、刀を持つ際に合理的。

（写真提供：仙台市博物館）

勝敗を分けた武器・兵器

戦国の合戦では、様々な武器が使われた。まず、敵との距離が離れているときには石を投げたり、弓矢を射かけて少しでも有利に戦おうとした。

弓矢は製作が簡単で、コストもかからないため、日本では縄文時代から用いられている。鉄砲が登場してからも基本的な飛び道具として、多用された。

接近戦で最も多く使用されたのが槍《やり》。戦国時代は足軽（雑兵）による集団戦法が主流になったためで、敵を突く、斬《き》る他に投げることができる機能性と、高い殺傷力がその理由だ。

刀は槍に対しては不利だが、槍が使えなくなったり、敵と組み合うほど接近した場合に使われた。大小二つを持つのが普通で、小刀は相手にとどめを刺す場合などに用いたという。

戦国時代末期になると鉄砲が多く出回り、戦争の形態も一変する（P１０１）。

ただ、雨が降ったり、敵の奇襲を受けたり、何があるかわからないのが戦場だ。最後は己の力が頼りとなる。槍や刀などの主要武器が廃《すた》れることはなかった。

それらは剣道・弓道などへと発展し、現代社会にも息づいている。

火縄銃豆知識

弾は最大五〇〇メートル飛んだ

当時の鉄砲は、ざっと五〇〇メートルは飛んだという。しかし実際に殺傷効果があるのは二〇〇メートル以下。兵は頑丈な鎧をつけていたし、それ以上離れて鉄砲が当たった場合は、小石がぶつかった程度にしか感じなかったようだ。

一〇〇メートルの距離からの命中率は六〇〜七〇％

距離は飛んだが精度は低く、弾道がぶれることが多かった。その命中率は近距離（一〇〇メートル）から撃って六、七割ほど。訓練された兵でその程度だから、実際はもっと低かったことだろう。

●本当に使用された……？
戦国アイディア兵器

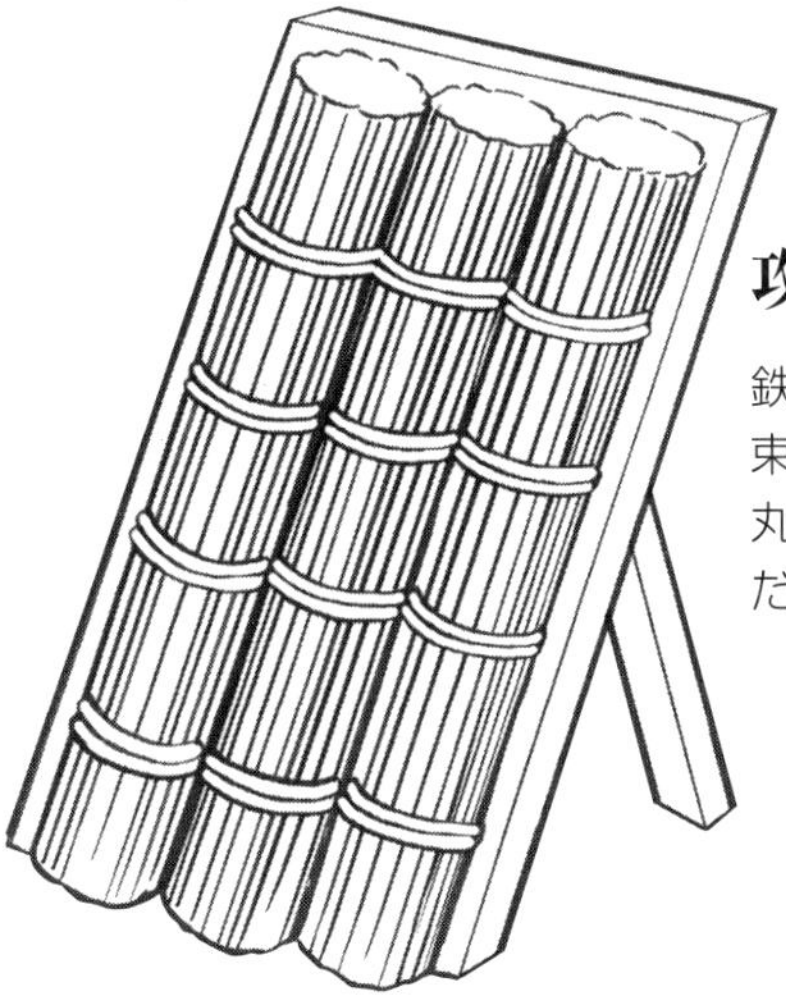

攻撃用の盾「竹束《たけたば》」

鉄砲の弾を防ぐための盾。その名の通り、竹を束ねて盾としたもの。竹はつるつるしているし、丸いので弾をすべり落とせると考えられたようだ。実際かなりの効果を発揮した。

突撃用武器「釣井楼《つりせいろう》」

頑丈につくった、人一人入れるくらいの木箱に縄をつけ、滑車などで木の枝につるす。空撃用に考えられたが、実際は敵状視察に効果を発揮したといわれる。

上記以外にも戦国時代には戦いに役立てるために様々な兵器が多数存在した。

たとえば「独輪車《どくりんしゃ》」。丸太に車輪を付け、丸太と垂直に八本の持ち手を設置。それぞれの持ち手の前には盾が設置され、さらに丸太の先端部分に数本の槍を取り付けた、攻守ともに有能な兵器である。これを八人で転がし、スピードに乗って敵軍に突っ込み、壊滅的な被害を与える……という目論見《もくろみ》のもとにつくられたのだが、この兵器が考えられたのはもう戦国時代も終わりだったので、誰も実際には使用しなかったという。

織田信長は、燃えない船を作ろうと、木でできた船を鉄でくるんでしまった。これが鉄船の始まりとされている。

乱世を生き抜くためには奇抜な発想が必要だった。

信念のあらわれ 戦場小物

数千から数万の人々が入り乱れる戦場では、誰が敵で誰が味方かを判別するのは難しい。そのために、将兵は「旗」や「指物《さしもの》」という印を身につけて戦った。

旗や指物は戦いの邪魔にならないよう、具足《ぐそく》（鎧《よろい》）の背中に付いた「差筒《さしづつ》」に差して立てていた。その形態やデザインは色とりどりで、具足と同様に色々な工夫が凝らされた。

なぜなら「俺はここにいるぞ」と敵味方にアピールしなければならないからだ。ある武将は、せっかく一番槍の手柄を立てたのに指物をしていなかったため、誰にも気付いてもらえなかった。結局は、銀のドクロの目立つ指物を背負った、二番槍の武将が、その手柄を得たという。

その他、旗は自分の信仰や方針をあらわすためのシンボルとしても使われた（左ページ図解）。

馬印《うまじるし》も、軍旗と同じく重要で、大将の健在を示すものとして、供の足軽が持った。馬印が倒れたときは、大将が敗走か戦死寸前のピンチを迎えているということになる。ほぼ無敵を誇った徳川家康だが、三《み》方ヶ《かたが》原《はら》の戦い（P98）、大坂夏の陣（P１１８）と、二度も馬印を倒される屈辱を味わった。

戦国実用小物

軍配《ぐんばい》・采配《さいはい》

「采配を振る」という言葉通り、軍全体を指揮するための道具。軍配は総大将が、采配は各部隊長が持った。

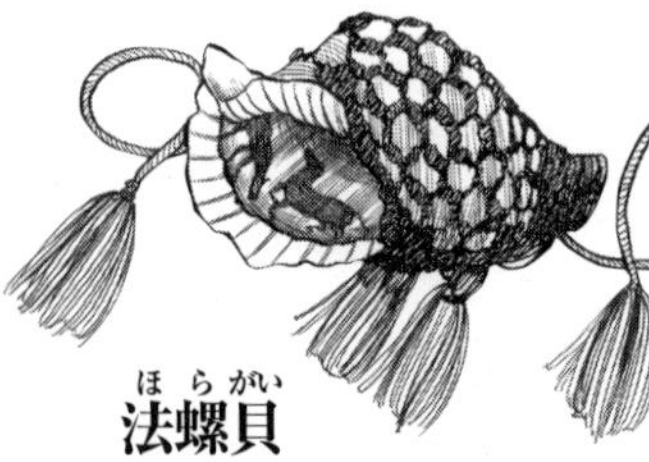

法螺貝《ほらがい》

合戦中はどんなに大声をあげても指示は伝わらない。法螺貝の音の高低によって軍全体に指示を出していた。

有名武将の軍旗・指物

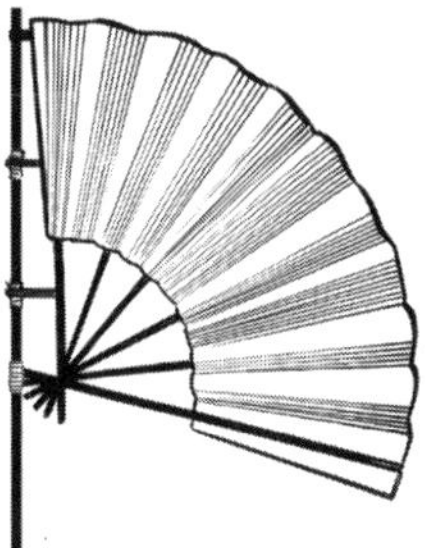

徳川家康

金の扇の馬印。真ん中に日の丸を配したものもあると伝わっている。

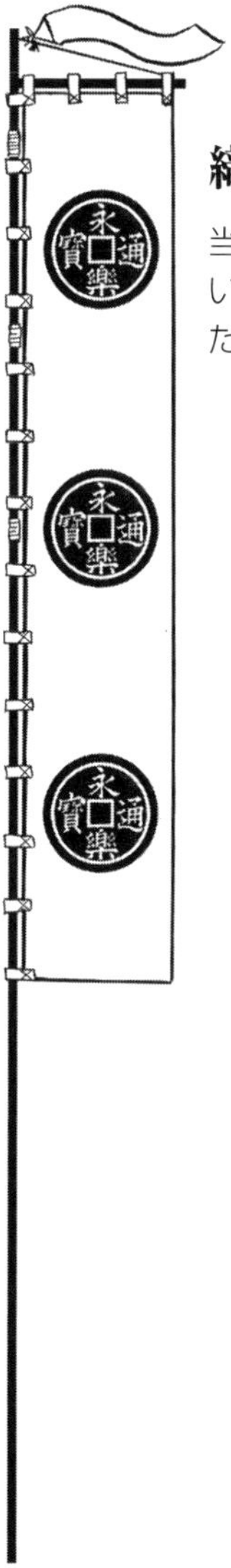

織田信長

当時最も世に流通していた永楽銭《えいらくせん》にあやかった旗印。

上杉謙信

謙信《けんしん》があつく信仰した「毘沙門天《びしゃもんてん》」の一字をとった軍旗。

武田信玄

兵法《ひょうほう》の祖・孫子《そんし》の言葉を使った「風林火山《ふうりんかざん》」の旗印。

第三章

天下を左右したのは優秀な家臣の存在があってこそ。天下人のもとで戦った二番手、三番手の武将の素顔とは。

よき部下は
経国の条件。
天下人の足元を支えた
ヒーローたち

柴田勝家

水瓶を割って出陣。男気溢れる振る舞いで織田軍を鼓舞

猛将・勝家には多くのニックネームがあった

勇猛果敢

水瓶を割って家臣を鼓舞「かめ割り柴田」

当時、飲み水は貴重品だった。しかし、ある戦いの出撃前、勝家は水瓶をすべて割ってしまった。驚いている家臣に対し「背水の陣で出撃せよ」と檄《げき》を飛ばした。

憤怒の形相で獅子奮迅の戦い「鬼柴田」

勝家は織田軍随一の勇猛を誇り、戦場では常に鬼のような恐ろしい形相で戦った。この様子を見た武将たちは、敵味方問わず彼を「鬼柴田」というあだ名で呼んだ。

戦場に響き渡る勝家の声「掛かれ柴田」

戦場にあっても勝家の声はよく通る大きな声だった。「かかれぃ！　かかれぃ！」と叫んで兵を動かす勝家の声は、長く敵の耳に残った。

「権六《ごんろく》」の通称でも知られる柴田勝家《しばたかついえ》は、尾張《おわり》（愛知県西部）に生まれ、若い頃から織田信秀《のぶひで》（信長の父）に仕えた。信秀の死後は信行《のぶゆき》（信長の弟）を後継者にしようと、信長の排除を試みるが失敗。剃髪《ていはつ》して許しを得ると、以後は信長に絶対の忠誠を誓った。

天正《てんしょう》元年（一五七三）の浅井《あざい》・朝倉攻め（P60〜63）や長篠《ながしの》・設楽原《したらがはら》の戦い（P100）などで数々の武功をあげ、織田家随一の重臣として活躍。北陸地方平定の軍団長を任された。

本能寺の変（P104）後、羽柴（のちの豊臣）秀吉と対立するが、信長の遺領配分や後継者問題で後手にまわり、

出身　尾張国（現在の愛知県の西部）
生没年　1522?～1583
享年　62

現存する肖像画を見比べると、どれも髭《ひげ》が濃く、具体的に描かれている。恰幅《かっぷく》もよく、「鬼柴田」の名前にふさわしい。

賤《しず》ヶ《が》岳《たけ》の戦い（P108）で敗北。越《えち》前《ぜん》（福井県東部）北ノ庄《きたのしょう》にて妻・お市《いち》（P27）とともに自害した。

勝家は切腹の際、自らの内臓を引き裂いて敵将に見せたと伝わっている。

column

夫婦の絆をホトトギスに託す……勝家とお市の辞世の句

敵軍に居城《きょじょう》を囲まれ、覚悟を決めた勝家。妻・お市や城中の家臣を集め、最後の酒宴を開催した。勝家とお市はその場で以下の句を詠んだ。

―夏の夜の夢路はかなきあとの名を雲井にあげよ山ほととぎす―（勝家）

―さらぬだに打ちぬるほども夏の夜の別れを誘ふほととぎすかな―（お市）

二年足らずの結婚生活だったが、勝家とお市の間には絆が生まれていた。二人は自害し、同時に生涯を終える。

明智光秀

織田軍一の教養人。信長を殺して歴史の流れを変えた

出身	美濃国（現在の岐阜県の南部）
生没年	1528?～1582
享年	55

column

信長の呪い？ひび割れる光秀の墓の怪

高野山《こうやさん》奥の院に光秀の墓があるが、その墓は何度修復しても不思議と亀裂が入ってしまうといわれている。

墓を訪れる人はその現象に信長の怨念の深さを感じざるを得ないという。

唯一残された肖像画は色白で上品な顔立ちに描かれている。信長には「キンカ頭」と髪の少なさをからかわれていたようだが画では確認できない。

信長殺しの真相は未だ謎に包まれたまま……

①自己防衛説

信長は冷酷残忍。長く仕えた家臣も用済みとなれば容赦なく切り捨てる。自分に災いが降りかかる前に殺してしまおう、と考えた。

②天下取りの野望説

光秀は出世欲の塊だった。天下に最も近い男だった信長を殺せば、そのまま天下は自分のものになると考えた。

本能寺の変

③黒幕陰謀説

将来に不安を持った秀吉、妻子を信長に殺された家康、信長の道具とされた朝廷等々、実は黒幕は他に存在。光秀は操られていただけだった。

④日々の恨み爆発説

光秀は常に傍若無人《ぼうじゃくぶじん》な信長の振る舞いに耐えてきた。また、光秀の母を信長が軍略に用い、結果、敵に殺害されてしまった。この怒りが爆発し殺害に至った。

明智《あけち》光秀《みつひで》は美濃《みの》（岐阜県南部）の出身といわれ、はじめは斎藤道三《どうさん》（P64）、次いで越前《えちぜん》（福井県東部）の朝倉義景《よしかげ》（P60）に仕えた。足利義昭《あしかがよしあき》（P20）が京から逃れてくると、朝倉を見限り義昭とともに織田信長を頼る。

信長上洛後はその直臣《じきしん》となり、真面目な働きぶりが高く評価された。戦《いくさ》でも多くの手柄を立てて近畿地方の支配をも任された。しかし、革新を推し進める信長と、保守的な考えを持つ光秀との関係は徐々に悪化していく。

羽柴（のちの豊臣）秀吉の援軍として中国地方へ向かう途上、本能寺を襲い信長を倒すが（本能寺の変・P104）、直後に山崎《やまざき》の戦い（P106）で秀吉に敗れ、逃亡中に殺害。

鉄砲の名手であり、和歌や茶の湯にも通じる文武両道の名将だった。

前田利家

堅実かつ篤実な人柄。豊臣政権の要となった

人望のあつい利家は豊臣家臣間の潤滑油だった

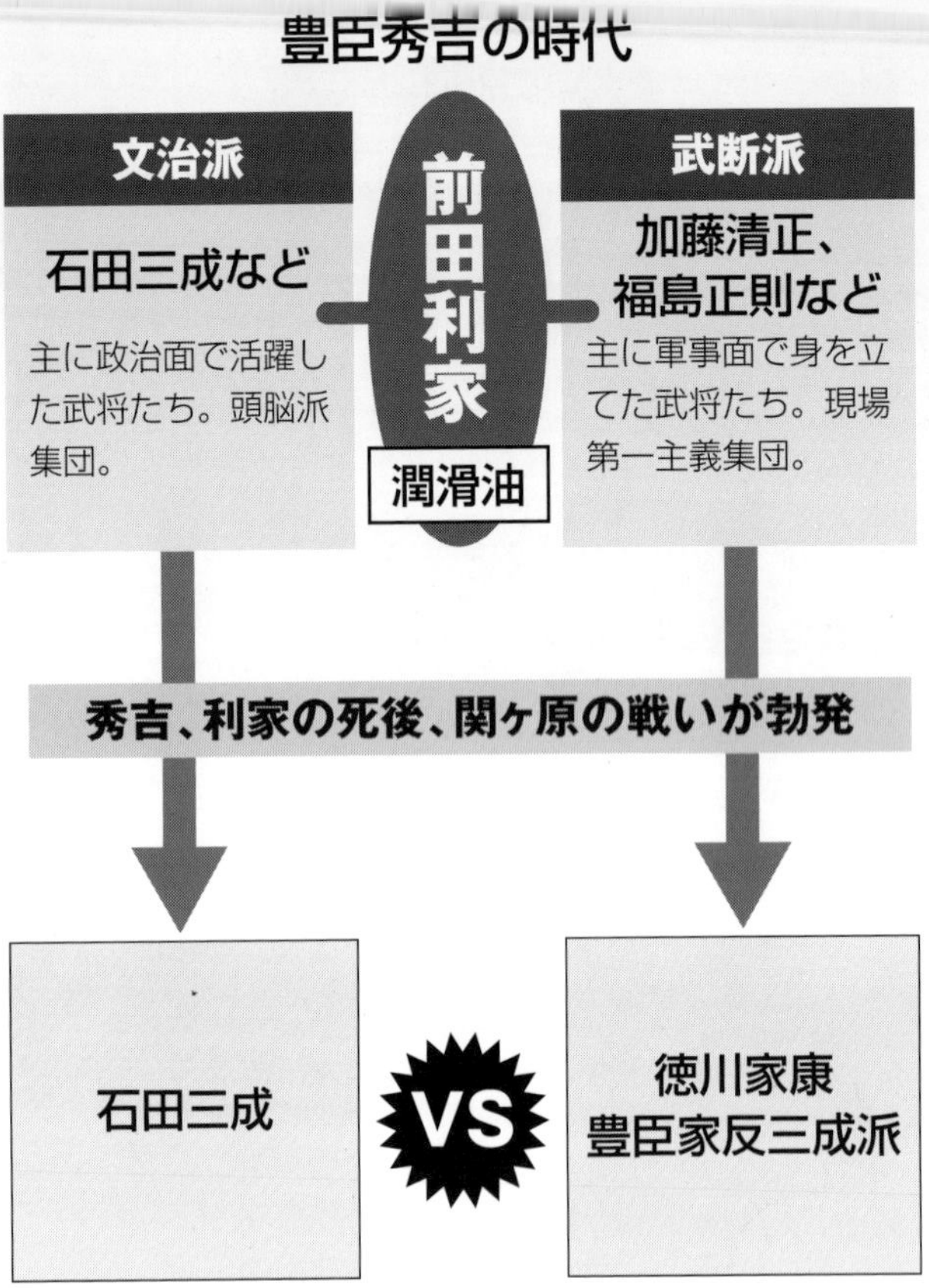
豊臣秀吉の時代
文治派
石田三成など
主に政治面で活躍した武将たち。頭脳派集団。
前田利家
潤滑油
武断派
加藤清正、福島正則など
主に軍事面で身を立てた武将たち。現場第一主義集団。
秀吉、利家の死後、関ヶ原の戦いが勃発
石田三成
VS
徳川家康
豊臣家反三成派

尾張《おわり》国（愛知県西部）の土豪《どごう》の家に生まれ、通称は又左衛門《またざえもん》。若い頃は血気盛んで、「槍《やり》の又左」と呼ばれた。

織田信長に仕え、その親衛隊である赤母衣衆《あかほろしゅう》（※）に加わり、のちに柴田《しばた》勝家《かついえ》（P128）の与力《よりき》として北陸の平定に尽力。賤ヶ岳《しずがたけ》の戦い（P108）では旧交のあった羽柴（のちの豊臣）秀吉軍に寝返り、勝利を決定づけた。

豊臣政権下では五大老のナンバー2となり、筆頭である徳川家康に対抗できる唯一の人物として、誰からも一目置かれた。

領地の加賀は江戸時代に一〇〇万石の都市に発展した。

※母衣《ほろ》という長い布を背中にまとい、馬で駆け、時に流れ矢を防ぐ役割を果たす。信長には赤い布の赤母衣衆と、黒い布の黒母衣衆がいた。

column

賢妻、まつは自ら人質となり前田家を救った

利家の死後、家康は、利家の息子・利長《としなが》に謀反の疑いをかけた。利長は身の潔白を証明しようと高齢の母・まつ（芳春院《ほうしゅんいん》）を人質として差し出した。人質生活は十五年にも及んだが、前田家所領一〇〇万石は保たれた。

出身　尾張国（現在の愛知県の西部）
生没年　1538～1599
享年　62

身長180センチほど。当時類を見ないほどの大男。容姿端麗と伝わり、信長からも寵愛《ちょうあい》を受けた。流行に敏感で服装にも気をつかった。

加藤清正

いつ何時も臨戦態勢をとり
豊臣政権の安定に尽くした

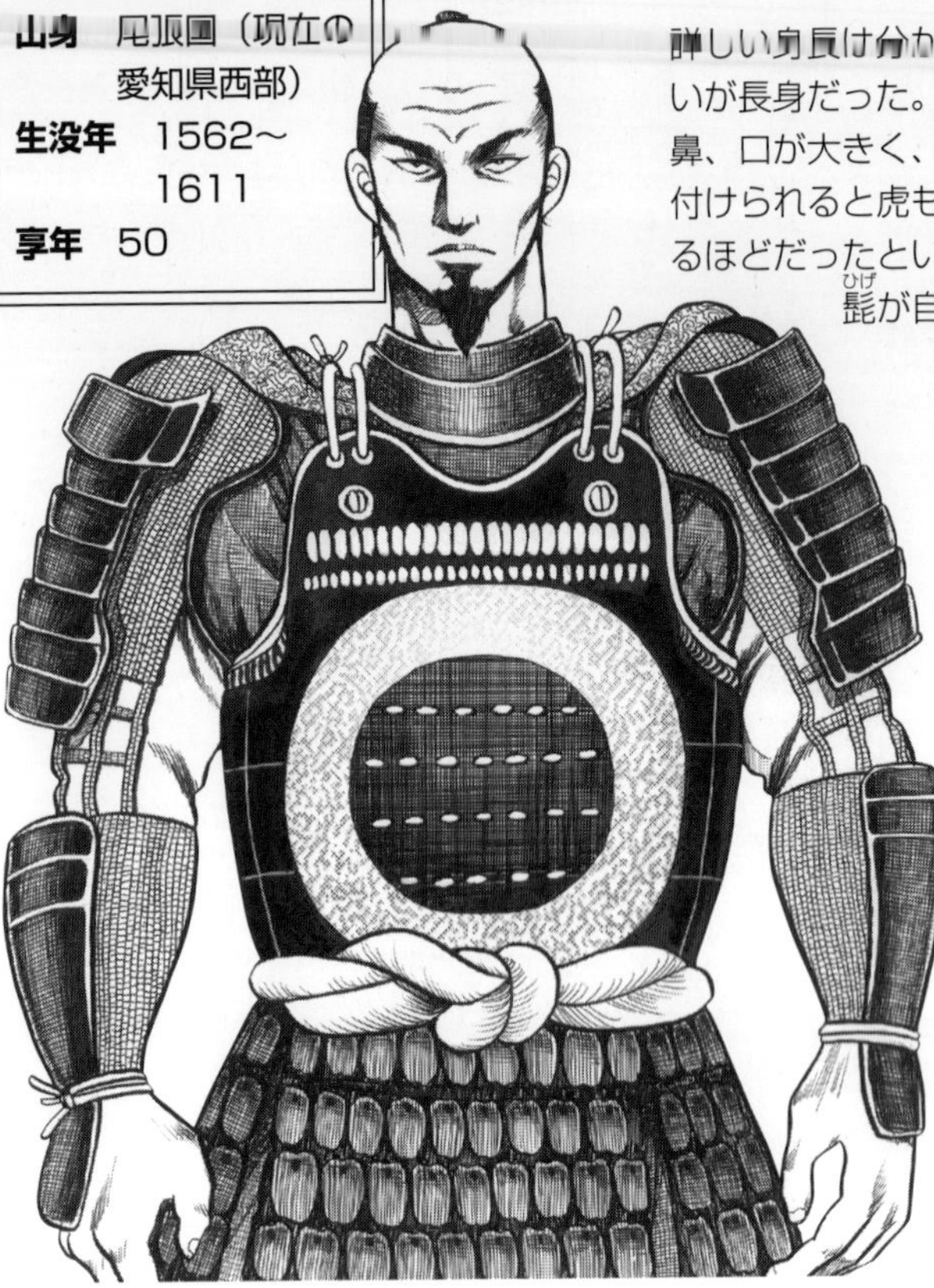

出身　尾張国（現在の愛知県西部）
生没年　1562〜1611
享年　50

詳しい身長は分からないが長身だった。目、鼻、口が大きく、睨み付けられると虎も固まるほどだったという。髭《ひげ》が自慢。

熊本では「清正公《せいしょこ》さん」と呼ばれ、親しまれている清正《きよまさ》。生まれは尾張《おわり》（愛知県西部）で、母が豊臣秀吉の母（大政所《おおまんどころ》）のいとこだったことから秀吉に仕えた。

槍を持って勇猛に戦う姿から「鬼将軍」の異名をとる。山崎《やまざき》（Ｐ１０６）、賤ヶ岳《しずがたけ》（Ｐ１０８）、朝鮮出兵（Ｐ37）など各地の戦いで功をあげ、肥後《ひご》熊本の領主に任ぜられた。

秀吉の死後、文治《ぶんち》派の石田三成《みつなり》（Ｐ１３８）らと対立し、関ヶ原《せきがはら》の戦い（Ｐ１１４）では東軍に属して九州に留まり、周辺の西軍勢力を破った。

その後は徳川に従いながらも豊臣家

●豊臣のため槍と刀を離さず、一生を戦い抜いた

自分を養育してくれた
豊臣への忠義

①朝鮮出兵で大活躍

秀吉の命令で朝鮮に赴き、朝鮮の王子2人を捕虜にするなどの武功をあげる。

②賤ヶ岳七本槍として武名をあげる

賤ヶ岳の戦いで七本槍（P137）の一人として活躍し、羽柴（のちの豊臣）軍大勝利の契機をつくった。

③死んでなお軍神であろうとする

清正は「棺《ひつぎ》に武器を入れて欲しい」と遺言を残した。軍神となって豊臣家を守ろうとしたのである。

④秀頼と家康の対面を実現させる

秀吉の死後、遺児・秀頼を説得し、家康と会見させ豊臣家の安泰をはかろうとする。

の功臣として、秀吉の遺児秀頼《ひでより》（P33）と家康との会見を取り持ったりしたが、熊本にて五〇歳で病死。

築城《ちくじょう》の名手で、熊本城や名古屋城など携《たずさ》わった城は数多い（P85）。清正《きよまさ》堤《づつみ》など、治水・利水にも堪能だった。

column

三〇センチの高下駄を履いて用を足した

朝鮮出兵の際、愛用の片鎌槍《かたかまやり》で虎を切り伏せたというエピソードを持つ豪傑。昔の五月人形は清正の姿を模したものが多かった。「強い武将」の代表とされる清正だが、実はかなりの清潔好きで神経の細い一面も持っていた。

厠《かわや》に清正専用の高下駄を備え付け、それを履いて用を足していたのだ。下駄の高さは実に一尺（約三〇センチ）。

清正は痔だったという説もある。

福島正則

時代が変わっても豊臣への忠義を貫いた

出身　尾張国（現在の愛知県西部）
生没年　1561?～1624
享年　64

肖像画を見ると、目は大きく、眼光の鋭い武将であったことがうかがえる。下膨《しもぶく》れで骨太。

福島正則《ふくしままさのり》は、母が豊臣秀吉の叔母にあたる縁で、幼くして秀吉のもとで働く。賤ヶ岳《しずがたけ》（Ｐ１０８）をはじめ、秀吉の主要な合戦に数多く出陣。勇将の評価を欲しいままにする。

やがて加藤清正《きよまさ》（Ｐ１３４）同様、武断派《ぶだん》の筆頭として、文治派《ぶんち》の石田三《みつ》成《なり》（Ｐ１３８）と対立。関ヶ原《せきがはら》の戦い（Ｐ１１４）では東軍につき、宇喜多《うきた》秀家《ひでいえ》（Ｐ１４４）と戦った。

その功で安芸《あき》・備後《びんご》（広島県）五〇万石を得るが、直情すぎて豊臣への忠心を隠せなかったため、家康に警戒される。結局、信州（長野県）高井野《たかいの》四万石に移され、寂しい余生を送った。

七本槍の活躍が秀吉の天下取りを確実にした

賤ヶ岳の戦いで大活躍し、羽柴（のちの豊臣）軍の勝利を決定付けた秀吉近習《きんじゅう》の武将たちを「賤ヶ岳七本槍《しずがたけのしちほんやり》」と呼ぶ。なかでも福島正則は「一番槍」として最も武功をあげたといわれる。

他には加藤清正、加藤嘉明《よしあき》、脇坂安治《わきざかやすはる》、平《ひら》野《の》長泰《ながやす》、糟屋《かすや》武則《たけのり》、片桐且元《かつもと》。彼らは大幅に知領を加増された。

しかし秀吉の死後、正則同様、彼らのほとんどは徳川家に睨まれ、改封・減封の憂き目にあっている。

石田三成

豊臣政権の頭脳派リーダー。政治面で手腕を発揮する

column

秀吉に気に入られた三茶の機転

ある日、秀吉は寺に寄り、茶を求めた。するとし少年三成が、一杯目はぬるめ、二杯目は少し熱め、三杯目は熱め濃いめにつくったお茶を持ってきた。秀吉は三成の才気に感服し、早速召し抱えたという。

出身　近江国（現在の滋賀県）
生没年　1560～1600
享年　41

細面《ほそおもて》で額《ひたい》は隆起し、鼻筋は通っているが出っ歯であったことが遺骨から判明している。色白で目は大きく女のようであったとも伝わる。

政治のエキスパート。様々な肩書きを持っていた

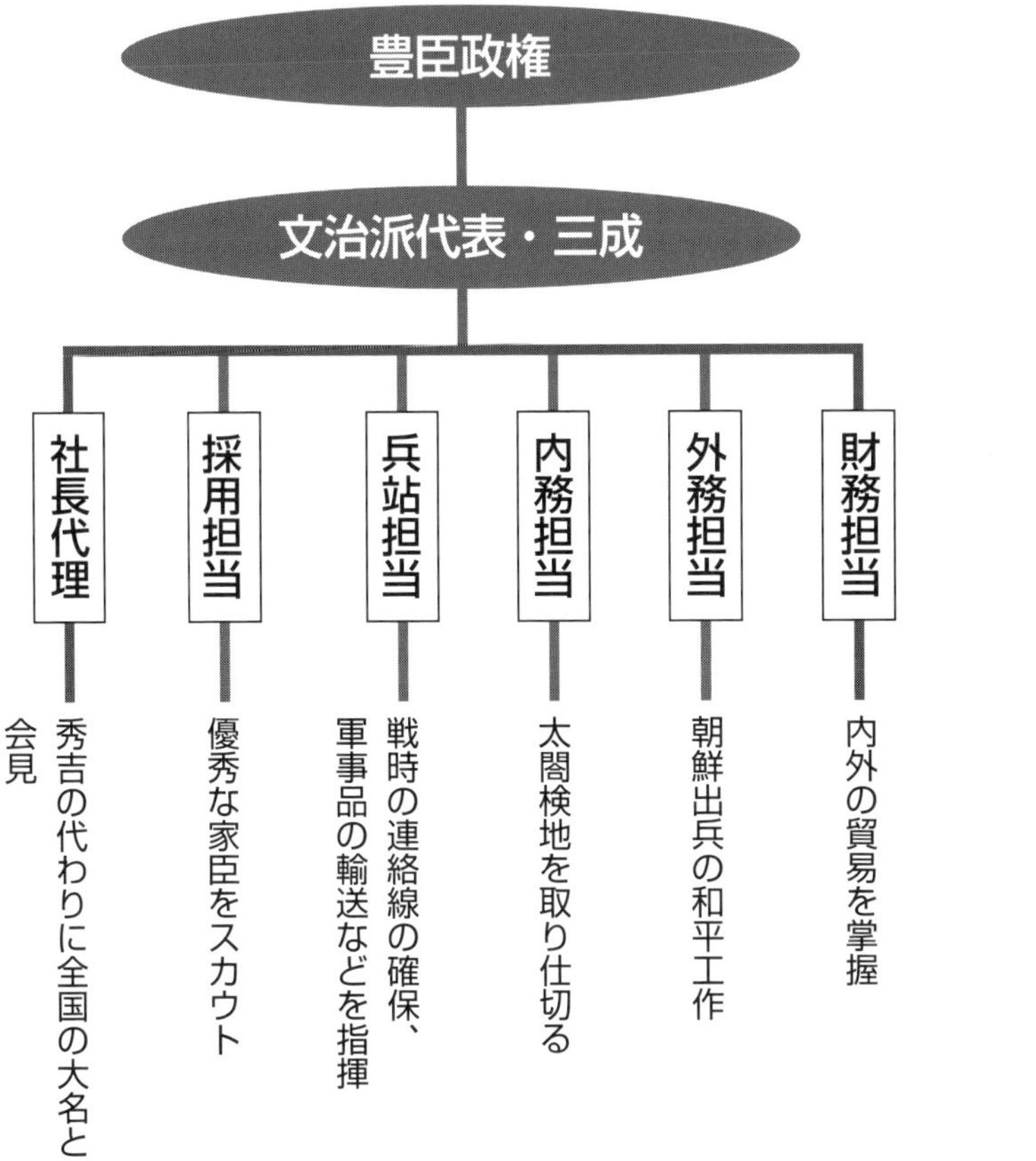
豊臣政権
文治派代表・三成
財務担当
内外の貿易を掌握
外務担当
朝鮮出兵の和平工作
内務担当
太閤検地を取り仕切る
兵站担当
戦時の連絡線の確保、軍事品の輸送などを指揮
採用担当
優秀な家臣をスカウト
社長代理
秀吉の代わりに全国の大名と会見

石田三成《みつなり》は近江《おうみ》（滋賀県）石田村で生まれ、長浜《ながはま》城主となった頃の羽柴（のちの豊臣）秀吉に小姓《こしょう》として仕えた。

豊臣政権の優秀な行政官として活躍。兵站《へいたん》を担当するなど、戦場を後方からよく支援した。自分の所領から半分を出して島左近《しまさこん》（Ｐ１６２）を召し抱えるなど、人材登用へのこだわりと気前のよさでも知られる。

前田利家《としいえ》（Ｐ１３２）の死後、徳川家康の専横を防ぐため、反家康派の諸将を集めて挙兵。関ヶ原《せきがはら》の戦い（Ｐ１１４）を起こしたが、一部の武将らの裏切りにより敗北。京の六条河原《ろくじょうがわら》で首を打たれた。

三成は殺される直前に柿をもらったが、痰《たん》の毒になるからと食べなかった。最期まで養生につとめ、打倒家康の大意を果たそうとしたと伝わっている。

本多忠勝

敵将までもが惚れる伝説の豪将。五七回戦って傷ひとつなかった

目を見張り、髭《ひげ》は長く、いかにも「豪将」といった印象の顔立ち。鎧の上から金の大数《おおじゅ》珠《ず》をたすき掛けしていた。

出身 三河国（現在の愛知の東部）
生没年 1548～1610
享年 63

三《み》河《かわ》（愛知県東部）で古くから松平《まつだいら》家（徳川家の祖先）に仕えた本多家に生まれ、若くして徳川家康に付き従う。通称を「平八郎《へいはちろう》」という。「蜻蛉《とんぼ》切《ぎり》」という長槍を愛用。姉川《あねがわ》（P96）や三《み》方ヶ《かたが》原《はら》（P98）で、武勇をもって頭角をあらわす。小《こ》牧《まき》・長久《ながく》手《て》の戦い（P110）では、五〇〇の兵で秀吉軍の八万の兵を食い止めた。

生涯で五七度の合戦に参加したが傷ひとつ負わず、「家康に過ぎたるもの」と敵将からも讃えられた。

しかし徳川家の政権が安定すると活躍の場を失い、桑名《くわな》で静かな余生を過ごす。

勝ち続けるため、愛用の槍の柄を3尺ほど切り捨てた

すべて武器は持つ者の力に応じて扱うもの……
老いたわしに長い柄は必要なし
ズバッ
理に適ったことは潔く実行
この柔軟性こそ五〇数戦不覚なしの一因だった

森蘭丸

才気煥発の小姓。信長と運命をともにした

1565〜1582

織田信長に古くから仕えた森可成《もりよしなり》（P27）の三男。元服《げんぷく》してからは「成利《なりとし》」と名乗ったが、一般的に幼名である蘭丸《らんまる》として知られる。父・可成が姉川の戦い（P96）ののちの志賀の陣で戦死したのち、兄や二人の弟とともに信長の側に置かれた。

ある日、信長に「障子を閉めてこい」と言われ、行ってみると障子は閉まっていた。だが蘭丸は一度障子を開け、わざと音を立てて閉めてから戻った。主君の勘違いだったと他者に思わせないための気配りであった。このように聡明さをうかがわせる逸話が数多く伝わる人物であり、信長から格別な寵愛《ちょうあい》を受けた。

本能寺の変（Ｐ１０４）の際、信長とともに戦って討死。二人の弟も運命をともにしている。武将として日の目を見ず、小姓《こしょう》として生涯を終えた。

蒲生氏郷

文武両道の大器。奥州で無念の死を遂げた

1556〜1595

近江《おうみ》（滋賀県）蒲生《がもう》郡の生まれ。父が織田信長に仕えたとき、その臣従《しんじゅう》の証として信長のもとへ送られ、小姓となった。聡明な氏郷《うじさと》を信長はいたく気に入り、娘の冬姫《ふゆひめ》をめとらせている。

信長の死後は豊臣秀吉に仕えた。各地で戦功を立て、会津《あいづ》に四二万石（のちに九二万石に加増）を与えられ、鶴ヶ城《つるがじょう》（会津若松城・P84）を築く。

茶道にも精通し、利休七哲《りきゅうしちてつ》に数えられた。また、キリシタンでもあり、レオンという洗礼名も持った。武勇に優れ、先進的な考えを持つ教養人でもあったが、四〇歳の若さで病死。

秀吉が氏郷に遠方の地・会津を与えたのは、「天下の大器」ともうたわれた氏郷の力量を恐れたから、という説もある。

身辺の世話から性の相手まで……小姓の仕事

●有力武将の側近となり出世していった武将たち

織田信長

蒲生氏郷
信長に娘をめとらされるほど気に入られていた。

前田利家
信長に「秘蔵っ子」と呼ばれた。

森蘭丸
万事に細やかな気配りを見せ、格別な寵愛を受けた。

武田信玄

高坂昌信《こうさかまさのぶ》
ふたりが取り交わした恋文が残っている（P149)。

上杉謙信

直江兼続
生涯妻帯しなかった謙信も、衆道は嗜んだ。

豊臣秀吉

石田三成
茶の出し方ひとつにも気をきかせ、寵愛を受けた。

徳川家康

井伊直政
鷹狩りの帰途、家康が一目ぼれし、召し抱えたという。

小姓とは、武将の身の回りの世話をした少年たちのことで、今でいう秘書的な役割を果たした。

秘書といっても、当時は戦国乱世であるから、危険が迫ったときは盾となって主君の身を守る役目も担っていた。そのため幅広い知識と一流の作法や武術を身につけた者でなければつとまらなかった。

また、当時は衆道《しゅどう》（男色《なんしょく》）を嗜《たしな》む武将も多かったので、その相手もつとめた。美童を侍らせることは武将のステイタスでもあったのだ。

大谷吉継

「あの世で会おう」三成との友情に殉じた

1559～1600

豊臣秀吉の小姓《こしょう》から出世した大谷吉継《おおたによしつぐ》は、賤ヶ岳《しずがたけ》の戦い（Ｐ１０８）で七本槍《しちほんやり》に匹敵する手柄を立て、敦《つる》賀《が》五万石の大名となる。

吉継はハンセン病を患い、面体を白い頭巾《ずきん》で覆っていたという。ある茶会で吉継が口をつけた茶碗を誰もが嫌い、飲むふりをするだけだったが、石田三成《みつなり》（Ｐ１３８）だけはその茶碗で飲んだ。以後、二人は無二の友になったという説も伝わっている。

三成に味方して臨んだ関ヶ原《せきがはら》の戦い（Ｐ１１４）では、小早川秀秋《こばやかわひであき》（P32）軍の隣に布陣。戦《いくさ》のさなか、裏切った小早川の大軍を何度も押し返すほどの奮戦を見せた。しかし多勢《たぜい》に無勢《ぶぜい》、自軍が崩壊に及ぶと「契《ちぎ》りあらば六《りく》の巷《ちまた》にしばし待ておくれ先立つことはありとも」との辞世の句を残し、自刃して果てた。

宇喜多秀家

豊臣への恩義を貫き流罪を甘受した

1572～1655

備前《びぜん》（岡山県南東部）の大名。父・直家《なおいえ》の死後家督を継いだ。織田信長の命によって中国地方を攻めていた羽柴（のちの豊臣）秀吉に従い、以後忠実な配下となる。

秀吉の天下統一にともなう数々の戦いにおいて活躍。第一回朝鮮出兵（P37）では大将をつとめ、のちに五大老の一人にまで上った。

秀吉の死後、関ヶ原の戦いが起こると一万七〇〇〇の大軍を擁して西軍に加勢。戦場では主力部隊として、東軍の福島正則《ふくしままさのり》（Ｐ１３６）隊と交戦した。

関ヶ原ののち、宇喜多《うきた》家は徳川家康によって所領を取り上げられた。死罪だけは免れた秀家《ひでいえ》は、伊豆諸島の八丈島《はちじょうじま》へ流された。以後、八三歳で死ぬまで五〇年もの歳月を流人として過ごした。

武将たちの運命を分けた関ヶ原。写真は石田三成陣地跡。（写真提供：上野哲弥）

藤堂高虎

寄らば大樹の蔭……時勢を見極め生き残る

1556～1630

高虎《たかとら》は近江《おうみ》（滋賀県）の土豪で、浅井長政《あざいながまさ》（P62）に仕える家に生まれた。

浅井家の滅亡後は、信長の甥《おい》である織田信澄《のぶずみ》、豊臣秀吉の弟・秀長《ひでなが》（P176）に仕えた。

秀長の死後、一時高野山《こうやさん》に入って出家したが、それまでの働きを知った秀吉に取り立てられ、中国攻め、賤ヶ岳の戦いなどに従軍。七万石の大名に出世した。

秀吉の死後、次の天下人は徳川家康と見極め、急速に家康に接近した。

関ヶ原の戦いが起こると、迷いなく東軍に従い、その功により伊勢二〇万石の大名となる。

何度も主君を変えたことで有名だが、徳川家には忠義を尽くし、信頼された。加藤清正《きよまさ》（P134）に並ぶ築城《ちくじょう》の名人でもある。

服部半蔵

忍者集団を率いて家康を命がけで守った

1542〜1596

服部《はっとり》家初代の保長《やすなが》（通称・半蔵《はんぞう》）は、伊賀出身の忍者とされ、十二代室町将軍・足利義晴《あしかがよしはる》（Ｐ20）に仕えたが、出奔《しゅっぽん》して三河《みかわ》（愛知県東部）にたどり着き、松平清康《きよやす》（徳川家康の祖父）に仕えたという。

家康の代になると、子の正成《まさなり》が家督を継いで二代目・半蔵を名乗る。世間に知られる「服部半蔵」とは、この二代目。父の代からの伊賀同心《いがどうしん》という忍者集団を束ねつつ、自身は姉川《あねがわ》（Ｐ96）や三方ヶ原《みかたがはら》（Ｐ98）で武士として戦功を重ねた。

本能寺の変（Ｐ１０４）の際、追手に狙われる家康を、堺から伊賀を通る「伊賀越え」ルートで警護し、三河へ無事に脱出させたといわれている。

のちに江戸城の門外に屋敷を与えられ、城の警備を担当。その門は半蔵門と呼ばれ、現在に残っている。

滝川一益

秀吉に過小評価された織田四天王の一人

1525〜1586

滝川一益《たきがわかずます》は、織田信長が尾張《おわり》（愛知県西部）を統一した頃に仕え、戦で功を立て、織田四天王の地位を得た。

武田家（Ｐ48）が滅ぶと、上野《こうずけ》（群馬県）と信濃《しなの》（長野県）の一部を与えられ、関東方面の総司令官となる。

信長が本能寺の変で討たれると、それに乗じて攻め寄せた北条《ほうじょう》軍（Ｐ44）と戦うが、支え切れず敗走。このため羽柴（のちの豊臣）秀吉から軽く扱われ、織田家中における一益の地位は急落。

賤ヶ岳《しずがたけ》の戦い（Ｐ１０８）や小牧《こまき》・長久手《ながくて》の戦い（Ｐ１１０）でも挽回はならず、秀吉から越前《えちぜん》（福井県東部）に三千石を与えられ、静かな余生を過ごした。

一益は甲賀《こうか》出身という説があり、もとは忍者だったともいわれるが、その出自は不明のままである。

戦国の影の軍団〝忍者〟の活躍

忍者はこうして発生した

①商品流通の要、鈴鹿峠を狙う盗賊集団として発達

伊賀と甲賀はともに寒村。厳しい生活を強いられた彼らは鈴鹿峠を通る商人を襲うようになる。

②全国の戦国大名のもと、スパイ集団として働く

彼らの能力に目をつけた各地の戦国大名のもと、活動が組織化されていく。ここに忍者が誕生。

上杉謙信
「薬売り」忍者
「薬売り」の集団を使う
織田信長
「鷹狩り」忍者
「鷹狩り」の集団を使う
武田信玄
「巫女」忍者
「巫女」の集団を使う
毛利元就
「旅芸人」忍者
「旅芸人」の集団を使う
甲賀者
鈴鹿峠
伊賀者

戦《いくさ》の表の存在が武士ならば、忍者は戦を裏で操り、有利に導く影のような存在。仕事は敵地に潜伏しての情報収集、破壊活動、調略、暗殺など多岐にわたる。

そのルーツは伊賀や甲賀の豪族で、彼らも戦国の世を生き抜くために、各地の大名と関わりを持つことになる。

徳川家の服部半蔵や北条家の風魔《ふうま》小太郎《こたろう》のように大名家に仕えて活躍した者がいた一方、百地《ももち》丹波《たんば》のように忍者集団の頭目として独自に活動した者もいた。

山内一豊

三人の天下人に仕え 地道に出世した愛妻家

1546～1605

山内一豊《やまうちかずとよ》は、その妻・千代《ちよ》（のちの見性院《けんしょういん》）が夫の大事のために嫁入り金で名馬を買い、出世の手助けをしたという「内助《ないじょ》の功《こう》」で知られる。

尾張《おわり》（愛知県西部）に生まれた一豊は、織田信長に仕え、豊臣秀吉の与力《よりき》（大名や有力武士に従う下級武士）として活躍。関ヶ原の戦い（P114）では東軍に与《くみ》し、徳川家康に「居《きょ》城《じょう》・掛川城を差し出す」と宣言。忠誠を誓った。

東海道筋の周辺勢力も一豊にならい東軍に城を領けた。この事実が評価され、土佐《とさ》二〇万石を得た。

現在の高知の街の原型をつくった。
（写真提供：上野哲弥）

細川藤孝

室町幕府出身の文化人。時流を読む力に長けていた

1534～1610

細川藤孝《ふじたか》は和歌や茶道に通じ、当代随一の文化人であった。剣術や弓術にも長《た》け、子の忠興《ただおき》（P27）ともども文武両道の将として名を残した。

藤孝は、京の幕臣の家に生まれ、名門・細川家の養子となり、家督を継ぐ。

第十三代室町将軍・足利義輝《あしかがよしてる》（P20）が三好《みよし》三人衆（※）や松永久秀《まつながひさひで》（P22）に暗殺されると、義輝の弟・義昭《よしあき》を保護。信長が義昭を奉じて入京する（P21）とこれに従い、のちに義昭と信長が対立したときは、義昭を見限って信長に恭順《きょうじゅん》した。

本能寺の変（P104）が起こると、明智光秀《あけちみつひで》（P130）に再三の協力要請を受けるが、これを拒否。光秀敗北の一因をつくった。その後は秀吉、家康に仕え、時流に抗《あらが》うことなく巧みに生き抜いた。

※三好家（P81）家臣・三好長逸《ながやす》、石成友通《いわなりともみち》、三好政康《まさやす》の3人

本多重次

不器用なほど剛直な家康の教育係兼参謀

1529〜1596

通称を作左衛門《さくざえもん》といい、その厳格な性格から「鬼作《おにさく》左《ざ》」とも呼ばれた。幼くして徳川家康の祖父松平清康《まつだいらきよやす》に仕え、のちに家康の教育係となり、参謀も兼ねた。徳川家の行政を預かる三河三奉行の一人として活躍。法にも人にも厳しかったが、仕事は清廉で公平だった。また、軍事面でも一向一揆（P18）の平定戦などで手柄を立てた。

あるとき、家康が秀吉に臣従《しんじゅう》を誓うため、上洛することになった。その交換条件として、秀吉の母・大政《おおまん》所《どころ》（P32）が家康のもとに人質としてやってくる。重《しげ》次《つぐ》はその世話役を命ぜられたが、家康の無事の帰還を願うあまり、脅すような態度で大政所に接した。のちにこの事実が知れると、怒った家康に蟄居《ちっきょ》を命じられてしまう。どこまでも剛直な武将であった。

column

家族への手紙からラブレターまで名将たちが残した手紙

「一筆啓上《いっぴつけいじょう》　火の用心　お仙《せん》泣かすな　馬肥《こ》やせ」本多重次は長篠《ながしの》・設楽《したら》原《がはら》の戦い（P100）の陣中から妻に宛ててこの手紙を書いた。お仙は重次の子どもの名。これ以上ないほど簡潔で的を射た名文として知られている。

戦国武将が書いたとされる手紙は他にも多数残っている。織田信長は、秀吉の浮気癖を嘆いた正室・おね宛に「あなたはいい女なのだから、禿《は》げ鼠《ねずみ》（秀吉）のすることなど気にされるな」と優しくなぐさめる手紙を残している。

また、武田信玄は恋人関係にあった高坂昌信《こうさかまさのぶ》に「私はあなた以外の男に興味を持ったことがない」といった熱烈な恋文をしたためている。

飾り気のない言葉で綴《つづ》られたこれらの手紙からは、伝承上の武将のイメージとはまた違った一面が見られて面白い。

丸岡城（福井県）にたつ本多重次一筆啓上碑
（写真提供：上野哲弥）

もっと知りたい戦国時代4

腹が減っては戦はできぬ……武将の食生活

戦国のころから、一日三食制に移行。現代のように副菜が豊富でないため、米をたっぷり食べた。その量は一人あたり一日五合だから、茶碗に十杯ほど。日頃は白米ではなく、玄米や麦飯だった。おかずは大根やゴボウなどの野菜、漬物、味噌、納豆、梅干など。当時は仏教の影響で肉食を嫌う人も多かったが、武士たちは精をつけるために鳥肉や魚を好んで食した。

ただし、これらは大名や上級武士の話で、下級武士や庶民は朝晩とも雑炊で済ませる者が多かった。飯を炊くときも、米に豆や大根の葉、アワ、ヒエなどを混ぜたという。よくて一汁一菜だった。

合戦の際は、将兵にご馳走をふるまう大名もいた。上杉謙信《うえすぎけんしん》（P54）は「お立ち飯」として、白米や山海の珍味を揃えた。豊臣秀吉も、道中の村々に金をばらまき、握り飯を用意させて兵に与えた。戦場では炊きたての白米が与えられたので、喜ぶ兵も多かったという。

粗食とはいえ、現代の視点で考えると健康食の一面もあり、七〇～八〇歳まで生きた人物も少なくない。

名将の好物

信長は一日五〇グラムの塩をとった？

信長は塩っ辛い味付けが大好きで、好き嫌いも激しかった。南蛮風《なんばん》のものも口にはしたが、それは単に珍しがって口にしただけであって特別好きなわけではなかった。塩の摂取量は一日なんと五〇グラム。現代人の一日の平均の塩摂取量は十二グラム。実に四倍もの塩分をとっていた。

秀吉は虎の塩漬けを食べて精力を増強した？

妻・おねが嫉妬に狂うほど、秀吉

●戦時の携帯食

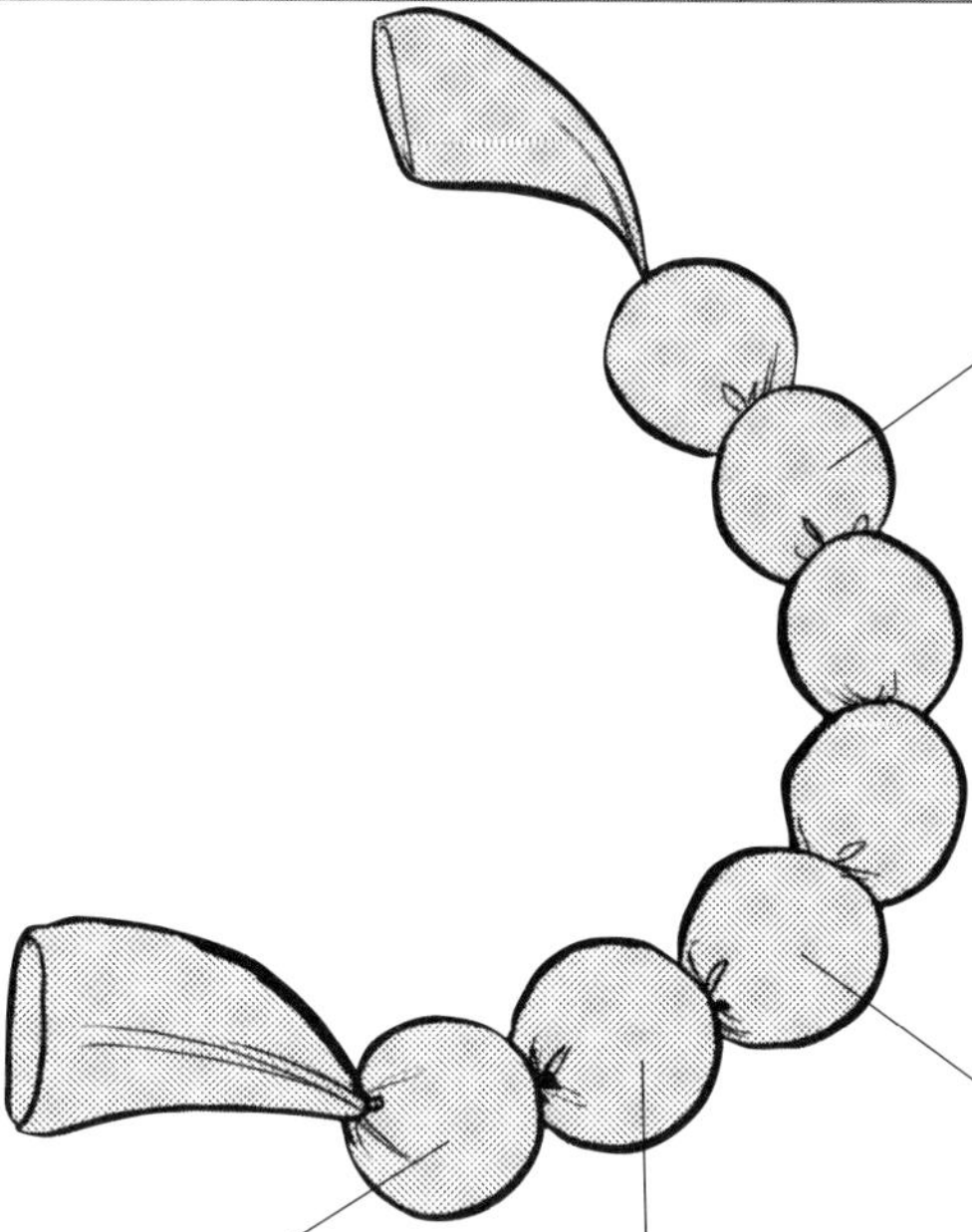

戦場のウエストポーチ「打違袋」

戦時、兵士は腰に「打違袋《うちかい》」という細長い袋に、握り飯、味噌などを少しずつ入れてはねじり、入れてはねじりしたものを巻きつけ、緊急時でも食にありつけるようになっていた。とくに味噌は調味料にも汁にも使える食材としてこの時代に発展した。

干飯《ほしいい》

一度炊いたご飯を洗って粘り気を取り、そのまま乾燥させたもの。胃のなかで膨らむので、空腹を紛らわすのにはぴったりだった。

味噌

大豆をすり潰し、麹《こうじ》をまぜたものを布に包んで行軍。何日かすれば味噌が出来上がっている。戦場の貴重なたんぱく源となった。

握り飯

握り飯を焼き、塩をつけたものが、食べやすく力も出る、と戦場では大人気だった。打違袋の中身として最もメジャーな食べ物。

の女遊びは激しかった。晩年になっても勢いは衰えず、虎の塩漬けが精力増強剤になると聞けば、早速虎を獲《と》らせて食した。

　朝鮮出兵（Ｐ37）の際、加藤清正（Ｐ134）が虎退治をしたのは、「虎肉を獲ってよこせ」と秀吉に命じられたためだったという話もある。

家康の死因はテンプラの食べすぎだった？

　家康にはグルメな一面もあった。ある日、鯛《たい》をごま油で調理したものが京で流行っていると聞きつけた家康は、早速料理人につくらせた。それがあまりにもおいしくてついつい食べすぎ、翌日ひどい腹痛を起こして寝込んでしまった。一説には、これが家康の死因だったともいわれている。

上戸は名将の条件？ 武将の酒の飲み方

娯楽の少ない戦国時代、酒は現代以上にあらゆる場面で利用され、朝晩の区別なく飲まれた。

当時、すでに醸造《じょうぞう》技術が進み、濁り酒から清酒まで様々な酒が出回っていた。

宣教師ルイス・フロイスが、「西洋では酒を冷やすが、日本では酒を温める」と国に報告しているように、燗酒《かんざけ》が好まれた。

豊臣秀吉は、死の半年前に開催した「醍醐《だいご》の花見」で全国の銘酒を献上させた。九州の焼酎、琉球の泡盛や、海外からワインも取り寄せたという。

「酒は飲め飲め、飲むならば…」で知られる黒田節は、戦国きっての大酒飲み、母里太兵衛《もりたへえ》に由来する。太兵衛は、福島正則《まさのり》（P136）に勧められた数杯の大杯を一気に飲み干し、正則が秀吉から拝領した名槍「日本号」を飲み取った。酒の強さは武士の誉《ほまれ》でもあったようだ。

ただ、本多忠勝《ただかつ》（P140）の次男、忠朝《ただとも》のように、酒に酔って戦《いくさ》に敗れ、身を滅ぼした人物も多かった。また、飲みすぎて体を壊し、早死にした者も少なくない。飲みすぎに用心しなければならないのは、昔も今も変わらぬようである。

戦国版 酒の席でのマナー

目上の人に酒を勧められたら何がなんでも飲むべし

主人に注がれた酒はどんなに酔っていようと、下戸《げこ》であろうと、絶対に飲み干さなければならなかった。織田信長はよく大杯に酒を注ぎ、下戸の明智光秀《あけちみつひで》に無理矢理飲ませたりしていた。これが本能寺につながったという説もある。

酒を辞退するのは一杯または三杯飲んでから

訪問先で酒を出された場合、全く手をつけないのは許されない。少なくとも一杯は飲んでから辞退するのがマナー。もしもっと飲むのなら、三杯目まで飲むこと。二杯目でやめるのは戦場で敵将の首を弔《とむら》う儀式・首実検《くびじっけん》のときだけ。

●戦国武将酒飲みグラフ

大酒飲み

普通

全く飲めず

上杉謙信

大の酒好きで、馬上でも常にどんぶりのような杯で酒を飲んでいた。いくら飲んでも平常心を保っていた。

織田信長

酒盛りが大好きで、ことあるごとに家臣を集めて宴会を開いた。酔うと平時にも増して気性が荒くなったという。

徳川家康

酒には強かったが平時から健康に気を使っていたため、飲みすぎることはほとんどなかった。

豊臣秀吉

量は飲まなかったが、酒自体は好きだったようだ。酔うと陽気になり、周りの人々を楽しませたという。

毛利元就

祖父、父、兄をいずれも酒の害で亡くしているためかほとんど酒を飲まなかった。飲んでもお猪口《ちょこ》に1、2杯。

第四章

合戦の影の指揮者、軍師。主君の頭脳となり軍を動かした彼らは、地味だが確実に戦場を彩る存在であった。その生き様に迫る。

勝敗を左右した、軍師たちの知恵と策略

山本勘助

信玄を助けた伝説の策士。劣等感をバネに戦術を研究

軍師能力DATA
武勇
戦略
主君からの信頼
政治力
柔軟性
野望

生没年　?～1561
肌は荒れ、片目はつぶれ、足も不自由。色黒で小柄。全身傷だらけ。信玄も驚いたという。

山本勘助《やまもとかんすけ》の出身地は三河《みかわ》（愛知県東部）とも駿河《するが》（静岡県中央部）ともいわれている。若い頃から諸国を放浪、兵法や築城術《ちくじょうじゅつ》を学ぶ。今川義元《いまがわよしもと》（P66）に仕えようとしたが許されなかった。

その後、武田信玄《たけだしんげん》（P50）に才を買われて仕官。政略・軍略両面で様々な献策《けんさく》をする。しかし、川中島《かわなかじま》の戦い（P90）で啄木鳥《きつつき》戦法（左上図解）を上杉《うえすぎ》謙信《けんしん》（P54）に見破られ、味方を危機に陥れたことに責任を感じ、自ら敵中に斬り込んで、果てた。

こうした彼の活躍は、確かな資料にはない。実在したのは事実だが、その人物像は未だ謎に満ちている。

●勘助が考案したと伝わる「啄木鳥戦法」

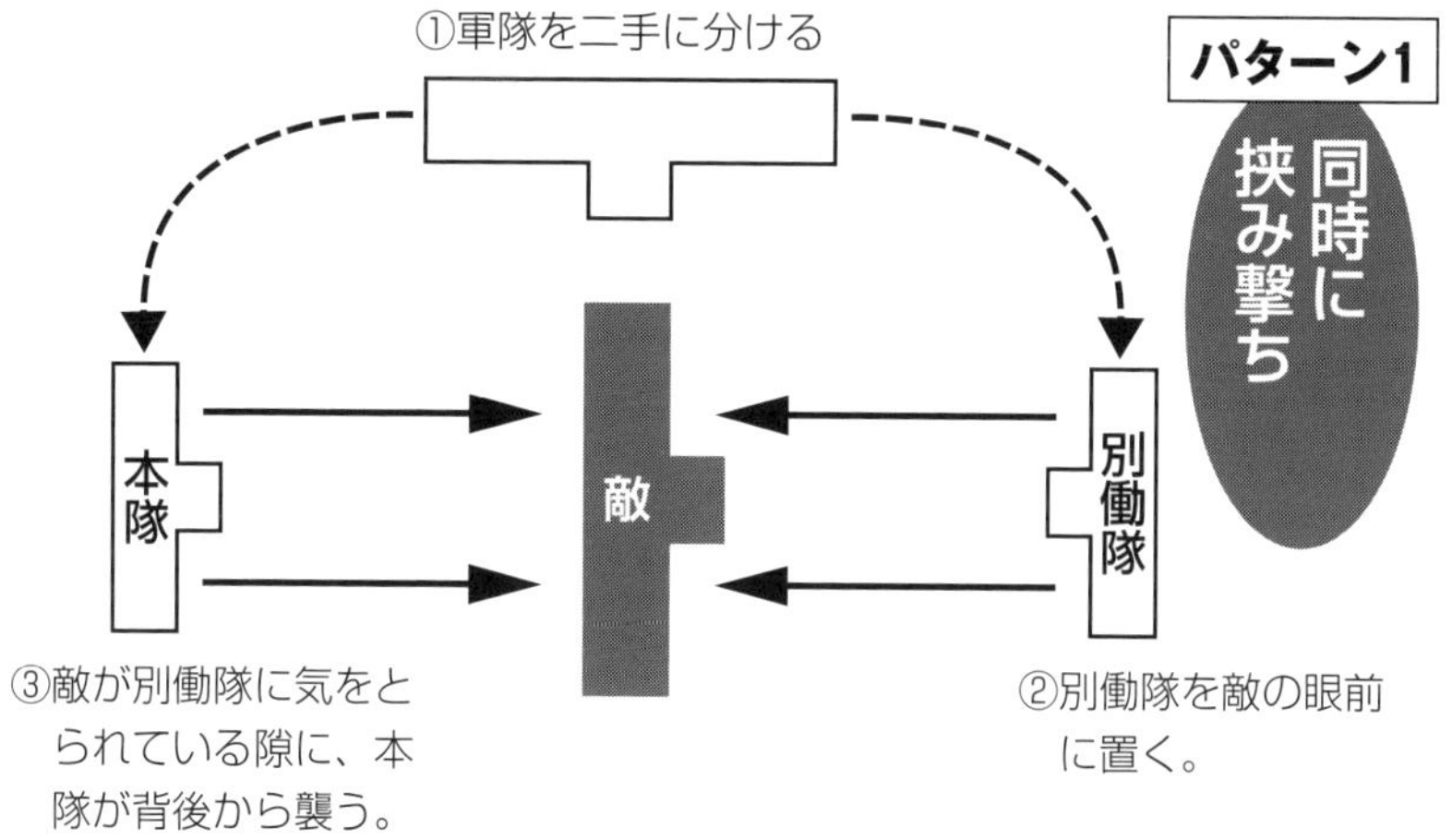
パターン1
同時に挟み撃ち
①軍隊を二手に分ける
本隊
敵
別働隊
③敵が別働隊に気をとられている隙に、本隊が背後から襲う。
②別働隊を敵の眼前に置く。

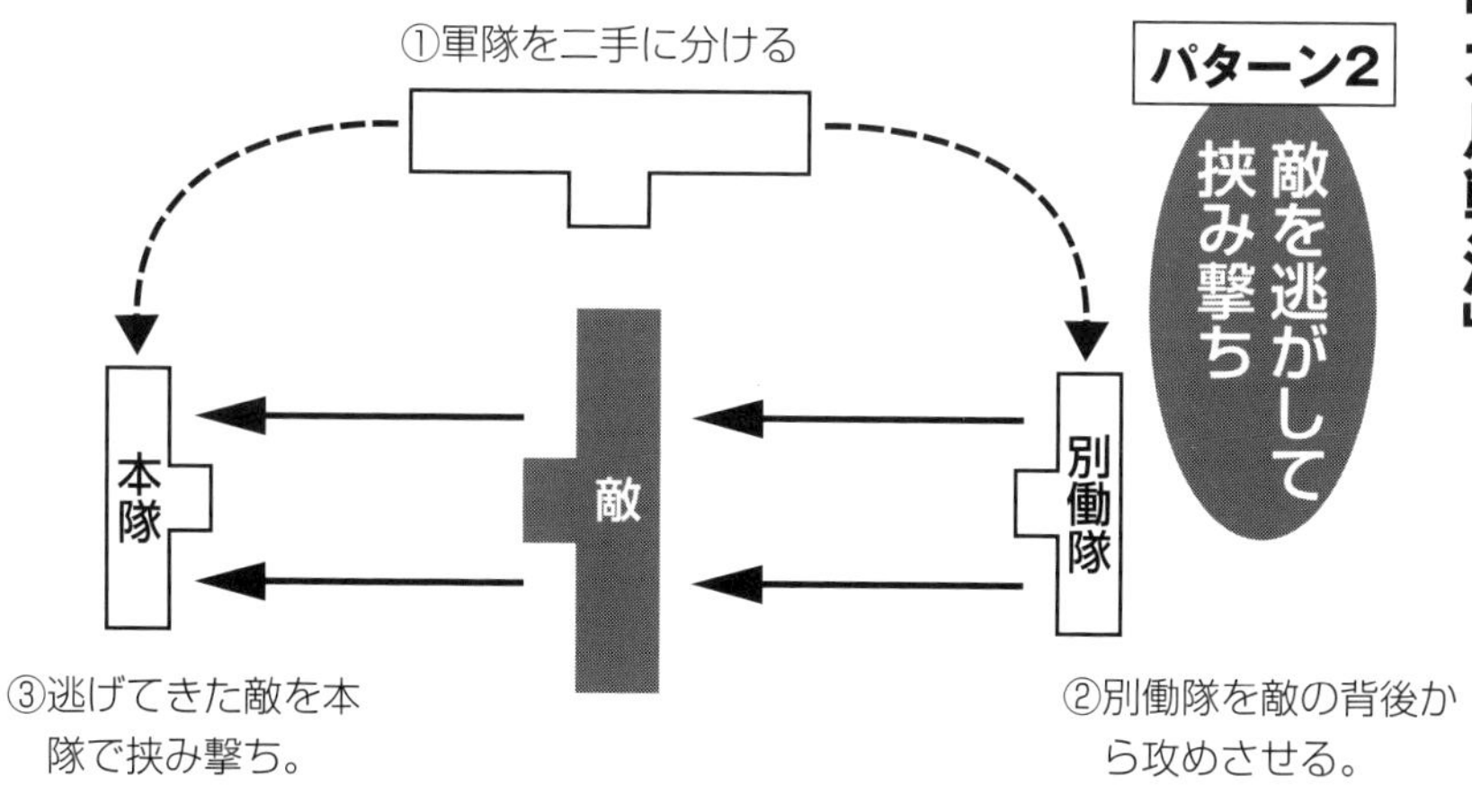
パターン2
敵を逃がして挟み撃ち
①軍隊を二手に分ける
本隊
敵
別働隊
③逃げてきた敵を本隊で挟み撃ち。
②別働隊を敵の背後から攻めさせる。

column

勘助は「ヤマカン」の語源？

「ヤマカン」という言葉には「計略で人をだます」という意味がある。もともとは啄木鳥戦法などを考えた謀略家・山本勘助の名前を縮めたものという説もある。

戦国時代由来の言葉は他にもある。

伊達《だて》政宗《まさむね》（P58）は派手好きで人目をひく格好をしていた。これにちなんで派手に飾り立てる人を「伊達《だて》者《もの》」と呼ぶようになった。

また小田原合戦（P112）で北条《ほうじょう》家（P44）が進退を決めかねて結論を出せなかったことから、いつまでも決まらない会議を「小田原評定《ひょうじょう》」と呼ぶ。

竹中半兵衛

秀吉の天才軍師。冷静で無欲恬淡《てんたん》、知略に優れる

美濃《みの》（岐阜県南部）斎藤家（P64）に仕えた竹中重元《しげちか》の子。本名は重治《しげはる》。

半兵衛が竹中家を継いだ頃、美濃は織田信長の侵攻を受けていた。斎藤軍は半兵衛の策で、織田軍を何度も撃退する。あるとき、半兵衛は当主・龍興《たつおき》に失望し、わずか十六人の手勢で城を乗っ取るが、自ら国をおさめる野心はなく、城を返して隠遁《いんとん》する。

斎藤家が滅亡すると、信長に仕官。以後、羽柴（のちの豊臣）秀吉の与力《よりき》（有力武将や大名につく下級武士）として働くが、播磨《はりま》三木《み き》城の包囲中、病死。「戦場で死ぬことこそ武士の本望」と戦場に立ち続けた。

●人と違った発想をして理に適った行動をとった

冷静な観察眼 ＋ 論理的思考力

↓

抜群の発想力

人が思いつかない行動をとる

①安価な馬を好む

馬は緊急時に乗り捨てて逃げられるようなものがよい、といって高価な馬を好まなかった。

②他人と違う向きに刀を置く

刀は柄を並べて置くのが基本。しかし、暗所で自分の刀を判別できるよう逆向きに置いた。

③あえて遠回りとなる道を選ぶ

重い石は、持ち上げるより、遠回りでも山肌に沿わせて運ぶほうが力はいらないと説いた。

軍師能力DATA

生没年

1544？～1579

色白で優しい顔立ち、加えておとなしい性格。斎藤家に仕えていた頃、同僚に「女のようだ」といわれていた。

column

半兵衛と官兵衛 対照的な性格の ふたりの軍師

秀吉の二大軍師「両兵衛」または「二兵衛」として知られる竹中半兵衛と黒田官《かん》兵衛《べえ》（P160）。かなり対照的な性格だった。

ある日、官兵衛は「秀吉公は領地を増やすと約束したのに、未だもらっていない」と奉書を見せながら愚痴をこぼした。

すると半兵衛はいきなりその奉書を破いてしまった。唖然とする官兵衛に、半兵衛は「功は立ててすぐ忘れるものだ」と説いたという。

無欲な半兵衛と、野心家・官兵衛の性格がよくあらわれたエピソードである。

黒田官兵衛

稀代の謀将。秀吉に仕えながらも天下を夢見続けた

生没年
1546～1604
33歳の頃に1年間幽閉生活を送り、足を悪くし、頭にはカサブタが多数できてしまった。

播磨《はりま》（兵庫県南西部）姫路の小大名・小寺《こでら》氏に仕えていた黒田家の嫡男。本名は孝高《よしたか》。出家後は如水《じょすい》ともいう。

織田信長が畿内《きない》に勢力を振るうと、官兵衛は早くから従った。その後は竹中半兵衛《はんべえ》（Ｐ１５８）と並ぶ羽柴（のちの豊臣）秀吉の参謀として力を尽くす。

秀吉の死後は豊後《ぶんご》（大分県）で静かに時を過ごすが、関ヶ原《せきがはら》の戦い（Ｐ１１４）が起こると兵を集め、豊後の諸城を攻め落とし、天下取りへの野望を見せた。しかし、関ヶ原本戦が一日で終わったため、徳川家康に城を渡し、福岡にて隠居生活を送った。

官兵衛の一言が秀吉に天下取りを決意させた

本能寺で信長が討たれたことを知りショックを隠せない秀吉
……
それを官兵衛は冷静に見つめる
今、我が主君が光秀を討てば
わしの天下取りに近づく‼
殿!
今こそ天下取りの好機ですぞ
……
秀吉は京都へ急ぎ信長の仇を取った天下人秀吉の第一歩である
ドドッ
ドドッ
しかし官兵衛の心に潜む野望を見破った秀吉は以後彼を警戒し次第に遠ざけるようになる…

「中国大返《ちゅうごくおおがえ》し」(P106)の裏には、官兵衛の天下取りへの野望があった。秀吉はそれを見抜いていたが、助言に従った。

秀吉は日頃から石田三《みつ》成《なり》(P138)に「官兵衛に隙を見せては地位を奪われる」と語っていた、という話もある。

官兵衛は秀吉の天下取りに大きな功績を残したが、九州・豊前《ぶぜん》(福岡県東部)十二万石の大名以上には出世しなかった。

秀吉に智謀を恐れられ、政治の中心から外されてしまったからとも伝えられている。

島 左近

「三成に過ぎたる」勇将。戦下手の主君を助け続ける

大和《やまと》（奈良県）の国人《こくじん》の家系に生まれた島左近《しまさこん》は、本名を清興《きよおき》という。当時の大和は諸大名が激しく争っていたが、左近はそのなかで頭角をあらわした。

やがて戦乱を離れ、近江《おうみ》（滋賀県）に浪人していた頃に石田三成《みつなり》（P138）と出会い、高禄で召し抱えられる。「三成に過ぎたるもの」とうたわれたほど、彼の武名は轟《とどろ》いていた。

関ヶ原の戦い（P114）前日には、自軍の士気を高めるため、少数精鋭で東軍に攻撃を仕掛け、見事勝利した。

関ヶ原本戦でも奮戦を見せるが、惜しくも討死。その勇猛ぶりは東軍諸将を恐怖させ、後々まで語り継がれた。

●状況判断に優れた左近の主君・三成への助言集

秀吉・利家の死後

「豊臣最大の敵、徳川を暗殺すべきです」 ➡ 聞き入れられず、三成は窮地に陥る

武断《ぶだん》派の諸将に嫌われた三成では、武功も地位も兼ね備えた家康にかなわないと説いたが三成は聞き入れなかった。

武断派による三成襲撃事件時

「家康の家に逃げ込めば、あるいは助かるかもしれません」 ➡ 三成、これに従い九死に一生を得る

武断派は三成暗殺をはかるが、失敗。武断派からも一目置かれている家康の屋敷に逃げ込むという作戦で一命をとりとめる。

関ヶ原の合戦前夜

「東軍に勝つには夜討ちしかありません」 ➡ 聞き入れられず、西軍敗退

数、情勢ともに圧倒的に不利な状況に立つ西軍。夜討ちでもしなければ道は開けない、と進言するも却下。翌日左近は戦死を遂げる。

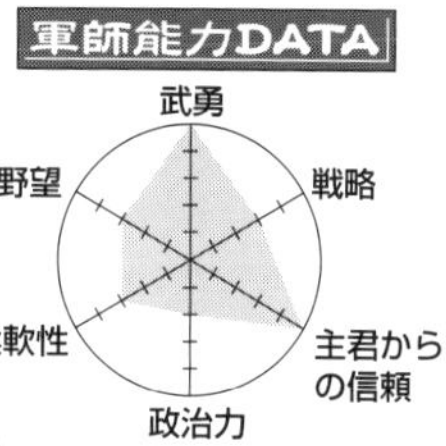

軍師能力DATA
武勇
戦略
主君からの信頼
政治力
柔軟性
野望

生没年
？～1600
彼の肖像画は現代に伝わっていないが、丸坊主で、筋《きん》骨隆々《こつりゅうりゅう》だったらしい。

column

「左近」は官職名。武将たちの名前の由来

戦国時代、官職はもはや有名無実化していたが、それを名前に付けることは、一種のステイタスシンボルになっていた。

宮中警備の役目を持った「左近《さこん》」「右近《うこん》」「〜兵衛《べえ》」を付けた武将には、島左近、竹中半兵衛《たけなかはんべえ》、黒田官兵衛《くろだかんべえ》などがいる。

また、治安維持の役割を持った「弾正台《だんじょうだい》」を名前に付ける武将も多かった。織田信長は一時期、織田弾正《だんじょうの》忠《ちゅう》と名乗っていた。他にも松永《まつなが》弾正久秀《ひさひで》、高坂《こうさか》弾正昌《まさ》信《のぶ》などがいる。

真田幸村

「日本一の兵《つわもの》」。心静かに闘志を燃やし壮絶な最期を遂げる

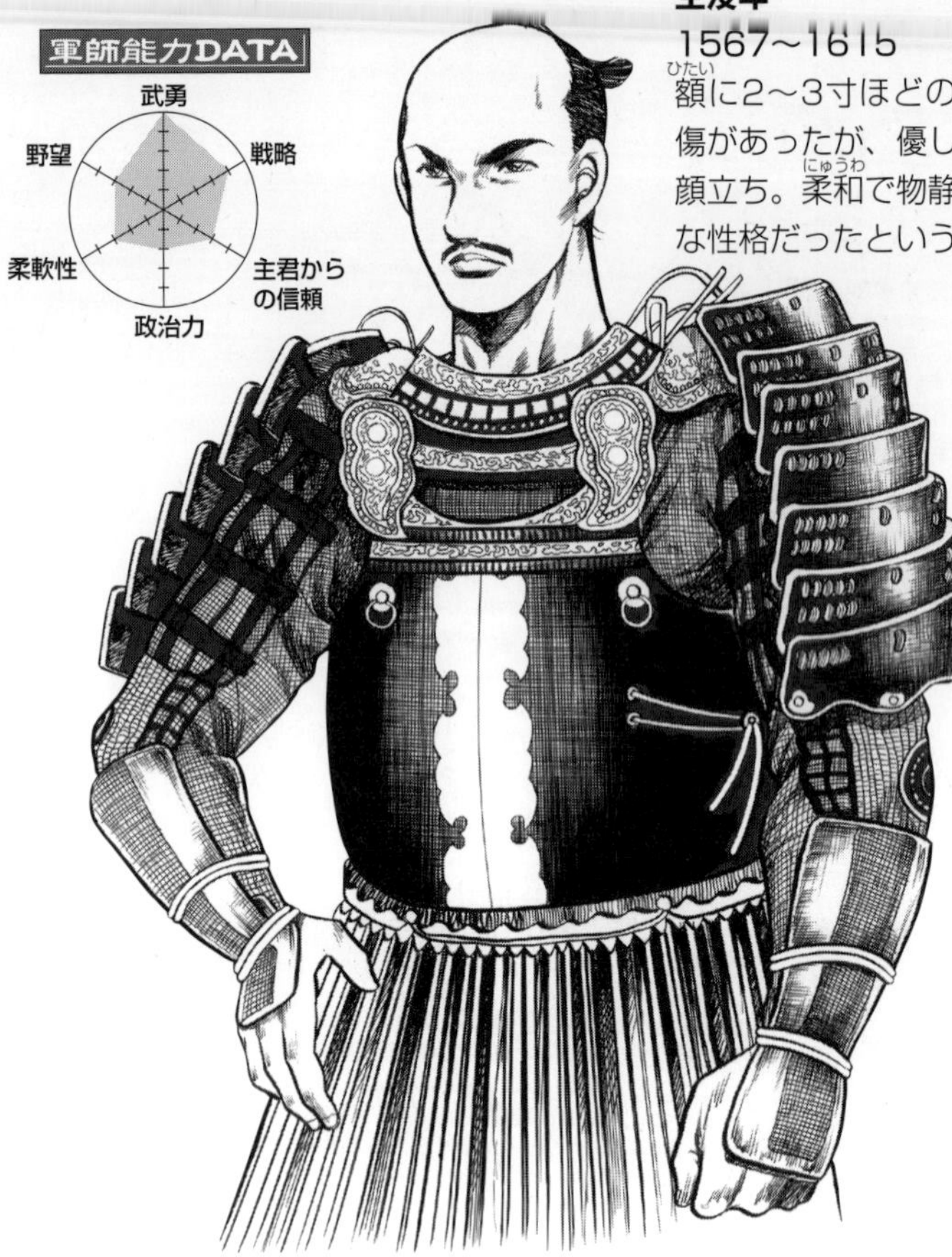
軍師能力DATA
武勇
戦略
主君からの信頼
政治力
柔軟性
野望

生没年
1567〜1615
額《ひたい》に2〜3寸ほどの刀傷があったが、優しい顔立ち。柔和《にゅうわ》で物静かな性格だったという。

武田《たけだ》信玄《しんげん》（P50）の腹心、真田《さなだ》昌幸《まさゆき》の次男として誕生。本名・信《のぶ》繁《しげ》。武田家滅亡後は信州（長野県）上田に移った。小大名の真田家は生き残りをかけて上杉《うえすぎ》（P52）、北条《ほうじょう》（P44）、徳川と主を変え、幸村《ゆきむら》も人質として各大名家を転々とする。

関ケ《せきが》原《はら》の戦い（P114）では上田に徳川秀忠《ひでただ》の大軍を迎え、撃破するが、本戦で西軍が敗れ紀州（和歌山県）に流される。

大坂の陣（P118）には、豊臣家の招きに応じて参戦。徳川軍を悩ませ、戦場の露と消えた。諸将は彼の遺《い》髪《はつ》をこぞって取り合ったという。

家康に自決を覚悟させるほどの奮戦を見せた

一六一五年
大坂夏の陣
幸村の陣は
壊滅的な打撃を
受けていた
もはやこれまでか……
徳川本陣への
突撃あるのみ
強行突破した幸村は十倍もの敵勢を
大いに乱すほどの大奮闘を見せた
家康も恐れをなし幾度か自決を覚悟
するほどであったという
かかれーっ!!
激闘ののち力尽きて戦死
しかし幸村の勇姿は
「日本一の兵」の称号とともに
後世まで伝わることになる

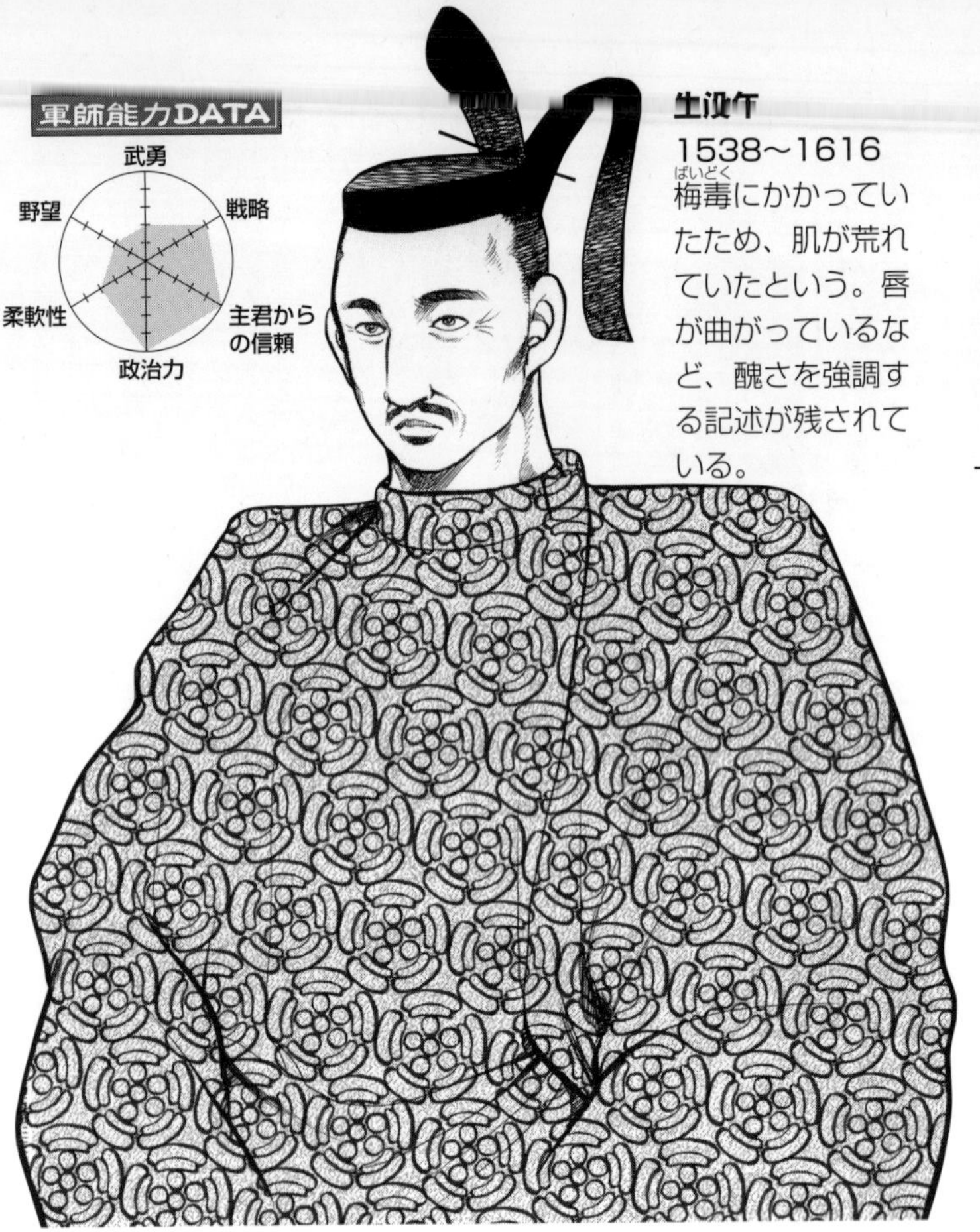

軍師能力DATA
武勇
戦略
主君からの信頼
政治力
柔軟性
野望

生没年
1538～1616
梅毒《ばいどく》にかかっていたため、肌が荒れていたという。唇が曲がっているなど、醜さを強調する記述が残されている。

本多正信

常に家康の側近くに控え
政治面から江戸二六〇年の基礎を固めた

三河《みかわ》（愛知県東部）出身の本多《ほんだ》正信《まさのぶ》は鷹匠《たかじょう》として徳川家康に仕えた。が、三河一向一揆《みかわいっこういっき》（P18）が勃発すると、一揆側について家康と戦った。

一揆が鎮圧されると出奔《しゅっぽん》。諸国を放浪するが、のちに許されて再び家康に仕える。豊臣秀吉が死に、家康が覇権《はけん》を狙って動き出すと、そのブレーンとして徐々に表舞台に立つ。やがて家康、秀忠《ひでただ》と二代にわたる側近として幕政を左右する立場に上った。

家康が関ヶ《せきが》原《はら》（P114）、大坂の陣（P118）などの戦いを制し、権力を得られたのも、正信が陰で献じた策によるところが大きかったという。

以心伝心の主君の仲は様々にもてはやされた

家康のいるところ常に正信あり
家康公の好きなもの「雁殿（鷹狩）佐渡殿（佐渡守＝正信）於《お》六《ろく》殿（家康の側室）」

主君の間柄水魚《すいぎょ》のごとし

家康と正信は言葉少なく通じ合う関係だった。家康は正信のことを「友」と呼んで親しんでいたという。

石田三成《みつなり》（P138）が武断《ぶだん》派諸将に襲われ、家康の屋敷に逃げ込んできたときも、二人は目を合わせるだけで「今殺さないで豊臣の内部分裂を待つほうが得策」と処置を決めたという。

家康の死後50日とおかず、正信も死んだ。まさに「水魚の間柄」であった。

column

徳川家とシラウオの知られざる深い関係

正信と家康の仲は「水魚のごとし」ともてはやされたが、実際、徳川家と深い関係で結びついた魚がいた。

それは、頭に徳川家の家紋に似た模様を持つシラウオという魚である。シラウオの体は透明なため、内臓が透けて見え、見ようによってはそれが徳川家の葵《あおい》の紋に見えなくもない。家康はこれを知ってたいそう喜び、シラウオ漁を京橋と佃の二人の漁師にだけ許可し、ほかは全面的に禁止して保護につとめたという。

徳川家家紋
「徳川葵」

直江兼続

仁義を貫いた名宰相。謙信亡きあとの上杉家を支えた

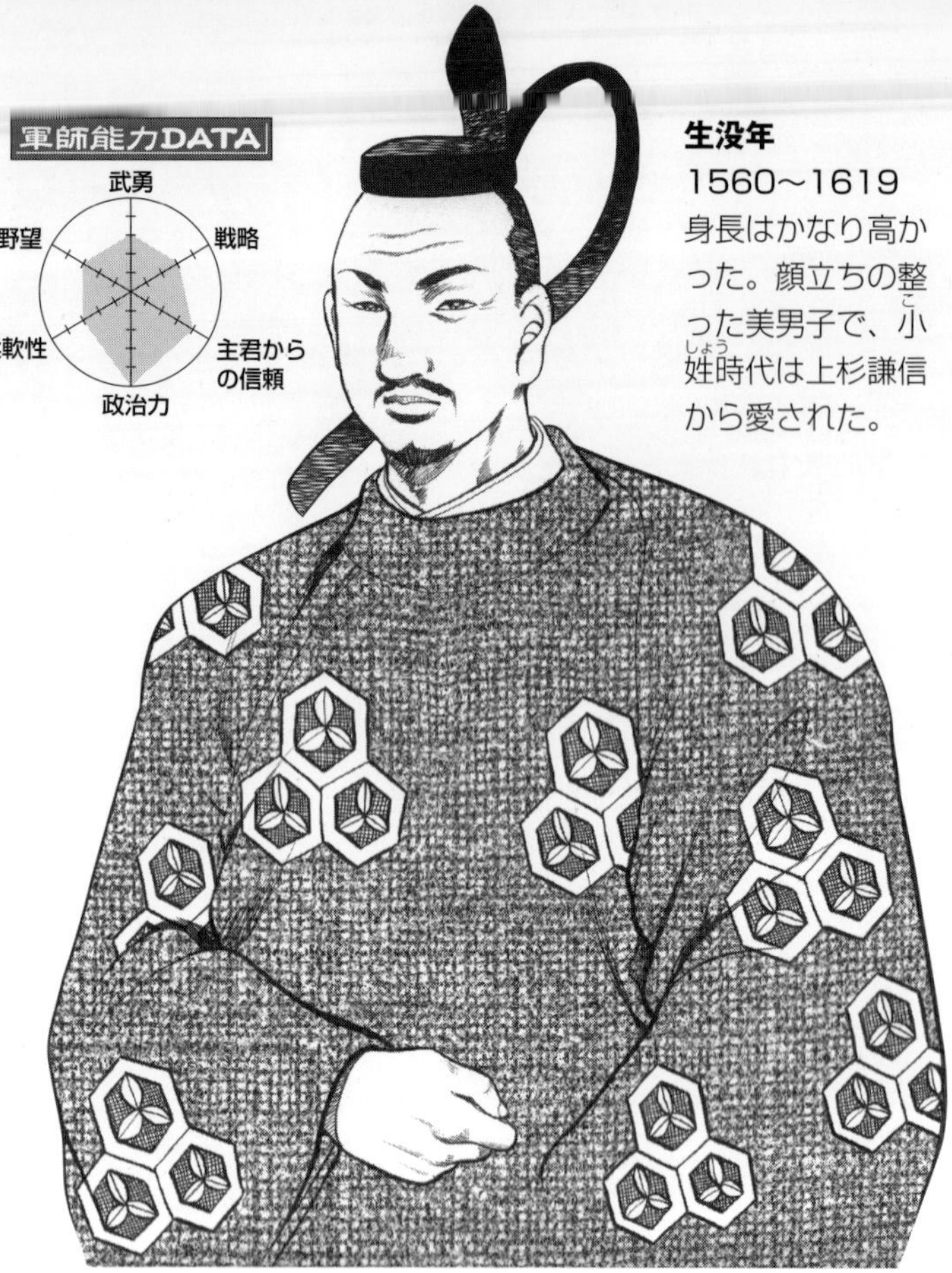

軍師能力DATA
武勇
戦略
主君からの信頼
政治力
柔軟性
野望

生没年
1560~1619
身長はかなり高かった。顔立ちの整った美男子で、小《こ》姓《しょう》時代は上杉謙信から愛された。

長尾《ながお》政景《まさかげ》（上杉景勝《うえすぎかげかつ》の実父・Ｐ52）に仕えた樋口兼豊《ひぐちかねとよ》の子。幼少時から景勝に仕える。景勝が上杉謙信《けんしん》（Ｐ54）の養子となったあとも補佐役として活躍。景勝の命で越後《えちご》（新潟県）の名門・直江《なおえ》家を継ぎ、国政を任される。

小田原合戦（Ｐ１１２）、朝鮮出兵（Ｐ37）などで功をあげ、関ヶ原《せきがはら》の戦い（Ｐ１１４）直前、仲のよかった石田三成《みつなり》（Ｐ１３８）に味方。怒った徳川家康が会津《あいづ》討伐を引き起こす。

東北にて東軍に与《くみ》した勢力と戦うが、関ヶ原本戦で西軍が敗れ、主家は出羽《でわ》（山形県）米沢《よねざわ》三〇万石へ減封される。その後は徳川家に忠実に仕えた。

●仁義仁愛を心に持ち、周りに流されることがない

権力に屈しない

主君・景勝が天下人家康に謀反《むほん》の疑いをかけられ、上洛を命じられた際、「その必要はない」と断固拒否し、家康を激怒させた。

仁義仁愛の象徴

兼続所有の兜。前立の「愛」の文字が特徴。

(写真提供：上杉神社)

下の者にも義を貫く

関ヶ原の敗戦で所領が激減。自分は5000石だけ受け取り、あとは家臣に分け与えた。

大勢に流されない

朝鮮出兵を「無益な戦い」とみなし、早めに自軍を引き上げる。大量の書籍を集め、日本に持ち帰った。

column

兼続は閻魔大王へ手紙を書いた？

ある日、上杉家の家臣同士でトラブルが起こり、一人の武士が斬り殺されてしまった。

　殺された武士の家族は兼《かね》続《つぐ》のところへ行き、「死者を返して欲しい」と懇願した。

　兼続は「部下が大変申し訳ないことをした」と真剣に謝っていたが、家族はいつまでも納得しない。

　そこで兼続は紙を取り出して何か書き付けると、「閻魔《えんま》大王に手紙を書いた。これを持ってあの世へ行き死者を返せと頼むことだ」

　と言って彼らを斬ってしまった。

太原雪斎

万能軍師。今川義元に教育を施す

●雪斎の発案で今川・武田・北条の三国同盟が結ばれる

同盟をバリアとし近隣の外敵を寄せ付けない

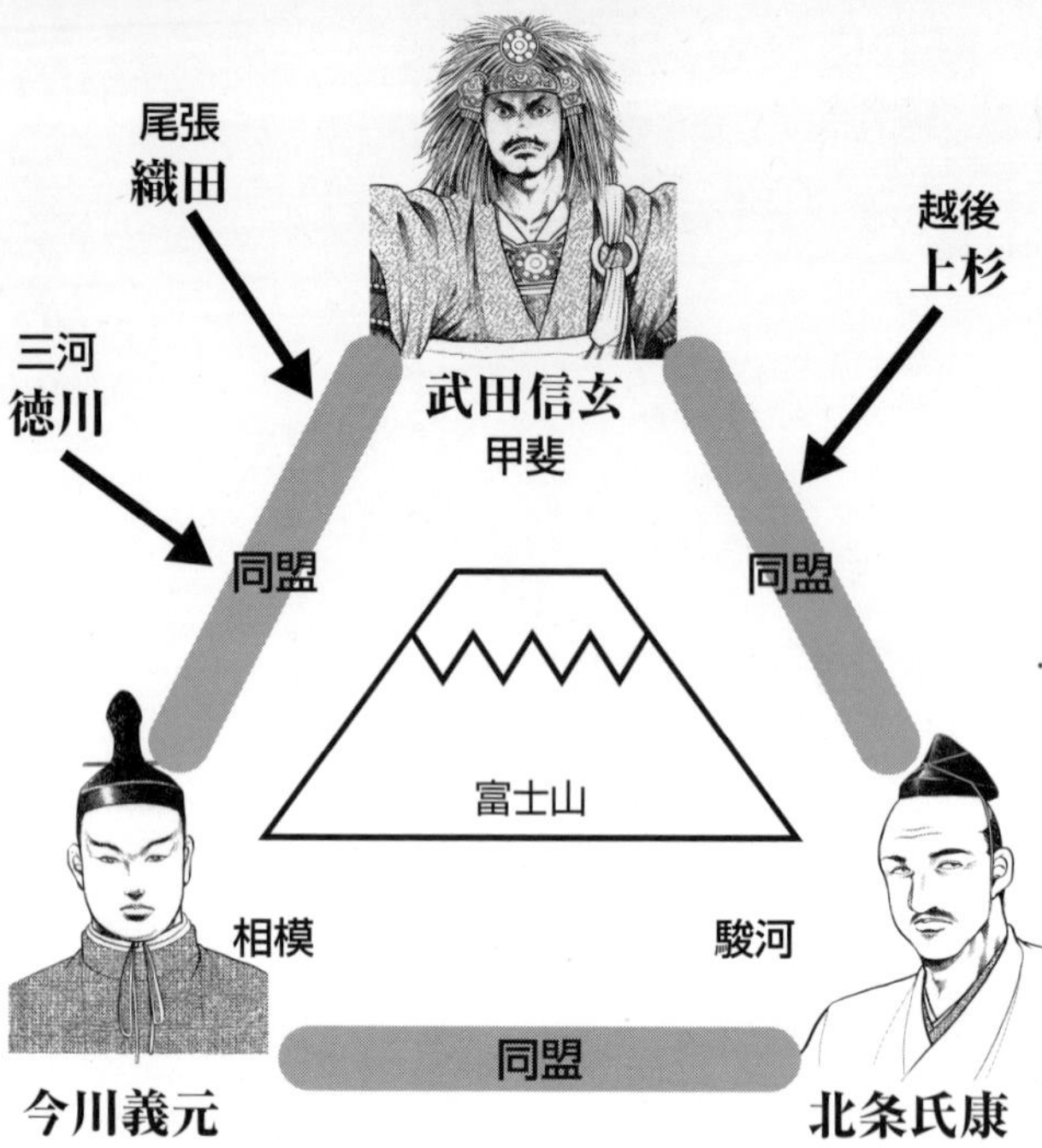

尾張
織田
越後
上杉
三河
徳川
武田信玄
甲斐
同盟
同盟
富士山
相模
駿河
同盟
今川義元
北条氏康

富士を中心に隣接した三国が同盟を結ぶ。これによって強敵から自国を守る。また、強敵に攻められる心配がないので、各自が安心して自分の領土を広げていける。

今川家《いまがわ》（Ｐ66）の重臣の家に生まれた太原雪斎《たいげんせっさい》は、京都五山の寺で修行を積んでいたが、主君・今川氏親《うじちか》に、五男・義元《よしもと》の教育係に任じられ、駿河《するが》（静岡県中央部）に戻った。

雪斎はその後、義元の家督相続を支持し、継がせることに成功。政治・軍事両面の最高顧問となった。

雪斎は僧侶の身でありながら戦場にも赴き、時に総大将として指揮をとるなど、当代きっての軍師として活躍。

もし雪斎があと五年長生きしていれば、桶狭間《おけはざま》（Ｐ94）で義元が信長に討たれることはなかったかもしれない、といわれている。

生没年
1496〜1555

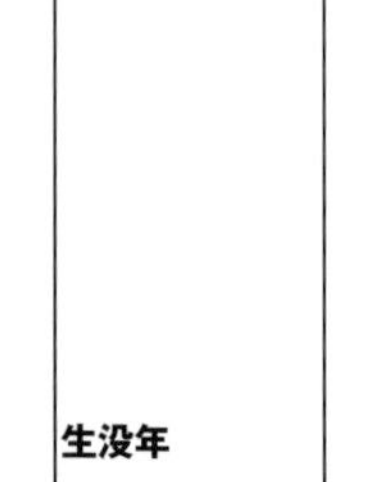

軍師能力DATA
武勇
戦略
主君からの信頼
政治力
柔軟性
野望

小早川隆景

毛利一族の舵取り役。外交折衝に長ける

●亡き父の教えを胸に毛利家を守り抜く

末代まで毛利の姓を絶やすな
父・毛利元就

秀吉に恩を売って擁護させる

毛利軍と戦っているときに本能寺の変（P104）を知り、急いで京都に向かった秀吉。隆景は今秀吉を殺すより毛利によい印象を持たせたほうが得策、として追撃戦をしなかった。

秀吉の養子を引き取り毛利家を守る

秀吉は子どもが生まれたため邪魔になった自分の養子・秀《ひで》秋《あき》を、毛利家に押し付けようとする。秀秋を小早川《こばやかわ》家で引き取り、毛利家によそ者が入らないようにした。

毛利家安泰へ

生没年
1533～1597

軍師能力DATA
武勇
戦略
主君からの信頼
政治力
柔軟性
野望

中国の覇者、毛利《もうり》元就《もとなり》（P68）の三男。兄・隆元《たかもと》、吉川元春《きっかわもとはる》とともに「三本の矢」にたとえられる名将である。

元就が死去し、甥《おい》の輝元《てるもと》が家督を継ぐと彼を補佐。元春が軍事面、隆景《たかかげ》は主に政治・外交面を担当し、「毛利の両川《りょうせん》」と呼ばれた。

隆景は、織田軍の武将、羽柴（のちの豊臣）秀吉が攻めてくると、戦力差から勝てる見込みがないことを悟り、和平交渉を進めた。

賤《しず》ケ岳《たけ》の戦い（P108）ののちは秀吉に接近。豊臣政権下では輝元と同格の五大老の一人に任じられ、朝鮮出兵（P37）などで活躍した。

片倉小十郎

頭脳明晰な偉丈夫。政宗の右目をえぐりとる

生没年
1557～1615

軍師能力DATA
武勇
戦略
主君からの信頼
政治力
柔軟性
野望

「小十郎《こじゅうろう》」は、片倉家代々当主の通称で、本名を片倉景綱《かげつな》という。はじめ伊達《だて》政宗《まさむね》の父・輝宗《てるむね》（P56）の小姓《こしょう》として仕え、のちに当時の重臣らの推挙により、政宗の守役《もりやく》となった。

伊達家内では「武の伊達成実《しげざね》」と並び「知の小十郎」と呼ばれた。知だけではなく武にも通じ、剣の達人でもあった。政宗の主だった合戦に参加し、伊達家の隆盛に貢献。奥州の覇王の足元を固め、白石城主となる。

大坂の陣（P118）の頃は病に伏せっていたため、嫡男の重長《しげなが》が参陣。父の名に恥じぬ奮戦を見せ、「鬼の小十郎」の異名をとった。

小十郎の行動で政宗の性格が変わっていった

10代の政宗の右目をえぐる

政宗は疱瘡《ほうそう》が原因で右目を失明。政宗の暗い性格はその目にあり、と見た小十郎は短刀で腐った政宗の目をえぐりとった。

政宗　内気な少年 → 活発な少年

20代前半の政宗に秀吉への協力を助言

秀吉から小田原合戦（P112）に参陣するよう要請が届く。しぶる政宗に今豊臣に恩を売っておくのは伊達家にとってよいこと、と助言。

政宗　豊臣家にむやみに反抗 → 伊達家の安泰を考え始める

20代後半の政宗に改めて忠誠を誓う

小十郎はその才気を買われ、秀吉に一国の主となり、自分に臣従《しんじゅう》するよう求められる。しかし小十郎は伊達家の家臣としてとどまる。

政宗　中央に対する未練があった → 主君の関係を重視し奥州の覇王の足元を磐石に

朝倉宗滴

朝倉家の事実上の当主。軍事面を取り仕切る

1477〜1555

朝倉宗滴《あさくらそうてき》は、越前《えちぜん》朝倉氏（Ｐ60）の七代目・孝景《たかかげ》の子で、本名を教景《のりかげ》という。父の跡を継いだ兄・氏景《うじかげ》（八代目）、甥《おい》・貞景《さだかげ》（九代目）を助けて朝倉家を隆盛に導き、以後も代々の当主を補佐。数々の戦で総大将をつとめ、事実上の当主として一族を支えていた。

斎藤道三《さいとうどうさん》（Ｐ64）や上杉謙信《うえすぎけんしん》（Ｐ54）も宗滴には一目置いており、朝倉家と同盟を結ぶなどしている。

朝倉家は十一代・義景《よしかげ》の頃に最盛期を迎える。しかし宗滴の病死後、姉川《あねがわ》の戦い（Ｐ96）などで織田信長と刃を交えると、朝倉家には信長に対抗できる者がおらず、滅亡への道をたどる。

宗滴は信長の台頭を予言していたといわれる。

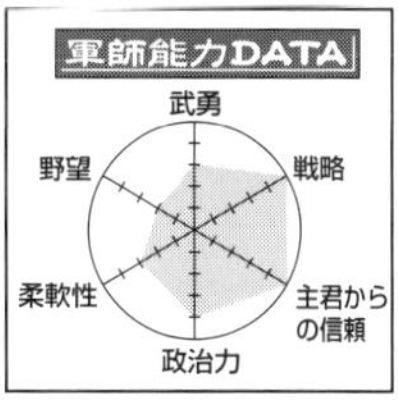
軍師能力DATA
武勇
戦略
主君からの信頼
政治力
柔軟性
野望

宇佐美定満

伝説上の名軍師。越後流軍学の祖といわれる

1489〜1564

宇佐美定満《うさみさだみつ》は長尾《ながお》家に実権を奪われた上条上杉《じょうじょううえすぎ》家の家臣であった。上条家が長尾家の傀儡《かいらい》と化すと、上杉謙信（Ｐ54）の父・長尾為景《ためかげ》（Ｐ52）に仕えるようになり、以後、三代にわたって仕官。

武田軍（Ｐ48）の軍師が山本勘助《やまもとかんすけ》（Ｐ１５６）なら、上杉軍の軍師は定満といえる。謙信に兵法を教え、川中島《かわなかじま》の戦い（Ｐ90）で武田軍の啄木鳥《きつつき》戦法（Ｐ１５７）を見破ったのも定満。

しかし、これは江戸時代に創作された架空の人物像。

実在の定満に、華々しい活躍のエピソードはない。晩年、謙信に敵対した長尾政景《まさかげ》を野尻湖に誘い出して溺死させ、自らも湖に落ちて死んだといわれる。

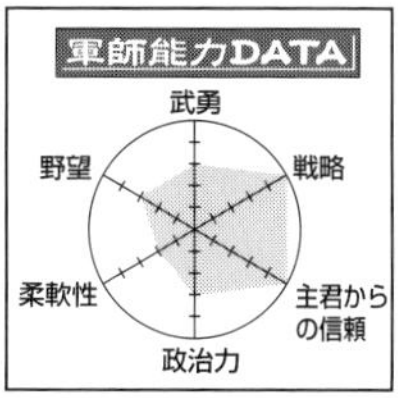
軍師能力DATA
武勇
戦略
主君からの信頼
政治力
柔軟性
野望

真田幸隆

名門・真田家の祖。謀略に長けた「攻め弾正」

1513〜1574

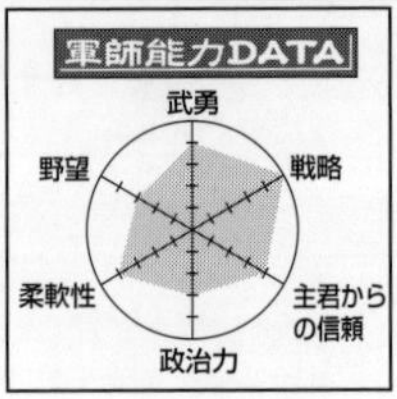

真田《さなだ》幸隆《ゆきたか》は、信濃《しなの》（長野県）の豪族・海野《うんの》氏の子として生まれた。動乱のなかで一時領地を失うが、武田信玄《しんげん》（P50）が信濃へ侵攻するとこれに臣従《しんじゅう》し、信濃の制圧に貢献。旧領回復を果たした。以後、川中島《かわなかじま》（P90）など多くの戦いで活躍。

外様《とざま》でありながら甲府に屋敷を構えるなど、譜代《ふだい》と同等の扱いを受けるほどに信玄の信頼を得た。「攻《せ》め弾正《だんじょう》」の異名をとるほど武勇に優れていたが、だまし討ちを得意とする謀略家でもあった。

その知略は息子の昌幸《まさゆき》（P76）に、武勇は孫の幸村《ゆきむら》（P164）にしっかりと受け継がれ、名門・真田家の名を現代にまで伝えることになる。

山中鹿介

尼子家再興に尽力。あえて苦難の道を選ぶ

?〜1578

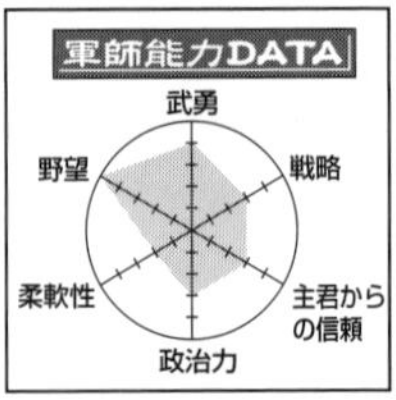

出雲《いずも》（島根県東部）に生まれ、幼少期から尼子《あまご》家（P70）に仕えた勇将。実名は幸盛《ゆきもり》。その頃にはすでに尼子家は衰退しており、毛利《もうり》家（P68）に滅ぼされる。落ち延びる途中、「願わくば我に七難八苦を与えたまえ」と三日月に祈り、主家再興を誓ったといわれる。

京都に逃れた鹿介《しかのすけ》は、尼子勝久《かつひさ》を擁立し、織田信長の命による羽柴（のちの豊臣）秀吉の中国攻めに乗じ、先鋒となって西進。播磨《はりま》（兵庫県）上月城《こうづきじょう》を本拠地として旧領を回復しようと戦った。

一時は出雲一国を落とすほどの勢いだったが、次第に織田軍の援護を得られなくなり敗北。とらわれの身で護送中に殺され、尼子家再興の夢は消えた。

立花道雪

大友家の名軍師。輿に乗って采配を振う

1513～1585

豊後《ぶんご》（大分県）の大名・大友家（Ｐ74）の一族である戸次《べっき》親家《ちかいえ》の子。若い頃に落雷を受けて半身不随になったが、戦場には輿《こし》に乗って駆け付けて指揮をとり、数々の戦《いくさ》で勝利をおさめた。その姿から「鬼道雪」や「雷神」などと恐れられた。道雪は大友宗麟《おおともそうりん》（Ｐ74）の重臣として武功をあげ、全盛期を築く。宗麟が島津《しまづ》家（Ｐ78）打倒を急ぎ、耳川《みみかわ》の戦いを起こそうとした際には「時期尚早」とたしなめた。

　しかし宗麟は兵を出し、島津家に敗れ、大友家は没落の一途を辿ることになる。が、最後まで主家再興を諦めず各地を転戦し、陣中に没した。「遺体には鎧を載せて埋めよ」との遺言を残したと伝わる。

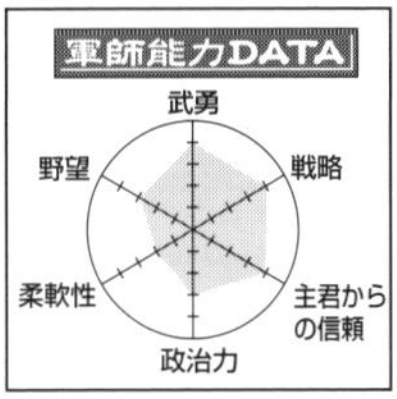
軍師能力DATA
武勇
戦略
主君からの信頼
政治力
柔軟性
野望

蜂須賀小六

得意の外交戦術で秀吉の武勇伝をつくる

1526～1586

本名は蜂須賀《はちすか》正勝《まさかつ》。ドラマなどでは野盗《やとう》の親分として登場したりするが、もとは尾張《おわり》（愛知県西部）の蜂須賀郷を根拠とした国人《こくじん》の出身。

　のちに羽柴（のちの豊臣）秀吉に仕えたが、戦場での働きよりも、外交官や行政官としての働きを得意とした。

　秀吉の中国攻めに従軍中、本能寺の変（Ｐ１０４）を知った小六《ころく》。素早く敵軍の毛利家との交渉にあたって停戦の儀を結び、主君の中国大返し（Ｐ１０６）に貢献。秀吉の天下人への大きな一歩をつくった。

　のちに阿波《あわ》（徳島県）一国を与えられたが息子に譲り、自らは最後まで秀吉に側近として仕えた。

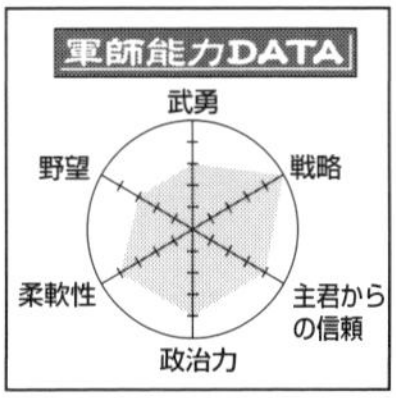
軍師能力DATA
武勇
戦略
主君からの信頼
政治力
柔軟性
野望

豊臣秀長

秀吉の弟。兄の風よけをつとめる

1540～1591

豊臣秀吉の実弟で、通称は小一郎《こいちろう》。兄同様、もとは平民だったが、のちに大和《やまと》など一〇〇万石近い領地を支配し、大納言に出世した。

温厚な人柄で、諸将からの風当たりが強い兄・秀吉の折衝《せっしょう》役をつとめたとされる。手紙の代筆をはじめ、代理で戦争の総大将をつとめることもあった。

行政官としてのイメージが強いが、軍略にも長《た》けていて、総大将として四国攻めに出かけた際には、二ヵ月余りで勝利をおさめた。

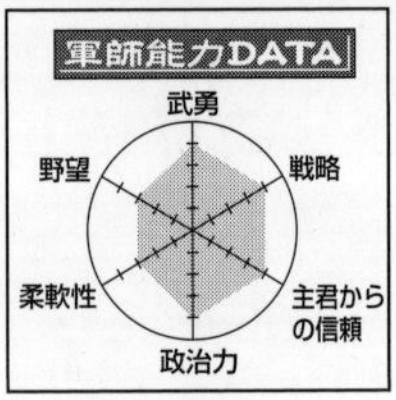

秀長は朝鮮出兵（P37）に反対していたとされている。もしも彼が秀吉より長命であったなら、豊臣政権もさらに長命であっただろうといわれる。

鳥居元忠

家康の守役。武士の本分を全うして討ち死に

1539～1600

父の代から松平《まつだいら》家（徳川家）に仕えた功臣で、徳川家康幼少時の守役《もりやく》の一人。

家康の三河《みかわ》（愛知県東部）平定後、旗本部隊の大将として数々の勲功《くんこう》をあげた。それにもかかわらず、家康が与えようとする感状《かんじょう》（戦功を賞した文書）を一切受け取らなかった。家康以外の主君に仕える気のない自分にとって、感状などは無用との考えだったという。

関ヶ《せきが》原《はら》の戦い（P114）の前哨戦《ぜんしょうせん》で、会津《あいづ》（福島県）の上杉景勝の討伐に向かった家康の留守を伏見《ふしみ》城にて預かっていた元忠《もとただ》は、西軍数万の攻撃を受けた。元忠は八〇〇人の兵とともに玉砕覚悟で戦い、奮戦ののちに戦死。「三河武士の鑑《かがみ》」と称えられた。

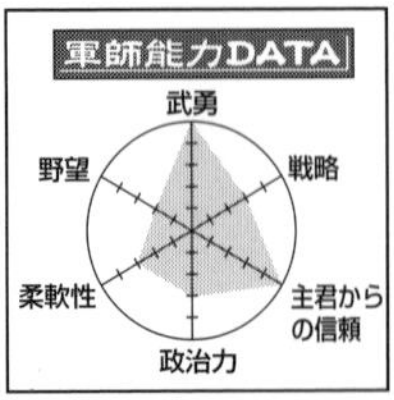

雑賀孫一

鉄砲隊で信長と対抗。本願寺を助ける

1534～1589

紀伊《きい》（和歌山県）を根城とした鉄砲傭兵集団・雑賀《さいか》衆《しゅう》の頭領《とうりょう》とされる人物。紀伊は鉄砲の産地であり、その扱いに長けていた彼らは、足利《あしかが》一門の守護大名・畠《はたけ》山《やま》氏などに雇われて戦った。

雑賀衆は一向宗徒（P18）であったため、織田信長が畿内に進出すると、本願寺勢に協力し、長きにわたって信長を苦しめた（石山《いしやま》合戦・P102）。孫一《まごいち》は自ら鉄砲を取って信長を狙撃し、負傷させたという。しかし、石山開城後は秀吉に従った。

活躍の記録に年月の開きがあり、雑賀衆のリーダーは代々「孫一」を名乗っていたため、「雑賀孫一」は複数人いたとされ、国人《こくじん》の鈴木佐大夫《さだゆう》などがその正体だという。

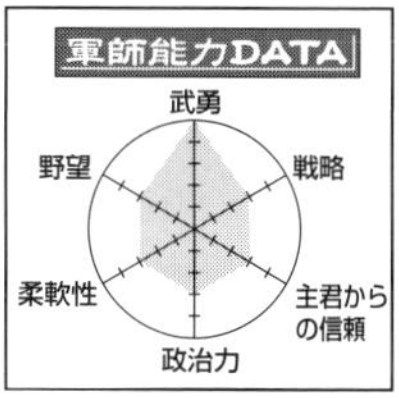
軍師能力DATA
武勇
戦略
主君からの信頼
政治力
柔軟性
野望

鍋島直茂

龍造寺家を乗っ取り、自然に下剋上を遂げる

1538～1618

肥前《ひぜん》（佐賀県・長崎県各一部）の大名・龍造寺《りゅうぞうじ》家（P72）に仕える豪族・鍋島《なべしま》家に生まれる。主君の龍造寺隆信《たかのぶ》の生母・慶誾尼《けいぎんに》が父の継室となったため、直《なお》茂《しげ》は隆信の義弟となり、あつい信任を受けた。

龍造寺の家臣として主家の拡大に尽力したが、龍造寺家没落の原因となった沖田《おきた》畷《なわて》の戦いで隆信が討死すると、命からがら逃げ延び、主家に代わって領国の支配権を持つようになる。その意志なくしてごく自然に下剋上《げこくじょう》を遂げた稀《まれ》な例である。

その後は秀吉、家康に従って所領を安堵《あんど》され、子の勝茂《かつしげ》は佐賀初代藩主となった。直茂は秀吉から「勇気と知恵はあるが、大気《たいき》がない」と評されたと伝わっている。

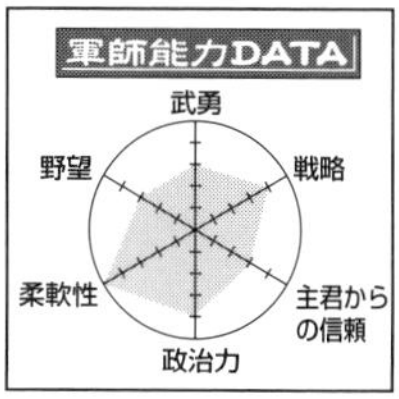
軍師能力DATA
武勇
戦略
主君からの信頼
政治力
柔軟性
野望

もっと知りたい
戦国時代
5

占いから天気予報まで……知られざる軍師の仕事

今川義元《いまがわよしもと》（P66）に仕えた太原《たいげん》雪斎《せっさい》（Ｐ１７０）、豊臣秀吉に仕えた竹中半兵衛《はんべえ》（Ｐ１５８）と黒田官兵衛《かんべえ》（Ｐ１６０）、武田信玄《しんげん》（P50）に仕えたとされる山本勘《かん》助《すけ》（Ｐ１５６）。彼らは戦国時代の「軍師」の代表格とされる。

しかし、日本の戦国時代には「軍師」という明確な肩書きは存在せず、その役どころは後世になって形成されたものである。秀吉が半兵衛の庵《いおり》に何度も足を運んで家臣に迎えた、という逸話も、『三国志演義』に登場する軍師・諸葛孔《しょかつこう》明《めい》と劉備《りゅうび》のエピソードをモデルにした作り話だ。

当時は縁起かつぎや神仏への信心が強かったため、敵の一番首を神に捧げたり、合戦の前に仏に祈って、味方の士気を鼓舞《こぶ》した者もいた。

また、雲の動きを見て天気を占い、戦法を大将に進言する者もいた。一般に、これらを行うのが軍師とされた。当然、陣中において大将に戦術を授けた者や政務の相談を受ける者もいた。現代にイメージされる軍師的役割を担った人物は、本書で紹介した以外にも多数存在したのだ。

軍師の変遷

戦国前期

戦国前期には、軍学の知識よりも、占いや戦勝祈願《きがん》のまじないなどの知識を持つ軍師が活躍した。信心深い武将たちは目に見えないものの力にすがって勝ちを祈った。

戦国後期

戦国乱世が長引き、戦も大規模なものになると、戦略を決める軍学や、城攻めに必要な築城の知識、外交折衝《せっしょう》の能力などを持つ軍師が求められた。

出陣式の場所

神社もしくは城中で

たいていは城の門の前で行われ、出陣前の軍の士気を高めたが、神に直接祈りを捧げ、自軍の勝利を願う目的で、神社で行われることもあった。

●出陣の作法に影響 軍師の易学

戦国後期になり、占いを得意とする軍師よりも、軍学に長《た》けた軍師が重用されるようになった。そうはいっても信心深い戦国武将たちは、出陣の際の験《げん》かつぎは怠らなかった。その際活躍したのが軍師の必須教養、易学《えきがく》だ。

出陣式の方角

東、南は吉。北は凶

式の方角から具足の向き、祝宴の座席の向きまで、必ず北を避け、東や南を向いて行われた。もし敵が北にいても、一度兵を東に向けてから出陣した。

出陣式の日時

陰陽道《おんみょうどう》の悪日は必ず避ける

「往亡日《おうぼうじつ》」という陰陽道の悪日を避けて行われた。春は7の倍数の日（7·14·21日）、夏は8の倍数、秋冬はそれぞれ9、10の倍数（月3日ずつ）がそれに当たる。

出陣前の宴会

打鮑《うちあわび》、勝栗《かちぐり》、昆布を食べる

敵を「打ち」、「勝ち」、「喜ぶ」という洒落で、この3品は必ず食べられた。順番は必ずこの通りだったという。また、勝利を祝う席では勝栗を真っ先に食べた。

その他

縁起かつぎあれこれ

刃物を地面に置き、踏み越えて勝利を祈ったり、出陣の際、弓の弦《つる》をひとつ打って「人討《ひとう》ち」とかけたり、その他にも出陣の際の縁起かつぎの儀式は様々あった。

戦国時代年表

和暦	西暦	将軍	出来事
応仁元年	一四六七	室町八代 足利義政	京都で応仁・文明の乱勃発。戦火が全国へ⬇各地で戦国武将発生（P10）
明応二年	一四九三	十代 足利義材	北条早雲（P46）、伊豆を征服………下剋上を経て戦国武将の先駆けとなる
永正十六年	一五一九	十一代 足利義澄	早雲病死。息子氏綱が家督を継ぐ
大永元年	一五二一	十代 足利義稙（義材）	武田信玄（P50）、甲斐（山梨県）で誕生
享禄三年	一五三〇	十二代 足利義晴	上杉謙信（P54）、越後（新潟県）で誕生
天文三年	一五三四		織田信長（P28）、尾張（愛知県）で誕生
六年	一五三七		豊臣秀吉（P34）、尾張で誕生
十年	一五四一		信玄、父信虎を追放。家督を継ぐ………甲斐の虎と呼ばれ、戦国最強の軍を率いる
十一年	一五四二		徳川家康（P40）、三河（愛知県）で誕生
十二年	一五四三		ポルトガルより鉄砲伝来。国内で倣製が始まる

北条早雲

武田信玄

十七年	一五四八	十三代 足利義輝	謙信、家督を継ぐ……越後の龍と呼ばれ、中・上越地方の統一に取り組む
十八年	一五四九		キリスト教伝来。布教が始まる（Ｐ19） 家康、今川家（Ｐ66）の人質になる
二二年	一五五三		信玄と謙信の長期戦、川中島の戦い（Ｐ90）開始
二三年	一五五四		今川・北条・武田の三国同盟（Ｐ１７０）成立
永禄三年	一五六〇		信長と義元激突、桶狭間の戦い（Ｐ94）⬇今川敗れ、義元戦死
五年	一五六二		信長・家康の清洲同盟成立
七年	一五六四		川中島の戦い引き分けで終戦
十年	一五六七	十四代 足利義栄	伊達政宗（Ｐ58）、出羽（山形県）で誕生
十一年	一五六八	十五代 足利義昭	信長、足利義昭を奉じて入京……信長が中央で実権を握る 信長、領国の関所を廃止（Ｐ30）
十二年	一五六九		信長、キリスト教を保護、一向宗に対抗（Ｐ19）
元亀元年	一五七〇		信長・家康対浅井（Ｐ62）・朝倉（Ｐ60）、姉川の戦い（Ｐ96） 信長と一向宗の対立悪化、石山合戦（Ｐ１０２）開始
三年	一五七二		信玄対家康、三方ヶ原の戦い（Ｐ98）⬇家康大敗

上杉謙信

織田信長

和暦	西暦	将軍	出来事
天正元年	一五七三	将軍不在	上洛を目指していた信玄、病死 信長、将軍義昭を追放➡室町幕府滅亡（P20） 浅井家・朝倉家滅亡
三年	一五七五		武田勝頼対家康・信長、長篠・設楽原の戦い（P100）➡鉄砲使用で武田軍敗北
六年	一五七八		謙信、病死
八年	一五八〇		石山合戦、信長の勝利で終戦
十年	一五八二		明智光秀（P130）による本能寺の変（P104）➡信長自害 秀吉が信長の敵討ち、山崎の戦い（P106）➡光秀敗死 ………信長の家臣のなかから秀吉が一歩抜きん出る 信長の死後処理、清州会議（P108）開催 秀吉、太閤検地（P36）開始
十一年	一五八三		柴田勝家（P128）対秀吉、賤ヶ岳の戦い（P108）➡勝家敗死
十二年	一五八四		家康・織田信雄対秀吉、小牧・長久手の戦い（P110）➡家康、秀吉の臣下に
十三年	一五八五		秀吉、長宗我部家（P81）を降伏させ、四国を制圧
十五年	一五八七		秀吉、島津家（P78）を降伏させ、九州を制圧
十六年	一五八八		秀吉、刀狩（P13）実施

豊臣秀吉

十七年	一五八九		政宗、歴戦を制し東北地方の覇者となる 秀吉、キリスト教禁止(P19)
十八年	一五九〇		政宗、秀吉に降服⬇秀吉、東北地方を制圧 秀吉対北条家(P44)、小田原の戦い(P112)⬇北条家滅亡 秀吉、関東地方を制圧し、天下統一達成
文禄元年	一五九二		第一回朝鮮出兵(文禄の役)(P37)⬇失敗
慶長二年	一五九七		第二回朝鮮出兵(慶長の役)(P37)⬇失敗
三年	一五九八		秀吉、病死
五年	一六〇〇		家康対石田三成(P138)、関ヶ原の戦い(P114) ……………全国の武将が東西に分かれ激突。東軍家康が勝利
八年	一六〇三	江戸初代 徳川家康	家康、征夷大将軍就任。江戸幕府を開く
十七年	一六一二	二代 徳川秀忠	家康、キリスト教禁止令発令(P19)
十九年	一六一四		家康対豊臣家残党、大坂冬の陣(P118)
元和元年	一六一五		大坂夏の陣(P118)⬇豊臣家滅亡
二年	一六一六		家康、病死
寛永十三年	一六三六	三代 徳川家光	政宗、病死

徳川家康

戦国群雄割拠地図

桶狭間の戦い直前
1560年頃

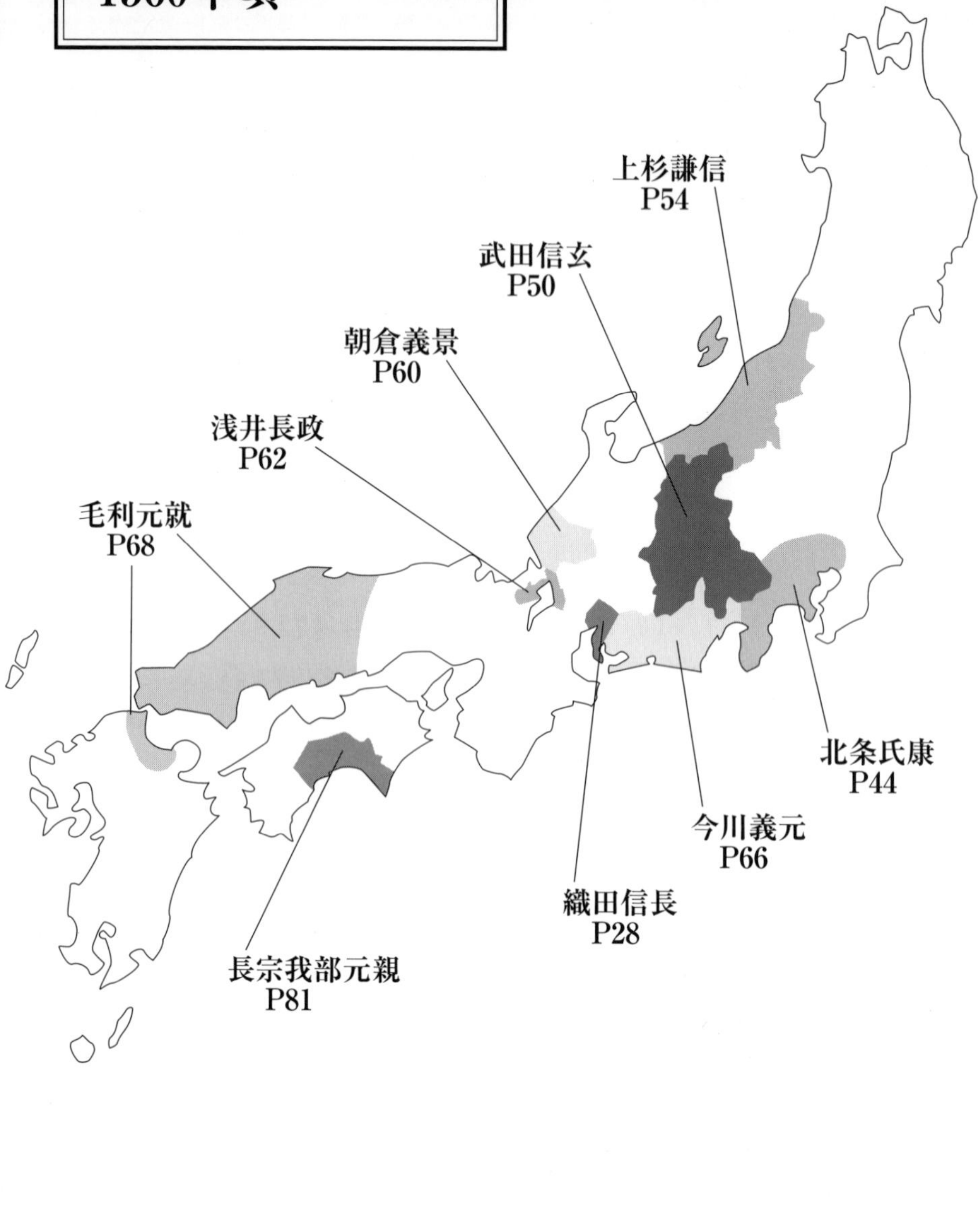
上杉謙信
P54
武田信玄
P50
朝倉義景
P60
浅井長政
P62
毛利元就
P68
北条氏康
P44
今川義元
P66
織田信長
P28
長宗我部元親
P81

本能寺の変直前
1582年頃

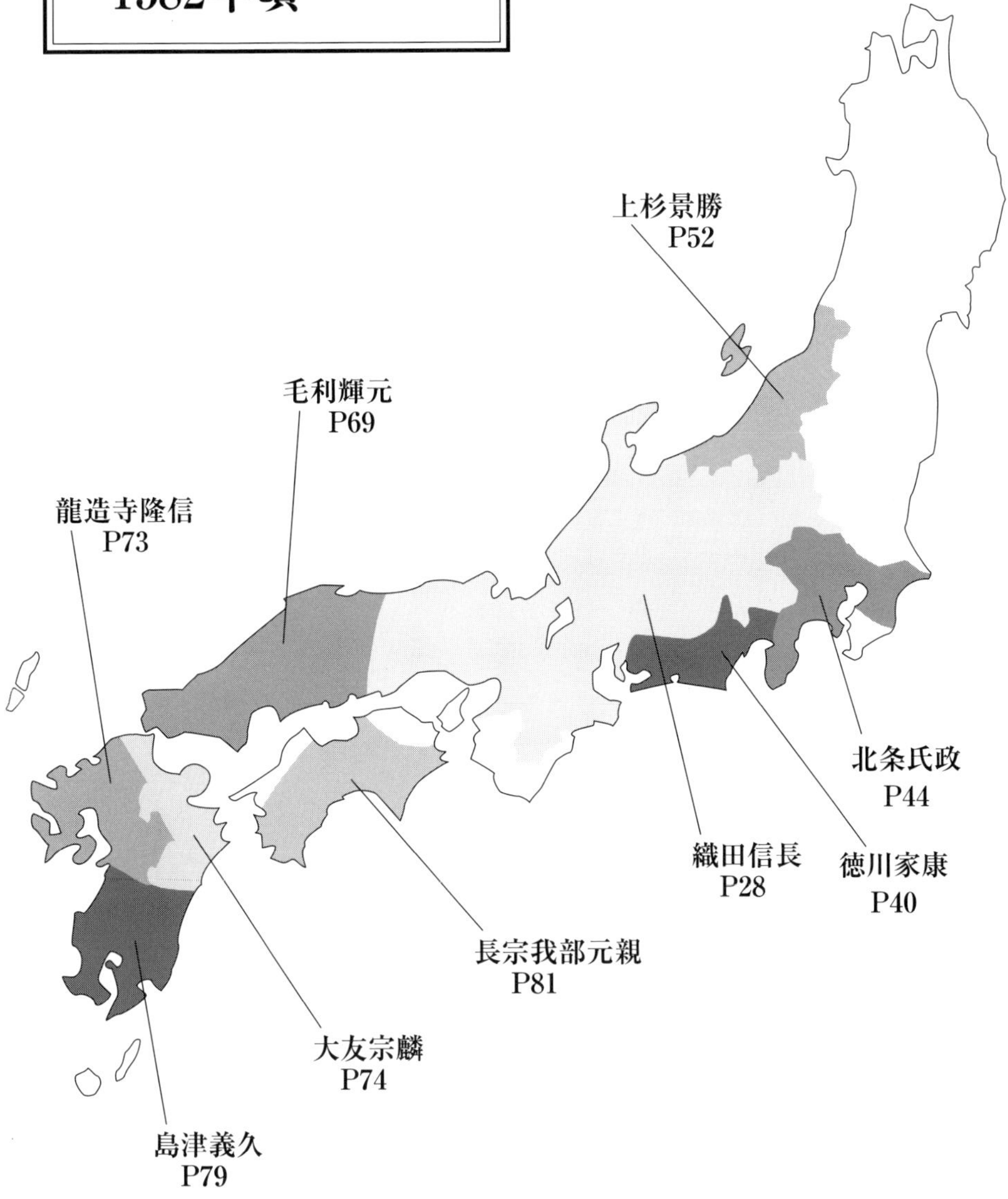
上杉景勝
P52
毛利輝元
P69
龍造寺隆信
P73
北条氏政
P44
織田信長
P28
徳川家康
P40
長宗我部元親
P81
大友宗麟
P74
島津義久
P79

代・徳川時代 有名大名居住地

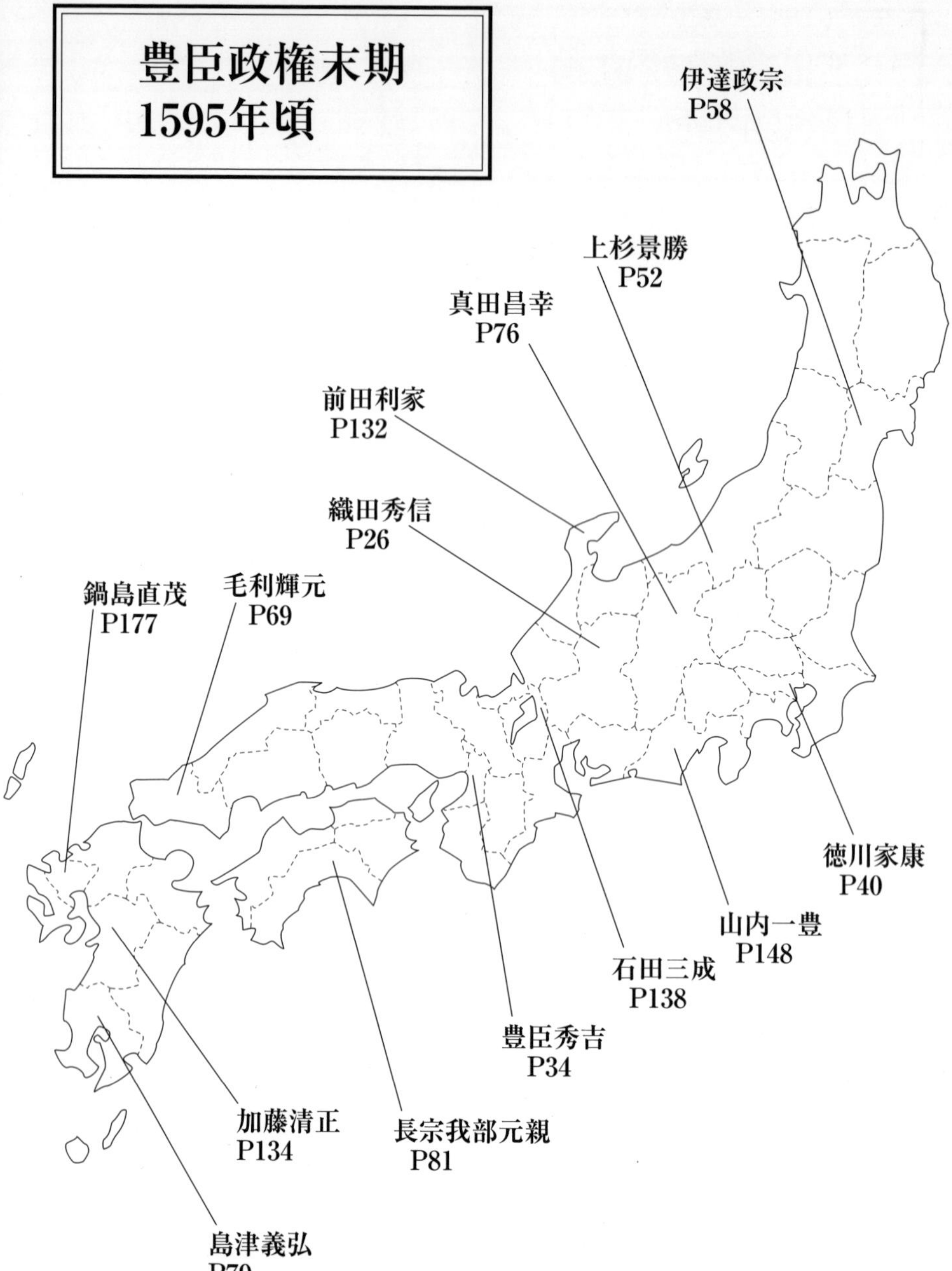

豊臣政権末期
1595年頃
伊達政宗
P58
上杉景勝
P52
真田昌幸
P76
前田利家
P132
織田秀信
P26
鍋島直茂
P177
毛利輝元
P69
徳川家康
P40
山内一豊
P148
石田三成
P138
豊臣秀吉
P34
加藤清正
P134
長宗我部元親
P81
島津義弘
P79

徳川政権初頭 1603年頃

伊達政宗
P58
上杉景勝
P52
真田信之
P77
前田利長
P133
毛利秀元
P69
鍋島直茂
P177
徳川家康
P40
織田信雄
P26
豊臣秀頼
P33
山内一豊
P148
加藤清正
P134
島津忠恒
P79

戦国武将生没年一覧表

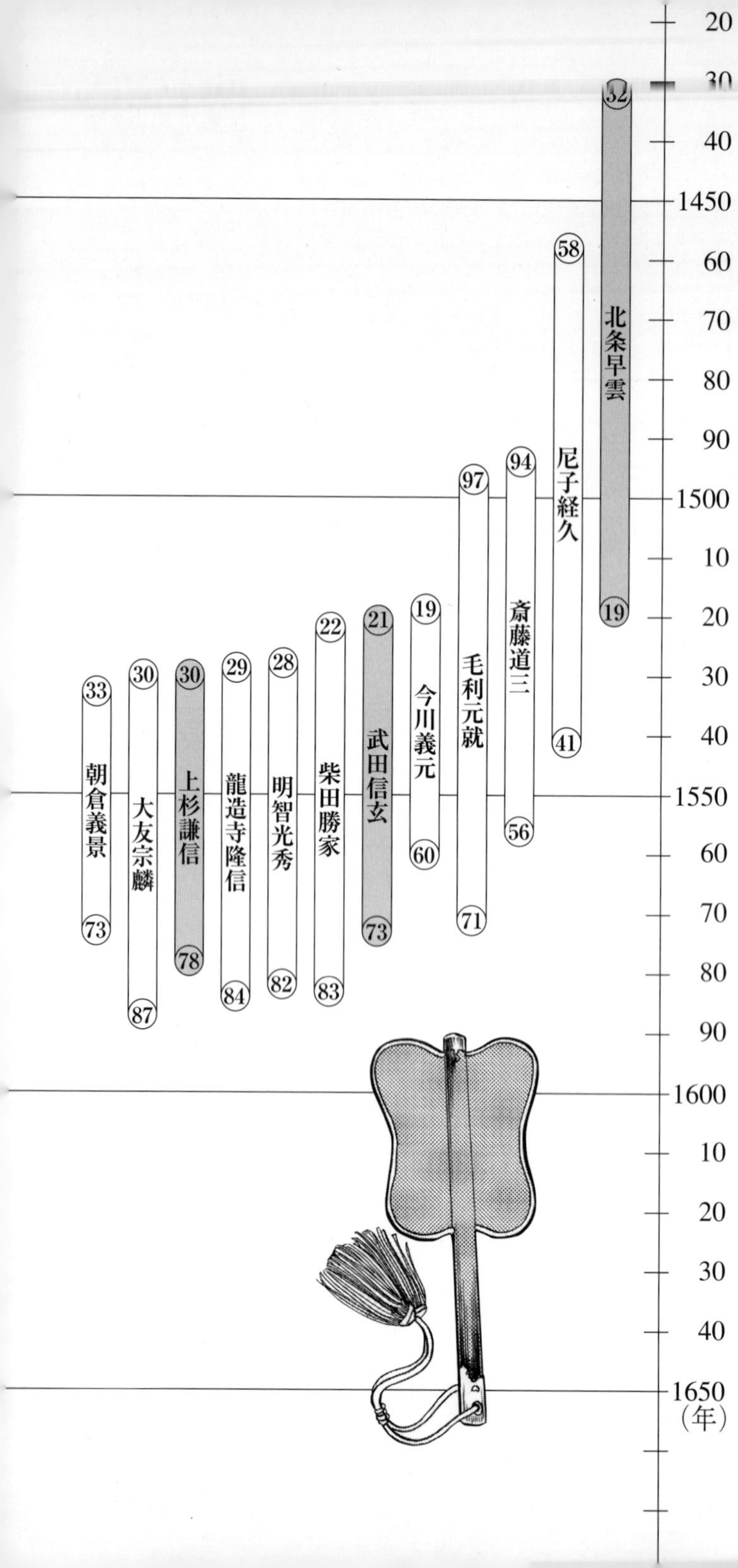

20
30
40
1450
60
70
80
90
1500
10
20
30
40
1550
60
70
80
90
1600
10
20
30
40
1650
(年)
32 北条早雲 19
58 尼子経久 41
94 斎藤道三 56
97 毛利元就 71
19 今川義元 60
21 武田信玄 73
22 柴田勝家 83
28 明智光秀 82
29 龍造寺隆信 84
30 上杉謙信 78
30 大友宗麟 87
33 朝倉義景 73

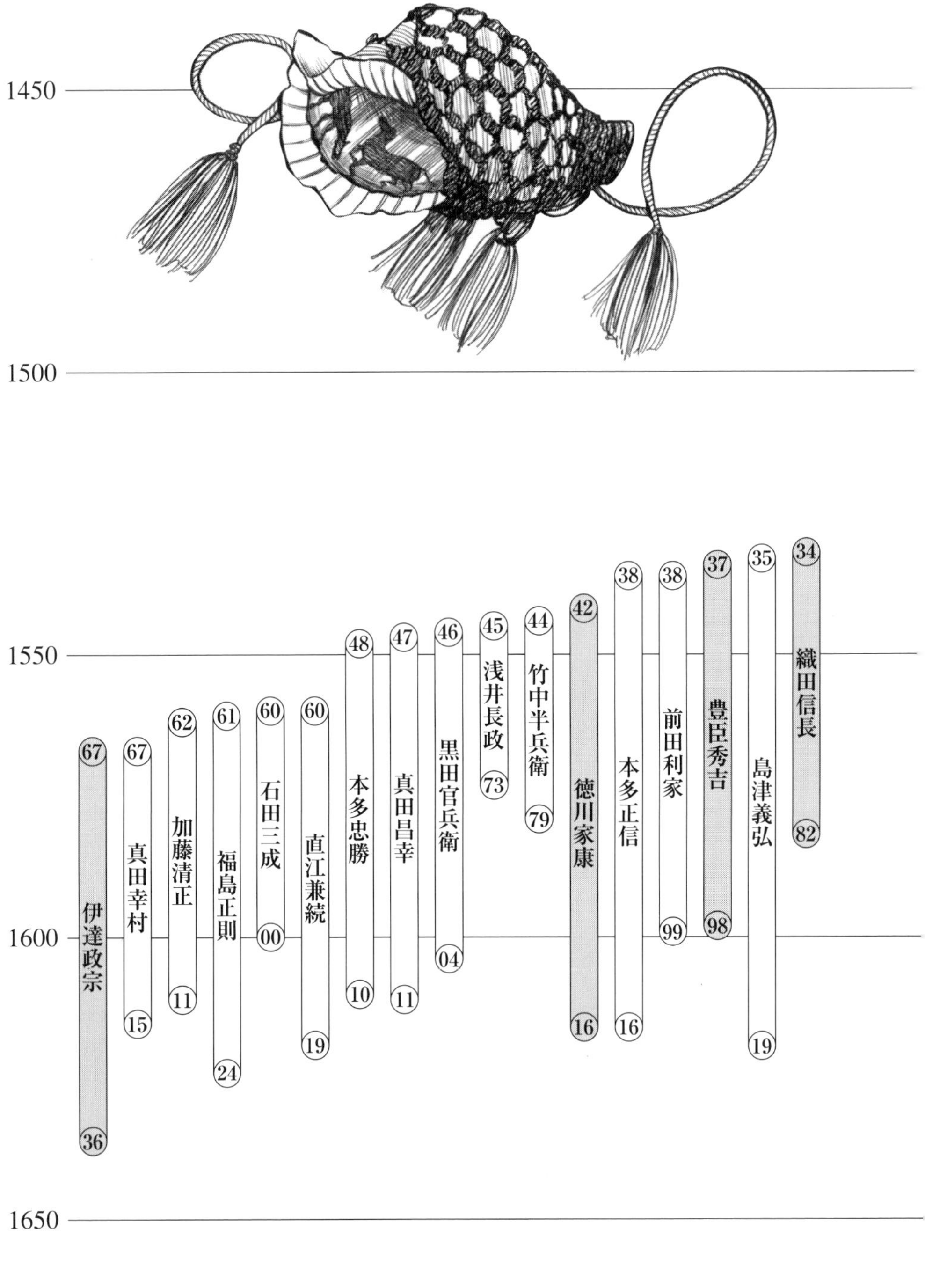

1450
1500
1550
1600
1650
34 織田信長 82
35 島津義弘 19
37 豊臣秀吉 98
38 前田利家 99
38 本多正信 16
42 徳川家康 16
44 竹中半兵衛 79
45 浅井長政 73
46 黒田官兵衛 04
47 真田昌幸 11
48 本多忠勝 10
60 直江兼続 19
60 石田三成 00
61 福島正則 24
62 加藤清正 11
67 真田幸村 15
67 伊達政宗 36

参考文献

『日本史小百科27　武将』小和田哲男著（近藤出版社）
『名城と合戦の日本史』小和田哲男著（新潮社）
『見てわかる日本史』小和田哲男監修（ナツメ社）
『この一冊で日本の歴史がわかる!—時代はどう移り、歴史はどう展開していったか—』小和田哲男著（三笠書房）
『らくらく入門塾　日本史講座』小和田哲男著（ナツメ社）
『百姓から見た戦国大名』黒田基樹著（筑摩書房）
『戦国15大合戦の真相—武将たちはどう戦ったか—』鈴木眞哉著（平凡社）
『信長の戦争』藤本正行著（講談社）
『ヨーロッパ文化と日本文化』ルイス・フロイス著　岡田章雄訳（岩波書店）
『フロイスの見た戦国日本』川崎桃太著（中央公論新社）
『図説・戦国武将118』（学習研究社）
『図説・戦国合戦集』（学習研究社）
『別冊歴史読本　戦国武将列伝』（新人物往来社）
『戦国武将ものしり事典』奈良本辰也監修（主婦と生活社）
『図説　戦国武将おもしろ事典』奈良本辰也監修（三笠書房）
『雑学　戦国武将ものしり百科』中江克己著（日東書院）
『戦国百人一話Ⅰ』会田雄次（他）著（青人社）
『戦国百人一話Ⅱ』尾崎秀樹（他）著（青人社）
『戦国百人一話Ⅲ』奈良本辰也（他）著（青人社）
『戦国名将・人物を知る事典』山本七平・永畑恭典監修（有精堂出版）
『戦国軍師入門』榎本秋著（幻冬舎）
『軍師の時代』堀和久著（日本文芸社）
『名言・名句が語る人物日本史』奈良本辰也著（主婦と生活社）
『3日で分かる日本史』武光誠監修（ダイヤモンド社）
『日本の歴史』前澤桃子著（ナツメ社）
『面白いほどよくわかる日本史』加来耕三監修・鈴木旭著（日本文芸社）
『謎で日本史がわかるQ&A100』歴史探検ワーキンググループ編（竹内書店新社）

小和田哲男（おわだ　てつお）

1944年、静岡市に生まれる。早稲田大学大学院文学研究科博士課程修了。現在静岡大学教育学部教授。近著に『ビジュアル版日本史1000人』（世界文化社）、『戦国軍師の合戦術』（新潮社）、『「戦国武将」名将のすごい手の内—頭一つ抜け出す生き方』（三笠書房）、『戦国の城』（学習研究社）などがある。

装幀　カメガイ デザイン オフィス
装画・イラスト　不知火亮
デザイン　バラスタジオ（高橋秀明）
校正　滄流社
構成　上野哲弥
編集協力　オフィス２０１（小川ましろ　小出遥子）
編集　福島広司　鈴木恵美（幻冬舎）

知識ゼロからの戦国武将入門

2007年12月20日　第1刷発行
2016年2月29日　第3刷発行

著　者　小和田哲男
発行人　見城　徹
編集人　福島広司

発行所　株式会社 幻冬舎
〒151-0051　東京都渋谷区千駄ヶ谷4-9-7
電話　03-5411-6211（編集）　03-5411-6222（営業）
振替　00120-8-767643
印刷・製本所　株式会社 光邦

検印廃止

ISBN978-4-344-90114-8 C2095
Printed in Japan
幻冬舎ホームページアドレス　http://www.gentosha.co.jp/
この本に関するご意見・ご感想をメールでお寄せいただく場合は、comment@gentosha.co.jpまで。